LOCUS

LOCUS

LOCUS

LOCUS

from
vision

from 143

澤倫斯基：我們如此相信
In These, We Believe

作　　者 ｜ 澤倫斯基 Volodymyr Zelenskyy
策　　劃 ｜ 郝明義、Yuliia Laktionova
譯　　者 ｜ 閻紀宇、李忠謙、王穎芝、廖綉玉、簡恒宇、蔡娪嫣、陳艾伶、劉俞妗
責任編輯 ｜ 方竹、Valentina Butenko
資料編輯 ｜ 王倩雯
美術編輯 ｜ 張士勇
校　　對 ｜ 關惜玉、金文蕙

出 版 者 ｜ 大塊文化出版股份有限公司
台北市 105022 南京東路四段 25 號 11 樓
www.locuspublishing.com
電子信箱 ｜ locus@locuspublishing.com
讀者服務專線 ｜ 0800-006689
TEL ｜ (02) 87123898　　FAX ｜ (02) 87123897
郵撥帳號 ｜ 18955675　　戶名 ｜ 大塊文化出版股份有限公司
法律顧問 ｜ 董安丹律師、顧慕堯律師

總經銷 ｜ 大和書報圖書股份有限公司
地址：新北市新莊區五工五路 2 號
TEL ｜ (02) 89902588（代表號）
FAX ｜ (02) 22901658
初版一刷 ｜ 2022 年 9 月
定價 ｜ 新台幣 450 元
ISBN　978-626-7206-01-0

Printed in Taiwan

澤倫斯基
Volodymyr Zelenskyy

我們如此相信
In These, We Believe

烏克蘭為全世界捍衛的信念、勇氣和價值

澤倫斯基 著

郝明義、Yuliia Laktionova 共同策劃

閻紀宇 主譯

澤倫斯基的蛻變，和他要傳達的訊息

Zelenskyy and the messages he wants to convey

郝明義

　　今天全世界的民主社會都有一個共同的問題：人民手上雖然有一張選票，但是看多了政治人物當選後就令人失望，投票經常只是用來選一個比較不爛的蘋果。

　　在臺灣，多年來這個問題滋養出許多政論節目。在烏克蘭，2015年催生了一部叫《人民公僕》的電視影集。

　　影集主角是個高中歷史老師。有一天和校方為了選舉問題吵起來，大罵這種比爛不比好的選舉，說他如果能當一個星期的總統，會怎麼破舊立新。

　　學生偷錄了這個過程，送上YouTube爆紅。學生又幫他群募了參選總統的報名費，家長則幫他助選，最後以67%的得票率當選總統。

　　老師當選總統後，拒絕和貪官同流合污，又要拒絕被巨富收買；大力懲治貪腐，又要面對自己親人跟著雞犬升天的糾纏，既呼應了烏克蘭的社會脈動，又充滿奇想及趣味。每天半小時的節目，給烏克蘭人

帶來了舒壓的作用，立刻轟動。

這部影集叫《人民公僕》，演出那個當上總統的人，名叫澤倫斯基。

四年後，澤倫斯基成立了名為「人民公僕」的政黨，參選烏克蘭總統，以73.22%的得票率當選。比影集裡那位總統的破紀錄得票率還高了六個百分點。

進入叢林的小白兔，變身為雄獅

在2022年2月，我和世界上其他人一樣，目睹了兩個驚異。一個是俄羅斯的軍隊當真堂而皇之地全面入侵了烏克蘭。一個是在澤倫斯基的領導之下，烏克蘭沒有在普丁以為的九十六小時內倒下。

從澤倫斯基第一天夜裡出現在深夜的基輔街頭，拿著手機自拍說出：「他們要讓我搭便車，我要他們提供武器。」不只讓大家看到他不是一個落跑總統，更接著用一場場演講激勵了民心，也得到世界各國的支援；不但守住首都基輔，打退了俄羅斯北線，擊沉了黑海艦隊的旗艦，還一路來到準備發動南線的反攻。

戰爭爆發前，從新聞媒體上看到的澤倫斯基，一身筆挺西裝，白秀清靜，非常符合他影視娛樂圈出身的背景；但是從那場手機直播起，他不只是留出了鬍鬚、露出他襯衫底下多年堅持運動而鍛鍊出來的結實肌肉，更在一場場對國內、對國外的演講中展露兼有感性與理性的雄辯。他要求世界各國支援烏克蘭武器、制裁俄羅斯，又坦率又不失節制地指出袖手旁觀者的虛偽。

別人以為他是一隻誤入叢林的小白兔，他卻抖抖身上的毛，蛻變成

一頭雄獅，結結實實地展現他身為烏克蘭總統兼武裝部隊最高統帥的能量。

澤倫斯基到底是怎麼辦到的？

他，以及他領導的烏克蘭的蛻變，可以給同樣也面臨對岸巨大的威脅的臺灣什麼啟示？

我太好奇了。

出自臺灣的發想，和烏克蘭共同策劃

我開始讀他的資料，讀烏克蘭和俄羅斯歷史相關的書，看起Netflix上的《人民公僕》，也等待機會來出版有關澤倫斯基的書。但，一直沒有適合的。

澤倫斯基出生在烏克蘭東部一個高級知識份子的猶太人家庭，父親是大學數學教授，母親是工程師。他大學讀的是法律，當過律師，但是從十七歲開始和同學組成一個叫「九十五區」（Kvartal 95，他從小生長的街區名字）的小劇團開始，卻走上了專業之路，橫跨編劇、導演、製作人者等多個身分，還是成功的娛樂事業創業家。然後當上了總統，然後成為戰時領導全國人民的英雄。

這些都是可以不難知道的訊息。然而發生在背後的動力，那神奇的蛻變的根源是什麼，卻找不到。即使澤倫斯基對各國政要演講的新聞一直出現在媒體上，也都不完整。

今年5月中旬，澤倫斯基應邀在坎城影展講了一場，一如既往也是得到滿堂采。我很想知道他對全球的演藝世界又說了些什麼，但是新聞報導很零碎。

那幾天晚上我一路搜尋，找到了澤倫斯基的總統網站，看到當時大約有一百八十篇的演講。瀏覽了一遍之後，我突然想到：那何不我自己來編一本澤倫斯基的書？有什麼書可以比得上從澤倫斯基自己的演講中認識他，透過他自己的言語來看進他的內心世界？要明白他要傳達的訊息，體會臺灣可以得到什麼參考，這不才是最直接的途徑？

　　這樣，我從一百八十篇演講中挑選了五十篇，❶ 寫了這本書的編輯構想，寄信給澤倫斯基。

　　接著臺北國際書展舉行，今年文化部要做烏克蘭主題，因此請來烏克蘭最大的國營Yakaboo圖書平台的代表布姐科（Valentina Butenko）。我在書展上和布姐科有一場對談之後，和她說了我的構想，她說回國後就協助聯絡。到8月初，澤倫斯基終於同意，於是由大塊和Yakaboo共同策劃出版。

五十篇演講回答的問題

　　我選的五十篇澤倫斯基演講中，有烏克蘭戰爭爆發之前的，有之後的；對國內的、對國際的；對歐洲的、對亞洲的；對國家領導人的、對學生和社會團體的；有激勵人民奮起作戰的，也有邀請人民共同思考重建未來的。

　　我主要立足於自己身為讀者的角度，希望這五十篇演講可以從深處回答一些問題：澤倫斯基到底是怎麼面對這場戰爭的？他內心深處的

---

1. 後來替換增加了五篇5月之後的演講。

動力是什麼？他對烏克蘭戰勝俄羅斯的信心何來？他想把烏克蘭引領到什麼樣的未來？他對全世界，包括臺灣，要傳達的訊息是什麼？最後，身為一個人，他到底是怎麼產生蛻變的？

的確，看過這五十篇演講，會發現澤倫斯基都回答了。

普丁不把演員出身的他看在眼裡而發動戰爭，但澤倫斯基早在2019年5月20日就職總統的演說中，就預言了他三年後要率領人民做的事情：「我一生都在竭盡全力讓烏克蘭人發笑。那是我的使命。現在我將盡我所能，讓烏克蘭人至少不再哭泣。」

普丁在入侵烏克蘭前兩天發表演說，主張烏克蘭是個「虛構」、「人造」出來的國家，本來就是俄羅斯的一部份，所以根本不該存在。而澤倫斯基早在去年7月的「基輔羅斯基督教化日」演說中，就已經回答了普丁：「基輔羅斯是我們歷史的母親，烏克蘭的二十四個州與克里米亞半島是她的孩子，是她的正統傳人。那些表親與遠親不應該竊奪基輔羅斯的遺產；對於數千年來發生的數千樁歷史事件，遠在數千公里外的他們更不應該試圖證明自己曾經參與。」

俄羅斯入侵造成烏克蘭巨大的傷亡與破壞，澤倫斯基在今年4月24日復活節演講裡說出他雄渾信心的來源：「我們的心中充滿強烈憤怒，我們的靈魂對侵略者和他們所做的一切充滿強烈仇恨。請不要讓憤怒從內部將我們摧毀，請讓我們化悲憤為外在成就，請讓我們化悲憤為一種善良的力量來擊敗邪惡勢力。……光明將戰勝黑暗，善良將戰勝邪惡，生命將戰勝死亡，也因此，烏克蘭必將勝利！」

澤倫斯有理由說服近鄰來支持烏克蘭，譬如對芬蘭說：「現在，俄

羅斯對烏克蘭的戰爭不僅決定我國、我國人民的命運，還決定了所有與俄羅斯有共同邊界的人們的命運。」

澤倫斯基也有理由說服遠國，譬如對澳洲說：「地球上沒有國家有權利封鎖海洋貿易航線、甚至封閉通往其他國家的海域，連在理論上的可能性都不存在。」

戰爭把烏克蘭許多地區破壞成一片瓦礫，讓人沮喪，澤倫斯基卻能從中看到重建的希望和商機，邀請各個友邦共襄盛舉。所以他對瑞典說：「貴國可以負責資助我們任何城市、地區或行業，讓它們復甦。我相信各位提供的領導將是不可或缺的。貴國的技術、企業、對生活的熱愛，以及總是能根據人們最大利益來規畫空間的能力也是。」

戰爭讓烏克蘭人同仇敵愾，但是澤倫斯基對他們大學生的演講，❷一方面提醒他們永遠知道俄羅斯的威脅，一方面要思考「這場戰爭結束後，我們與俄羅斯的邊界應該如何管理？是要完全關閉，還是維持開放？換句話說，你們如何看待與俄羅斯共存這件事，戰爭結束後又會如何看待俄羅斯人？」

他提醒大家要抗戰，但是也要大家一起思考「要選擇專業軍人還是擴大徵兵制度？需要多大規模的軍隊？我們該花多少預算在國防領域？越多越好還是相反？即使將來恢復和平也是如此嗎？」

他說現在是國家的非常時期，但也告訴大家：「現在的機會無與倫比，現在是決定未來你想生活在什麼樣的烏克蘭裡的時刻。」

---

2. 5月19日，致烏克蘭高等教育機構學生演說〈我給各位的一些問題〉。

而他自己人生的蛻變是怎麼發生的，他至少在一篇演講裡有透露。

在5月16日對美國大學生的演講裡，他說明了自己多重人生經歷後，提醒大家「每個人在各自的生命中，都有必須以某種形式面對的重要選擇。由我來說的話，要做，就請在這段求學時期，黃金歲月來做。或者，更早一些。這個時期，每個人都必須為這個問題選擇答案：你是誰？你是個什麼樣的人？⋯⋯你是主體，還是只是旁觀者？⋯⋯一旦有一天你決定了要成為自己生命的主人，那你就會從此保有那個力量，並觀察還能做些什麼。」

責任在燒壞了大腦的自噬的蛇身上

烏克蘭發生的事情，有助於臺灣很多思考。

今年2月俄羅斯入侵之後，有一些人，包括知名的國際政治學者主張：這是因為美國和北約想要擴張地盤，吸納烏克蘭，讓西方勢力把腳伸到俄羅斯門口，因而碰觸普丁的紅線，造成這次的戰爭。

臺灣很多人也引用這種說法。

這顯然昧於兩個事實。

首先，這忽略了烏克蘭人一直想要擺脫俄羅斯的控制和影響，自己想要往歐洲國家接近的動能。

1991年蘇聯解體，烏克蘭人迎來渴望已久的獨立，也有了民主社會。只是到二十幾年之後，人民日常最關心的主題繞不開三個：政府貪腐、寡頭巨富，和2014年俄羅斯入侵克里米亞及頓巴斯之後的情勢。

看起來這些問題雖然糾結得複雜，但三件事環環相扣，問題根源都在俄羅斯。

蘇聯解體後，像烏克蘭這樣的社會主義國家猛然進入資本主義的社會，大量國有企業、資產要轉為民營或流進民間，必然給少數有門路的人和政府有權力的人沆瀣一氣的機會，所以政府貪腐和民間的寡頭巨富是雙胞胎巨嬰。

從帝俄時期、蘇聯時期開始，就對烏克蘭一直有老大心態的俄羅斯，看著這兩個雙胞胎巨嬰忙著五鬼搬運不亦樂乎，甘願讓自己把手伸長，當然只要幕後操縱傀儡就好。

但烏克蘭畢竟已經民主化社會裡的人民受不了了，他們看出禍源所在。所以先是2004年爆發橘色革命，人民抗爭政府貪污及總統選舉期間的舞弊；時隔十年之後，到2014年又爆發「尊嚴革命」（Revolution of Dignity），人民反貪腐，也極力爭取加入歐盟，拒絕繼續被俄羅斯控治，導致立場向俄羅斯一面倒的亞努科維奇總統下台。

俄羅斯看到自己的傀儡不見了，擔心烏克蘭不再受自己控制，就在同一年入侵克里米亞，進攻烏克蘭東部的頓巴斯地區。

然而這件事情的本身自然引起烏克蘭人更大的憤怒和不滿，要進一步向歐洲傾斜，而這又進一步讓普丁感受到更大的芒刺在背，八年後要用更全面的入侵戰爭來解決。

所以不是歐洲和北約一直在把腳伸到俄羅斯門口拉走烏克蘭，而是俄羅斯長期的老大心態和其影響本身把烏克蘭往歐洲和北約越推越遠。

不是北約在俄羅斯家門口製造了挑釁，而是俄羅斯的憤怒燒壞了自己的大腦。

另外，今年普丁在發動戰爭的前夕那篇否定烏克蘭存在的演說，一般新聞媒體的解釋是普丁拋不開自己的蘇聯大國夢想，想要恢復往日光輝的野心作祟。

但如前所述，普丁繼承的是長期的大俄羅斯思想。

基輔羅斯在還沒被蒙古人破壞之前的全盛時期，莫斯科還只是偏遠落後地區。1240年拔都攻陷基輔之後，莫斯科大公國才有了崛起機會。到1480年蒙古人離開，有了擴張的本錢，其後16世紀改國名為俄羅斯沙皇國，又改為俄羅斯帝國，從此搶走「羅斯」的話語權。也從16世紀開始，以「俄羅斯民族」之名劃分大俄羅斯族、小俄羅斯族（烏克蘭人）、白俄羅斯族和黑俄羅斯族，意味著大俄羅斯人的歷史比小俄羅斯人悠久，語言和文化要比小俄羅斯人優越。而烏克蘭越覺得被歧視要反彈，就越被壓制得更嚴重。

蘇聯繼承了帝俄的思想。1917年布爾什維克革命爆發，蘇維埃政府上台後，列寧公布了《告烏克蘭人民書》，雖然表面上承認烏克蘭民族自決，但必須先承認蘇維埃中央政權，其「國家領導人」必須由布爾什維克黨中央來指定。此後的七十多年，到蘇聯解體之前，一直還是延續帝俄政策，烏克蘭人在接受教育的過程裡，是必須學習俄語而不是烏克蘭語。

所以普丁說烏克蘭是個「虛構」、「人造」出來的國家，沒有自己的語言和文化，不只是因為他是從蘇聯時代走過來的人，也有來自俄羅斯歷史和文化的根源。而他兩次入侵烏克蘭，把烏克蘭越推越遠。

從語言和書籍市場的兩個例子可以看得很清楚。

布姐科告訴我：由於長期接受俄羅斯語言教育，烏克蘭人使用俄羅斯語十分普及。獨立之後儘管立法使烏克蘭語成為國語，但是大部份人都會使用俄語，許多家庭的母語就是俄語。所以包括書籍市場，長期以來都是以俄語書籍為大宗。但是2014年俄羅斯入侵克里米亞之後，驚醒了很多烏克蘭人開始不使用俄語，不閱讀俄語書籍，使得市場佔比下跌到大約50%。

即使如此，到今年俄羅斯入侵之前，其實大部份人還是把俄語當成一種中性的溝通工具，隨時使用。只是2月俄羅斯軍隊打進烏克蘭之後，今天烏克蘭已經沒有人再願意使用俄語，因為那是敵人的語言。布姐科說，以俄語出版書籍的市場佔比已經掉到2%左右。

這樣又進一步激怒俄羅斯，所以普丁要求的停戰條件裡必須要烏克蘭同時進行俄羅斯語教學。

只是普丁沒有想到，他和俄羅斯成了一條自噬的蛇。

戰爭的責任，總是在燒壞了大腦的自噬的蛇身上。

澤倫斯基帶給臺灣讀者的訊息

澤倫斯基讓我們看清：這場戰爭真正的戰場，不是陸地、海洋或天空，而在人的心智和意識；真正的武器，不是飛彈或戰機，而是信心、勇氣，和智慧。

所以，烏克蘭是在為全世界的人而戰，在為全世界的人敲響警鐘，喚醒其他同樣也面對入侵威脅的國家奮起。

臺灣從烏克蘭身上可以學習很多。

譬如，烏克蘭有四家寡頭巨富掌握的媒體，互相競爭，毫不相讓。

但是從俄羅斯入侵那天開始到今天，為了免得讓假訊息泛濫，為了讓戰爭的情況、澤倫斯基和政府的訊息真實地傳播，所以他們攜手合作，每六小時由一家主播相關新聞與節目，形成接力馬拉松式的「聯合新聞報導」（United News）。而這裡的United還有「團結」的意思。澤倫斯基在他3月28日的演講裡，就提到他當天和五百位媒體人進行Zoom會議，參與這種新聞報導。

澤倫斯基也在多場演講中提到自由航行的重要，從俄羅斯開始，任何國家都不該進行海洋封鎖：「我們需要有效的工具，將封鎖海上貿易航線的國家繩之以法。這樣才不會有人以類似的誘惑，讓大海變成死路。」❸

臺灣人還應該特別注意澤倫斯基在8月3日那場〈聯手建立一個新的全球安全架構〉演說。

澤倫斯基在其他幾篇演講中也都有提到如果讓俄羅斯得逞，其他有些國家也可能有樣學樣的風險，但是在這一場演講中特別提到了臺灣的名字，以及他的構想：「這些日子以來，在我們的資訊空間和社會網絡中，出現許多與其他地區衝突及威脅有關的報導。先是巴爾幹半島，再來是臺灣，現在很可能輪到高加索地區（Caucasus）。儘管這些情況看似不同，但它們都是源自於同一個因素，亦即『全球安全架構失靈』。如果此一架構能順利運作，這些衝突就不會發生。」

而8月下旬，看到「烏克蘭國會將成立跨黨派十五人友臺小組，盼

---

3. 3月31日，於澳洲國會演說〈從海上捍衛全世界的自由〉。

實質推進雙邊關係」的新聞，我們應該相信澤倫斯基是言而行的人。

也因此，我希望臺灣所有的政治人物，尤其是領導者層級，應該讀這本書，從烏克蘭付出如此慘重代價得來的經驗中，參考澤倫斯基在國家險難之中所淬煉出來，如何整合人民信心、勇氣，和智慧的力量。

我希望關心臺灣海峽情勢的人，能讀這本書。澤倫斯基不只解釋了戰爭的面貌，有助於我們認清侵略者發動戰爭的根由，也說明了即使是平民也可以如何貢獻自己的心力。

我也相信這本書能對年輕世代特別有所助益。

在今年5月的坎城影展上，澤倫斯基應邀視訊演講，說了這段話：「一開始，電影出現在我們的生活裡，然後變成我們的生活，而未來會是什麼樣子，也取決於電影。」

澤倫斯基自己一直在實證這段話，並且還善用數位時代的工具。

在《人民公僕》的影集裡，那位老師的學生是用手機拍下的影片貼上YouTube，造成轟動，使故事裡的老師登上了總統寶座。

在現實裡，澤倫斯基的競選團隊主要使用IG和YouTube，打敗了傳統思維的對手，當上了總統。

在戰爭裡，澤倫斯基是用手機開始傳上他堅守國家崗位的影片，激起了他的國人及全世界對他的刮目相看。

「一旦有一天你決定了要成為自己生命的主人，那你就會從此保有那個力量，並觀察還能做些什麼。」澤倫斯基告訴我們每一個人。

確實如此。

澤倫斯基的演講外交與地緣政治

Zelenskyy's Rhetoric, Diplomacy, and Geopolitics

尹麗喬

　　政治人物不一定是出色的演說家。德國前總理梅克爾（Angela Merkel）、日本前首相安倍晉三、以至於歷史上的普魯士宰相俾斯麥（Otto von Bismarck）等，皆不以其演說修辭的出色華麗聞名。現任的美國總統拜登（Joe Biden）演說時甚至常會口吃。羅馬時代的著名政治家及演說家西塞羅（Cicero），在他討論分析羅馬共和國的演說藝術及歷史的著作《布魯圖斯》（Brutus）中，曾注意到雅典之外的希臘城邦的領導人中，善於修辭的政治家鳳毛麟角。中國歷史上，領導人中出色的演說家似乎也不多。戰國的縱橫家，主要是針對掌權者進行一對一的說服，而很少需要作出公共演說。近代，蔣介石的演說中規中矩，毛澤東的演說鄉音濃重。孔子曾說：「君子欲訥於言，而敏於行。」《論語·里仁第四》傳統的儒家思想中，演說的技巧似乎只是雕蟲小技。巧言令色，豈能安邦定國？

　　在「君子訥於言」這一點上，東西方哲學家似乎有不同的見解。亞

里士多德（Aristotle）曾撰寫過《修辭學》（Rhetoric），是西方世界對演說最早的系統性分析之一。亞里士多德認為，說服民眾是政治家不可迴避的責任之一。東西方相較，尤其是在近代，西方政治人物中傑出的演說家似乎更為常見。❶美國總統林肯（Abraham Lincoln）的《蓋茨堡演說》（Gettysburg Address），對撫平美國內戰後的傷痕，團結美國人民重建民主共和政體起了重要作用。英國首相邱吉爾（Winston Churchill）的演說在二次世界大戰時給予英國民眾及自由世界勇氣與希望，對最後打敗納粹陣營，起了不可磨滅的作用。美國的甘迺迪（John F. Kennedy）總統也是著名的演說家，他在柏林的演說，激勵了世界各國在冷戰核武陰影之下繼續追求自由民主。

　　1897年，邱吉爾在他二十三歲時撰寫過一篇（未正式發表）分析演說藝術的文章〈修辭的架構〉（The Scaffolding of Rhetoric）。❷文中，邱吉爾認為，演說的藝術是人類最珍貴的天賦。掌握修辭之力量（the power of rhetoric）的人物，比大國的君主擁有更穩固的權利。就算被自己的同黨拋棄、被朋友所背叛、喪失官位，但只要他／她擁有修辭的力量，就仍然是一股不可忽略的力量。❸

　　有趣的是，從歐洲萌芽的國際關係研究，在對修辭演說的態度

---

1. 我們也不應忘記，臺灣的黨外前輩中也有不少演說的高手。譬如說康寧祥演說時，常常是萬人空巷，人山人海。而近代殖民地獨立運動與反美國家領導人似乎比較重視演說，尤其是在爭取國際社會（例如聯合國大會之類的場合）、突顯自家「對抗霸權」形象的時候，古巴的卡斯楚與委內瑞拉的查維斯都是個中高手。與澤倫斯基異曲同工。感謝閻紀宇的提醒。

2. 文本鏈結可見：https://www.churchillarchiveforschools.com/themes/the-themes/churchill-discussion-debate-and-historical-controversy/was-churchill-a-great-orator/the-sources/source-1（2022/08/16瀏覽）

上，似乎更偏向東方的視角。國際關係理論（international relations theory）中的現實主義者（realists），著重於實力及利益對國際政治的影響。文字，情感，渲染，從現實主義者的角度來說，對國際關係沒有重要影響。國際關係中自由主義（liberalism）的大師，如奈伊（Joseph Nye）在其討論軟實力（soft power）的一系列著作中，對演說修辭的分析討論也非常有限。再進一步說，經濟學家常討論所謂的空口白話（cheap talk）問題，認為「光出一張嘴」沒有可信度。國與國之間為了各自的利益，常有相互欺騙的誘因。❹ 因此，單單文字修辭在國際政治中是沒有說服力的。不管是經濟制裁還是調動軍隊，重要的是具體的作為。

　　國關理論家與哲學家爭論之餘，大多數的政治分析家都會同意烏克蘭總統澤倫斯基的演講在俄烏戰爭中發揮了作用。戰爭剛開打的兩週內，澤倫斯基對十個不同國家的議會以視訊發表演說。幾乎每一場演說，各國議員都報以熱烈的起立鼓掌（standing ovation）。澤倫斯基敘事（narrate）能力一流，不止激勵烏克蘭人民士氣，同時也鼓勵世界各國向烏克蘭伸出援手；莫斯科方面十分驚訝西方各國在戰爭開打之後，竟會如此迅速對俄國實行前所未有的廣泛制裁。❺ 為什麼澤倫

---

3. 原文：Of all the talents bestowed upon men, none is so precious as the gift of oratory. He who enjoys it wields a power more durable than that of a great king. He is an independent force in the world. Abandoned by his party, betrayed by his friends, stripped of his offices, whoever can command this power is still formidable.
4. 討論國與國之間的訊息不對稱和欺騙偽裝問題，可見 Fearon, James D.，"Rationalist explanations for war"，*International Organization* 49.3（1995）: 379-414 及 Kydd, Andrew, 2007, *Trust and mistrust in international relations*, Princeton: Princeton University Press.

斯基的演說會有如此的魔法？國關理論家與哲學家不是常認為演說修辭不過是華而不實的雕蟲小技嗎？我們可以藉由什麼架構來分析評價澤倫斯基的演說？演說修辭在地緣政治中有何意義？

澤倫斯基在2022年3月8日致英國國會演說時，大段引用了邱吉爾1940年6月4日反抗納粹德國《我們將戰鬥到底》（We shall fight on the beaches）的著名演講（請見下文的討論）。因此我們可以推斷，邱吉爾的演說對澤倫斯基應有一定的影響。前文提及，邱吉爾曾著文討論修辭的藝術。以邱吉爾的分析架構來研究澤倫斯基的演講，可說是順理成章。邱吉爾在文章中闡述了成功演說的幾項要素：用字遣詞精準（diction）、論點層層堆砌（accumulation of aruguments）、比喻巧妙（analogy）以及語言華麗鋪張（extravagance of language）。❻

用字遣詞精準

邱吉爾認為，成功的演說沒有比用字遣詞精準更重要的議題。演說中的每個字都必須充分表達講者的意圖，沒有任何替換的空間。❼我們都知道澤倫斯基是一位非典型政治人物；喜劇演員出身（甚至曾

---

5. Aila Slisco （2022/ 03/24），"Scope of Western Sanctions Surprised Moscow, Russian Foreign Minister Says," *Newsweek*, https://www.newsweek.com/scope-western-sanctions-surprised-moscow-russian-foreign-minister-says-1691233 （2022/08/14瀏覽）

6. 邱吉爾文中同時也有提到動人的韻律（rhythmn）。不過，理解澤倫斯基演講的韻律需要理解烏克蘭文，跟中文讀者們可能有些距離，因此我們不分析此項元素。

7. 原文：Knowledge of a language is measured by the nice and exact appreciation of words. There is no more important element in the technique of rhetoric than the continual employment of the best possible word. Whatever part of speech it is it must in each case absolutely express the full meaning of the speaker. It will leave no room for alternatives.

飾演烏克蘭總統），當選總統之前沒有任何政治經驗。不令人意外，他的演說也是不落窠臼。和一般政治人物相比，澤倫斯基用字直率，不咬文嚼字，甚至可說是不顧一般的外交禮儀。在俄烏戰爭爆發的次日（2022年2月25日），澤倫斯基對烏克蘭民眾及各國演說時提及：「今天我問過二十七位歐洲領袖，烏克蘭是否會加入北約？我開門見山地問，但每一位領袖都心懷畏懼，不願回答。」這可是直接將機密的外交對話向大眾公開！澤倫斯基於2022年3月17日致美國國會演說時，則是直白地呼籲拜登總統負起組織抗俄國際聯盟的責任：

> 你是這個偉大國家的領導人。
> 我希望你成為世界的領導人。
> 成為世界領袖則意味著成為和平的領袖。

而澤倫斯基2022年3月17日致德國聯邦議院（Bundestag）演說，更是不假詞色，一開場就直斥德國的軟弱：

> 你們又躲進一道牆後面了。
> 不是柏林圍牆（Berlin Wall）。
> 而是在歐洲中部，在自由和奴役之間矗立的一道牆。

澤倫斯基認為，德國躲在牆後，才可假裝沒看見烏克蘭人民的苦難，不介入俄烏戰爭。下文，澤倫斯基繼續批評德國。「（德國）拖延烏克蘭加入歐盟。」「當我們要求採取預防性制裁時……我們感受到的則是阻力。」「如果你們還記得柏林空運（Berlin Airlift）對你們的意義……我們的領空只有俄羅斯的飛彈與炸彈。」澤倫斯基一點情面不留。華盛頓郵報因而將澤倫斯基致德國聯邦議院的演說形容為

「嚴厲苛刻」（scathing）。[8] 台灣的讀者們可否想像台灣的領導人演說時斥責他國的懦弱及無所作為？

澤倫斯基直率的用字遣詞是他獨特演說風格的重要部分。澤倫斯基的語言如同大棒（bludgeon）一般，將西方政治人物和民眾打醒，逼迫西方直視烏克蘭的苦難。俄烏戰爭開打之前，西方一般民眾對烏克蘭非常陌生，可能連烏克蘭的地理位置都不甚清楚。澤倫斯基的一大挑戰是西方民眾的冷漠和國際政治的算計。如果不以直白清楚的語言震懾各界的情感，拉近烏克蘭與西方民眾的距離，澤倫斯基很難調動西方各國幫助烏克蘭。我們可能會認為澤倫斯基演說不遵從一般外交語言的守則，不過他的用字遣詞其實目的性很強，追求精確打中國際輿論的「七寸」。

論點層層堆砌

邱吉爾認為，好的演說一定要高潮迭起。而演說要達到高潮，依靠的是意像及聲調的迅速承接演替，演說的終點在演說結束之前就應要清楚無疑。[9] 澤倫斯基於2022年3月8日致英國國會的演說，將邱吉爾這一點演繹的淋漓盡致。演說中，澤倫斯基將烏克蘭保衛國土的戰役比做二戰時的不列顛戰役（Battle of Britain），以十三幅圖像勾勒出俄軍的殘暴、烏克蘭人民的英勇，以及西方的軟弱：

---

8. Aaron Blake （2022/03/17），"Zelensky's scathing speech to Germany"，*The Washington Post*, https://www.washingtonpost.com/politics/2022/03/17/zelenskys-scathing-speech-germany/（2022/08/15瀏覽）
9. 原文：The climax of oratory is reached by a rapid succession of waves of sound and vivid pictu

開戰第一天凌晨四點，敵人對我們發射巡弋飛彈。

　　　　每個人都從睡夢中驚醒⋯⋯

第二天，我們從空中、從陸地、從海上抵禦攻擊⋯⋯

第三天，俄羅斯部隊公然向平民與公寓開火⋯⋯

第四天，我們拘禁了數十名戰俘，但我們並沒有失去尊嚴，並沒有凌虐他們⋯⋯

第五天，我們的恐怖遭遇更加惡劣，從城市到小鎮都受害。殘破的街區。炸
　　　　彈、炸彈、炸彈、炸彈。從民宅、學校到醫院都受害。

第六天，俄羅斯飛彈擊中「娘子谷大屠殺」（Babyn Yar）遺址，
　　　　第二次世界大戰期間，納粹在此地處決了十萬人⋯⋯

第七天，我們看到俄羅斯連教堂也不放過，而且使用炸彈與火箭！

第八天，俄羅斯戰車對一座核電廠開火⋯⋯

第九天，我們旁觀北約成員國的一場會議⋯⋯北約運作無力，
　　　　甚至無法關閉烏克蘭的領空。

第十天，在遭到佔領的城市，赤手空拳的烏克蘭人上街抗議，
　　　　擋下裝甲。

第十一天，當住宅區遭到轟擊，當爆炸摧毀了一切，當兒童癌症醫院的病童被
　　　　　迫撤離受創的院區，我們明白：烏克蘭人都是英雄，成千上萬的烏克
　　　　　蘭人，整座城市，從兒童到成年人，都是英雄。

第十二天，俄羅斯部隊陣亡超過十萬人，連將軍也無法倖免。

第十三天，在遭到俄羅斯佔領的馬里烏波爾（Mariupol），
　　　　　一個孩子死了，死於嚴重脫水。

　　澤倫斯基的十三幅血淋淋的圖像，深得「殘酷現實主義」（brutal realism）精髓；層層意像堆砌出清楚有力的訊息，激起義憤，鼓勵英國升高對俄國的制裁。接下來，澤倫斯基借鏡邱吉爾，繼續以類似的演說技巧「轟擊」聽眾的感觀。邱吉爾在1940年6月4日於英國下議院發表著名演講《我們將戰鬥到底》，揭示了大不列顛抗擊納粹的決心：

> 我們要堅持到最後。我們將在法國作戰，我們將在海上作戰，我們將以越來越強大的信心和實力在空中作戰，我們將保衛我們的島嶼，無論代價如何。我們將在海灘上戰鬥，我們將在登陸地上戰鬥，我們將在田野和街道上戰鬥，我們將在山丘上戰鬥；我們決不投降！

澤倫斯基於英國國會引用並修改了邱吉爾的文句：

> 我們要在海洋上戰鬥，我們要在天空中戰鬥；我們要捍衛國土，代價在所不惜。我們要在森林中、田野上、海灘上、城市與鄉村中、街道上戰鬥，我們要在山丘上戰鬥⋯我還要加上：我們要在廢土堆上戰鬥，在卡爾繆斯河（Kalmius）與轟伯河（Dnieper）的河岸上戰鬥！我們絕不投降！

全場起立，掌聲如雷。[10]

比喻巧妙

　　邱吉爾於〈修辭的架構〉中提到：人們常認為未知事物只是已知事物之延伸：抽象和具體的事物有共通的原則，有限和無限的事物有類似的性質。巧妙的比喻可連接抽象和具體、有限和無限。比喻利用聽眾已有的知識，鼓勵聽眾以「心」來解決理智上困難複雜的問題。的確，[11] 一般民眾不是政策專家，對複雜的公共政策常是一知半解。[12] 這無可厚非。柴米油鹽，小孩房貸，很少有人會有時間精力專心研究公共議題。就算是政治人物，也常常是各有所長，專精財政的不一定懂交通，專精交通的不一定懂社會福利政策。在這個情況下，善用比喻和民眾及政治人物的「心」溝通尤為重要。澤倫斯基則是巧妙運用

10. Laura Kuenssberg（2022/03/08）, "Zelensky speech: MPs rise as one in show of solidarity with Ukraine", *BBC*, https://www.bbc.com/news/uk-politics-60664488（2022/08/15瀏覽）

11. 原文：The ambition of human beings to extend their knowledge favours the belief that the unknown is only an extension of the known：that the abstract and the concrete are ruled by similar principles, that the finite and the infinite are homogeneous. An apt analogy connects or appears to connect these distant spheres. It appeals to the everyday knowledge of the hearer and invites him to decide the problems that have baffled his powers of reason by the standard of the nursery and the heart.

12. 可見 Converse, Philip E., "The nature of belief systems in mass publics", *Critical review* 18.1-3（2006）: 1-74.

比喻的高手。前文，我們討論了澤倫斯基如何引用修改邱吉爾《我們將戰鬥到底》演說，層層堆砌，在英國議會強力宣示烏克蘭的英勇和抗擊俄羅斯的決心。我們不應忘記，澤倫斯基之前對邱吉爾的引用，同時也是技巧高超的隱喻，將烏克蘭對俄羅斯的抵抗比做大不列顛抵抗納粹德國的英勇奮鬥，並希望英國以同理心的角度出發，援助烏克蘭。英國廣播公司（BBC）的記者特別讚賞澤倫斯基對邱吉爾的致敬，認為澤倫斯基對英國歷史有研究，尊重理解英國的光輝傳統和歷史情感。[13]澤倫斯基的比喻，連結了烏克蘭及英國人民的感情。

澤倫斯基演說的主題非常嚴肅，但比喻卻常是生動活潑。俄烏戰爭前夕，澤倫斯基於2月19日第五十八屆慕尼黑安全會議（Munich Security Conference）發表演說，指出現有國際安全體系的不足：

> 十年前各方達成共識的規則，如今已不再適用，無法因應、克服新的威脅。這就像病人需要新冠肺炎疫苗，我們卻只能給他咳嗽糖漿。

大多數人對地緣政治以及北約的運作機制不甚清楚，不過大家對新冠肺炎都有切身的體驗。封城、篩檢、確診、隔離、打疫苗、社交距離成為我們的日常；新冠肺炎傳播的初期疫苗短缺，很多人至今心有餘悸。將舊的國際安全架構（烏克蘭不是其中一份子，俄羅斯不受制衡）比做感冒糖漿，並將新的（有效的）國際安全架構共識比做新冠肺炎疫苗，淺顯直白，立刻將複雜國際政治議題的得失和重要性闡

---

13. Laura Kuenssberg（2022/03/08），"Zelensky speech: MPs rise as one in show of solidarity with Ukraine"，*BBC*, https://www.bbc.com/news/uk-politics-60664488（2022/08/15瀏覽）

述清楚。當然，新冠肺炎和國際安全架構是性質完全不同的議題，但演說不是發表學術文章，重點不在細節正確，而在是否能引起聽眾共鳴。是否能引起聽眾共鳴的關鍵，則常在於講者是否能運用巧妙適當的比喻。

語言華麗鋪張

邱吉爾於〈修辭的架構〉中認為，大多數成功的演說都有使用華麗鋪張語言的傾向。演說成功時，講者和聽眾情感激動，不能自已。這時講者的文句，需要能夠將聽眾的全部情感充分地表達出來。❹

澤倫斯基於5月8日二戰死難者悼念和解日演說中，就利用了誇飾。演說一開頭，澤倫斯基問道：「春天會是黑白的嗎？永恆的2月（冬天）會存在嗎？」對烏克蘭來說，因為俄羅斯的侵略，答案是肯定的。當然，現實裡春天不可能是黑白的，2月之後是3、4、5月；月份季節的變換不受人類意志影響。可是，成功的演說不可能專注於闡述冷冰冰的現實，而是必須感染聽眾。澤倫斯基這裡的誇飾，形象地勾勒出烏克蘭人民在戰爭中的深厚災難。

在之前提及的澤倫斯基慕尼黑安全會議演說，他也使用了誇飾來反制俄羅斯的假消息。俄烏戰爭前夕，俄羅斯指控烏克蘭挑釁，砲擊俄國佔據的頓巴斯（Donbas）地區。澤倫斯基回擊道：

---

14. 原文：A tendency to wild extravagance of language to extravagance so wild that reason recoils is evident in most perorations. The emotions of the speaker and the listeners are alike aroused and some expression must be found that will represent all they are feeling.

> 兩天前我人在頓巴斯，來到分界線，一邊是幼稚園，另一邊是對準它發射的砲彈……當天當地有三十個學生，他們不是要去北約，而是要去學校。只要上過物理課、瞭解基本定律，就算是兒童也都知道，指控砲擊來自烏克蘭軍方有多麼荒謬。只要上過數學課，兒童不需要計算機也可以計算出過去三天發生了多少次砲擊……

幼稚園的學生真的理解物理學，或天天紀錄俄羅斯的砲擊嗎？不過，澤倫斯基的誇飾清楚地讓聽眾理解到，有基本判斷能力的人，都知道烏克蘭不可能主動攻擊俄羅斯。

不知澤倫斯基是否閱讀研究過邱吉爾分析演說藝術的文章。他的演講常常十分精彩地應用並發揮了邱吉爾的演說理論。用字遣詞、堆砌論點意象、比喻、誇飾，澤倫斯基似乎無一不精。不過，澤倫斯基的演講似乎專注於煽動情緒，而不以客觀事實來闡述分析情勢；這不是理盲濫情嗎？平心而論，這評斷有一定道理。不過，如果烏克蘭不佔據國際輿論的制高點，激起各界的義憤，會得到各界支持嗎？從地緣政治的角度來說，西方各國對協助烏克蘭抵禦俄國興趣不大。烏克蘭是前蘇聯的加盟共和國，被不少國際關係學者認為是俄國的勢力範圍，因此西方不應該、也沒有必要去挑戰俄羅斯。[15] 從經濟上來說，烏克蘭在全球產業鏈中的重要性也很有限；烏克蘭不像台灣，有蓬勃發展的高科技產業，和世界各國仰賴的半導體晶片。同時，協助烏克蘭還會影響西方跟俄國的經濟關係。尤為重要的是，歐洲各國對俄羅斯的石油與天然氣非常依賴。從地緣政治及經濟利益的角度來說，西方各國應該不蹚渾水，將烏克蘭做為「棄子」以保障自己的國家利益。澤倫斯基向各界說理，分析利害，對烏克蘭幫助不大。他從烏克

蘭的國家利益出發，沒有必要在烏克蘭不佔優勢的戰場上，和俄羅斯對抗。澤倫斯基的演講外交，著重於發掘、利用烏克蘭和西方世界的價值情感連結，以激昂的演說為武器，攻擊並超越（transcend）國際地緣政治的冷酷算計；這是烏克蘭在外交上的「不對稱作戰」。[16]

從烏克蘭回望臺灣，在國際局勢凶險之際，台灣是否有足夠的能量，在需要的時候，打一場如烏克蘭般的國際輿論勝戰？現代民主國家不只要「敏於行」，也要「敏於言」。

特別感謝郝明義及閻紀宇先生幫忙提意見。餘下的遺漏疏失，作者當負全責。本文觀點僅代表個人立場。

---

15. 可見 Isaac Chotier（2022/03/01），"Why John Mearsheimer Blames the U.S. for the Crisis in Ukraine"，*The New Yorker*, https://www.newyorker.com/news/q-and-a/why-john-mearsheimer-blames-the-us-for-the-crisis-in-ukraine（2022/08/16瀏覽）

16. 對情感在地緣政治中可能的影響感興趣的讀者，可見 Hall, Todd H., 2015, *Emotional diplomacy: Official emotion on the international stage*, Ithaca: Cornell University Press, 2015。對道德在國際政治中可能產生作用感興趣的讀者，可見 Reus-Smit, Christian, 1999, *The moral purpose of the state: Culture, social identity, and institutional rationality in international relations*, Princeton: Princeton University Press.

尹麗喬（George Yin）是哈佛大學政府系博士；現為臺灣大學大陸研究中心特約研究員及美國哈佛大學費正清中國研究中心研究員。專長為國際關係理論、國際安全研究、外交學、民意調查及東北亞關係。曾任教於美國斯沃斯摩爾學院（Swarthmore College）政治系，並曾任達特茅斯學院（Dartmouth College）Dickey國際安全中心博士後研究員、美國大西洋理事會（The Atlantic Council）客座資深研究員、日本慶應大學及早稻田大學訪問學者。

烏克蘭相關大事紀
Timeline

第5世紀 屬於斯拉夫民族的波里安人（Polyans）建立基輔城。基輔的命名是因為他們的領袖名叫「基」（Kyi）。

860年代，斯堪地納維亞半島的瓦良格人和東歐北部地區來往密切。
862年，留里克（Rurik）在今天伊爾門湖附近地區成為部落的盟主。大約同一時間亞斯克（Askold）來基輔，擴建為都城。

882年 留里克的繼承人奧列格（Oleg）征服基輔，以此為首都，成為遠近公國的共主，斯堪地納維亞人稱之為「加爾達利基」（Garðaríki）。後來的史學家稱這段時間為「基輔羅斯」（Kyivan Rus'）。

988年 弗拉基米爾大公為迎娶拜占庭安娜公主而皈依基督教，令人民在聶伯河接受洗禮，歷史上稱為「羅斯洗禮」。
1054年 雅羅斯拉夫（Yaroslav）治下，基輔羅斯的文治武功發展都達到頂峰，因而他有「智者」之稱。
1187年「烏克蘭」首次在紀念基輔王室逝者的書寫文字中出現。「烏克蘭」的原意有多種解釋，有一種是「原生之地」。

1240年 拔都征服基輔羅斯，**1242年**建立金帳汗國。基輔羅斯原來的王室轉遷到加利西亞一沃里尼亞地區，到**1340年**王室內亂，領地被立陶宛大公國和波蘭王國所瓜分。這段時間，原來在邊陲地區的莫斯科大公國得到崛起機會。
1480年 莫斯科大公國反抗金帳汗國，結束其統治，也繼承了蒙古人在這個地區原有之領地。
1547年 伊凡四世改國名為俄羅斯沙皇國、**1721年**彼得大帝再改國名為俄羅斯帝國，從此搶走對「羅斯」的話語權。也從16世紀開始，以「俄羅斯民族」之名劃分大俄羅斯族、小俄羅斯族（烏克蘭人）、白俄羅斯族和黑俄羅斯族。

862　882　988　1240

875年 黃巢之亂
907年 唐朝滅亡，五代開始
960年 宋朝開始

1271年 忽必烈建元朝
1368年 明朝建立

1489年 哥薩克人（Cossacks）出現，源起解釋眾多。其中之一是基輔羅斯人流浪的後裔。「哥薩克」有守衛者之意。哥薩克人崛起後，先是在**1554年**形成了「札波羅結哥薩克」自治地，首長有「哈特曼」之稱；再於**1648年**成立了哥薩克酋長國，建都基輔。哥薩克人先是為了對抗波蘭與俄羅斯結盟，但又反抗俄羅斯。俄羅斯視之為芒刺在背。
1574年 印刷術引入烏克蘭，閱讀開始普及。 **1632年**基輔莫訶拉院（Kyiv-Mohyla Collegium）成立，成為烏克蘭、白俄羅斯、莫斯科的一個教育中心。

1762年 俄羅斯葉卡捷琳娜二世登基，無限制擴張帝國領土。先在**1764年**把哥薩克酋長國併為「小俄羅斯省」，再在**1775年**取消札波羅結哥薩克自治地，併入「新俄羅斯省」。哥薩克人被逼轉為農民，再半農奴。直到**1857年**俄羅斯打輸克里米亞戰爭，才開始給烏克蘭農民比較大的自由。

18世紀末葉、19世紀前半 烏克蘭文藝復興運動開始。烏克蘭人開始透過歷史、哲學、文學的書寫，尋找身分認同，也出現新生代的科學家和藝術家。

2月，俄國二月革命爆發。尼古拉二世遜位，俄羅斯帝國滅亡。
7月，烏克蘭人民共和國成立。
11月，布爾什維克革命，列寧登場，蘇維埃政權成立。

1月16日，蘇維埃軍隊開進基輔
12月3日，列寧公佈《告烏克蘭人民書》。雖然表面上承認烏克蘭民族自決，但只有承認蘇維埃中央政權和服從這個政權的烏克蘭民族的獨立才是被允許的。其「國家領導人」必須由布爾什維克黨中央來指定。

4月，烏克蘭社會主義蘇維埃共和國成立。

12月30日，烏克蘭簽署了組建蘇聯的條約，成為蘇聯的一員。俄羅斯、烏克蘭和白俄羅斯就成了蘇維埃制度下的三位一體。

| 1489 | 1762 | 1917 | 1918 | 1920 | 1922 |

1912年 中華民國建立
1914~1918年 第一次世界大戰

1636年 清朝建立

1932~1933年 烏克蘭發生「飢荒滅絕」（Holodomor），死了至少五百萬人。其中有史達林推行激進農業集體化政策而導致的因素，也有蘇聯想趁著這個機會摧毀烏克蘭人的文化與政治身分認同，而故意使用了許多手段所導致。今天烏克蘭及包括美國在內的許多國家都將之視為一次種族滅絕事件。

1939~1945年 二戰期間烏克蘭人參與了各方軍隊。其中獨立作戰的和加入紅軍的貢獻了擊敗納粹的力量。

1953年 史達林死，赫魯曉夫即位。烏克蘭農民首度拿到薪資、養老金及護照。

1991年8月，烏克蘭發表獨立宣言。
12月，蘇聯解體
1994年，宣布放棄核武器。由烏克蘭、俄羅斯、英國和美國簽署《布達佩斯備忘錄》。
1996年，通過烏克蘭憲法。

12月，橘色革命。抗爭總統選舉期間政治人物貪污並且選舉舞弊的行為。烏克蘭歌手魯斯蘭納在歐洲歌唱大賽上贏得優勝。

車諾比事故。催化了追求獨立的呼聲。

2月，尊嚴革命（Revolution of Dignity）。由烏克蘭人拒絕貪腐、拒絕被俄羅斯統治而產生的抗爭。同時也極力爭取加入歐盟、成為歐洲一國的機會與權利。
2月底~3月，俄羅斯併吞克里米亞。
3月，俄烏戰爭開始。俄羅斯入侵烏克蘭東部頓涅茨克和盧甘斯克向來被認為是屬於頓巴斯地區的兩個區塊。此後，頓巴斯的部分地區一直被俄羅斯佔領至今。
5月，烏克蘭問題三邊聯絡小組（Trilateral Contact Group on Ukraine）成立。該小組由來自烏克蘭、俄羅斯和歐洲安全與合作組織的代表組成，旨在促進外交、解決烏克蘭頓巴斯地區的戰爭。
6月，諾曼底登陸七十週年之際，由來自法國、德國、俄羅斯和烏克蘭的領導人成立「諾曼底聯絡群組」（Normandy contact group）並首次會面。
9月，在白俄羅斯首都明斯克舉行《明斯克協議》（Minsk Treaty）。

1932　1986　1991　2004　2014

1987年 臺灣解嚴
1989年 天安門事件

1939~1945年 第二次世界大戰
1949年 北約 NATO 成立
1949年 中華民國來臺
1955年 華沙公約組織成立

2013年 反服貿運動
2014年 太陽花運動

2006年 紅衫軍運動

2月，《明斯克協議》（Minsk II）
10月16日，《人民公僕》首播

12月31日，澤倫斯基宣布競選烏克蘭總統。

1月，烏克蘭東正教領受自治權。烏克蘭東正教正式從莫斯科宗主教區分離，獲得教會自治權。
5月20日，澤倫斯基宣誓就職。
12月，澤倫斯基參加了最後一次全員到齊的諾曼第聯絡群組會議。後續2021年在巴黎召開的諾曼第聯絡群組會議，俄羅斯總統普丁就並未參加。

4月，俄羅斯開始在烏克蘭東部、南部和北部邊界集結軍隊，包括在白俄羅斯境內。

2月24日，俄羅斯聯邦全面入侵烏克蘭並佔領基輔和切爾尼戈夫地區的定居點。
3月，國際社會支持烏克蘭抵抗俄羅斯侵略的風潮爆發
3月2日，烏克蘭南部最大的城市之一—— 赫爾松——被佔領。
3月~ 4月，烏克蘭從俄羅斯手中收復基輔和切爾尼戈夫地區的布查、伊爾平以及其他定居點。並發現俄羅斯針對烏克蘭平民的大規模、系統性戰爭罪行。
2月24日~5月，馬里烏波爾戰役。「亞速」團戰士在亞速斯塔爾工廠勇敢抵抗俄軍。
4月8日，俄羅斯對克拉馬托爾斯克市火車站發動導彈襲擊。許多平民喪生。
4月14日，烏克蘭擊沉俄羅斯巡洋艦「莫斯科號」。
6月27日，俄羅斯對克列緬丘克市的購物中心發動導彈襲擊。許多平民喪生。
7月14日，俄羅斯武裝部隊對文尼察市中央廣場發動導彈襲擊。許多平民喪生。
7月29日，俄羅斯在奧列尼夫卡大肆屠殺烏克蘭戰俘。

2015　**2018**　**2019**　**2021**　　**2022**

2月8日，北京冬奧開始，普丁與習近平發表聯合聲明。
2月20日，北京冬奧結束。
2月22日，普丁發表演講，否認烏克蘭的存在。
8月，中國在臺灣四周軍演

目錄
Contents

我們都在這裡

俄羅斯入侵，大軍逼近基輔，
關於烏克蘭總統澤倫斯基已經出走的謠言四起。
2月25日，澤倫斯基在基輔市中心和所有重要的閣員
自拍了一段影片，讓全世界注目：

「大家晚安。執政黨主席在這裡。
總統府秘書長在這裡。
總理在這裡。
總統府秘書室顧問在這裡。
總統在這裡。我們都在這裡。
我們的防衛部隊在這裡。人民在這裡。
我們全都會捍衛國家，捍衛獨立，並將一直捍衛下去。
榮耀歸於英雄！
榮耀歸於烏克蘭！」

上前線的人民

亞利耶娃(Yarina Arieva)與佛辛（Sviatoslav Fursin）是一對情侶。
2月24日開戰當天，他們提前結為連理，然後一起上前線。
亞利耶娃說:「這是一個艱難的時刻，我們要為了我們的土地抗爭。
我們有可能會光榮犧牲，而我們想在那之前證明彼此的愛情……
我們必須保護這個國家，保護我們所愛的人以及我們所生活的土地。」
戰爭爆發後，他們只是許許多多趕赴戰場的烏克蘭人民的一個代表。

抗敵 戰爭初起，俄羅斯毀壞了烏克蘭全球最大的運輸機「夢想」號（上圖）。
俄軍也對烏克蘭的作物收成造成破壞。

然而全球軍力排行第二的俄羅斯，並沒有獲得他們所期望的「閃電」勝利。
烏克蘭擊退了進犯基輔的俄軍，逼使他們從北線撤退，
留下大量破壞的戰車和裝備（下圖）。

和飛彈比倒立

住在烏克蘭東部的布拉卡（Maksym Burlaka），
想讓世界看見烏克蘭人在戰爭中的生活日常。
他選擇在一顆飛彈旁邊用頭倒立，
慶祝世界瑜伽日的到來。

在戰爭中偉大

在戰爭的威脅下，不刻意追求偉大的人民，
全都為了捍衛自由與和平而偉大。

一名堅持恢復耕作的老太太（上圖）。一起為軍隊製作迷彩偽裝網的人民（下圖）。

一名向國旗敬禮的男孩（上圖）。
一名在架了拒馬的街頭演奏的大提琴手（下圖）。

救國不分年齡

十歲的葉茲荷華（Valeriia Yezhova）
是同年齡層的國際跳棋世界冠軍。
她在基輔市區的街上，
希望以國際跳棋與市民對弈，
為烏克蘭軍隊募款。
下輸的人至少要捐一塊烏克蘭幣，
下贏了可以免費和她再下一盤。
葉茲荷華下了一個星期，沒有人能贏她。
她募到了將近兩萬元台幣。

_DS.2K22
February

Diia
Sum

_Diia Summit.

Mintsyfra's Main Event. A dialogue
between new state and a human. Open.
Honest. Impressive.

數位未來

在俄烏戰爭中,
烏克蘭數位轉型部以社群軟體、無人機、加密貨幣、
手機訊號追蹤器等「武器」贏得了大大小小的戰役。
這樣的舉動,打開了世人對新時代科技戰爭的想像。
DiiA是他們政府開發的軟體,
在烏克蘭人人使用,所有資訊都在裡面,可以當數位護照。

信心

「請不要讓憤怒從內部將我們摧毀，請讓我們化悲憤為外在成就，
請讓我們化悲憤為一種善良的力量來擊敗邪惡勢力。……
「光明將戰勝黑暗，善良將戰勝邪惡，生命將戰勝死亡，也因此，烏克蘭必將勝利！」
——2022年4月24日澤倫斯基復活節祝賀。圖為基輔。

1 | 讓烏克蘭人民不再哭泣

澤倫斯基就職演說
Volodymyr Zelenskyy's Inaugural Address.

20 May 2019

《人民公僕》大受歡迎之後，澤倫斯基的人氣越來越高，逐漸有聲音促使他從政，到2018年下半年，他的民調支持率名列第三。當年 12 月31日，澤倫斯基正式聲明參加選舉。

2019年4月，經過兩輪投票後，澤倫斯基當選烏克蘭總統，以73.22% 的得票率刷新了烏克蘭總統選舉的紀錄。當年5月20日，澤倫斯基宣誓就任總統。

澤倫斯基在總統就職演說的最後結語說：「我一生都在竭盡全力讓烏克蘭人發笑。那是我的使命。現在我將盡我所能，讓烏克蘭人至少不再哭泣。」三年後他實證了他的諾言。

親愛的烏克蘭人民！

　　在我選舉獲勝之後，六歲的兒子問我：「爸爸，電視上都說澤倫斯基要當總統了，這意思是我要當總統了嗎?!」這話當時聽起來只是有趣，但我後來明白，兒子說的一點也沒錯，因為我們每個人都是總統，而且不只是投票給我的73%選民，每一位烏克蘭人民都是。這場選舉不只是我的勝利，更是我們共同的勝利。同時這也是我們共同的機遇、共同的責任。今天宣誓的人除了我之外，我們每一個人也都一隻手按著憲法，向烏克蘭宣誓效忠。

　　請大家想像一下幾個新聞標題：〈總統逃漏稅〉、〈總統酒駕闖紅燈〉、〈總統中飽私囊，上下交相賊〉，這些行為不是很可恥嗎？所以我要說我們每一個人都是總統。從此時此刻開始，每一個人都要為留給後代子孫的國家負起責任。每一個人在自己的崗位上，都能夠為烏克蘭的繁榮做出一番貢獻。

　　烏克蘭作為一個歐洲國家，就從我們每一個人開始。我們選擇了邁向歐洲的道路，但歐洲不在天涯海角，歐洲就在我們的腦海裡。從我們的腦海出發，烏克蘭的每一個角落都將歐洲化。

　　這是我們共同的夢想，然而我們也有共同的痛苦。我們每一個人都曾在頓巴斯（Donbas）戰場陣亡，每一天都失去同胞。我們每一個人都是難民——失去家園，失去為他打開家門、與他同甘共苦的家人。我們每一個人都是移工，離鄉背井，異國謀生，忍受貧窮，喪失尊嚴。

　　但是我們會克服這一切困難！因為我們都是烏克蘭人！

我們都是烏克蘭人：烏克蘭人不分強大或弱小，不分正確或不正確。從烏日霍羅德（Uzhgorod）到盧甘斯克（Luhansk），從車尼希夫（Chernigiv）到辛費羅波爾（Simferopol），在利沃夫（Lviv）、哈爾基夫（Kharkiv）、頓內次克（Donetsk）、聶伯城（Dnipro）與奧德薩（Odesa），我們都是烏克蘭人，必須團結一致，團結才能強大。

今天，我也要向全世界所有的烏克蘭人發出呼籲。我們總共有六千五百萬人，沒錯，不必驚訝，烏克蘭的土地誕育了六千五百萬人。從歐洲到亞洲，從北美洲到南美洲、澳洲與非洲，我向地球上的每一個烏克蘭人發出呼籲！

歷史並不公平。我們不是這場戰爭的發動者，卻必需是它的終結者。

我們非常需要你。任何人只要有志於建設一個嶄新、強大、成功的烏克蘭，我都樂意授予烏克蘭公民身分。各位來烏克蘭不能只是作客，而是要賓至如歸。我們在此恭候。來的時候不必帶禮物，但是請帶著知識、經驗與價值。

這些事物將幫助我們開啟一個新時代。懷疑論者會說不可能，癡心妄想。但如果這是我們全國上下的想法、我們一齊努力化不可能為可能呢？

還記得上一屆歐洲國家盃（European Championship）的冰島代表隊嗎？隊職員包括牙醫、導演、司機、學生與清潔工。沒有人相信他們能夠為國家爭取榮譽，但他們做到了！

這也正是我們的道路。我們要像冰島人一樣踢足球，像以色列人一樣捍衛祖國，像日本人一樣發展科技，像瑞士人一樣在歧異中和睦相處。

然而，我們的當務之急是在頓巴斯地區達成停火。許多人問我，你願意為停火付出什麼樣的代價？這是一個奇怪的問題。你願意為挽救親友生命付出什麼樣的代價？我向各位保證，我願意付出任何代價來挽救我們的英雄。我絕對不害怕做出困難的決策。在不放棄領土的前提下，為了締造和平，我願意犧牲名聲、民調支持率，必要時甚至毫不猶豫地犧牲總統大位。

　　歷史並不公平。我們並不是這場戰爭的發動者，卻必需是它的終結者。我們也願意展開對話，最適切的第一步就是對方釋放所有的烏克蘭戰俘。

　　下一階段的挑戰在於收復失土。坦白說，我認為這種講法並不全然正確，因為一直都是我們的東西是不可能「收復」的。克里米亞（Crimea）與頓巴斯一直都是烏克蘭的領土，而我們最重大的損失是：人民。

　　今天，我們必須收復失去的民心，那才是我們真正的損失。多年來，政府當局完全無法讓他們有「烏克蘭人」的認同感；無法讓他們體認自己並非陌生人，而是我們的人民，是烏克蘭人。就算發給人民十本護照，也無濟於事。身為烏克蘭人並不是護照上的一行文字，必須打從心底成為烏克蘭人。

　　這一點我確信無疑。當今捍衛烏克蘭的官兵讓我明白這一點，他們是人民的英雄，有些人說烏克蘭語，有些人說俄羅斯語。他們身處最前線，沒有爭執或歧見，只有勇氣與榮譽。因此，我要對我們的捍衛者喊話：

一個國家要有強大的軍隊，政府就必須尊重每天為國犧牲的人們。我會盡一己之所能，讓各位感受到尊重。這意味著像樣而且穩定的薪餉、生活條件、戰鬥任務結束後的輪休與家庭假期。我們必須拿出北大西洋公約組織（NATO）標準，必須做到這些標準。

　　當然，戰爭之外，烏克蘭百廢待興，其中包括無比高昂的公用事業費率、卑微可憐的薪資與退休金、令人痛苦的物價、不斷消失的工作機會。對於醫療照護，大概只有不必帶孩子上普通醫院的人才會覺得有進步。烏克蘭的道路有如神話，興建與維修只能任憑人們想像。有一位偉大的美國總統也是演員出身，且容我引述他的名言：「政府不會解決我們的問題，政府本身就是問題所在。」我不能理解的是，為什麼我們的政府只會漫不經心地說：「我們愛莫能助。」不是這樣的，你可以做事情的。你可以拿起一張紙、一支筆，或者讓位給那些關心下一代福祉而非下一場選舉的人！快去做，人民會感謝你。

　　各位的掌聲稀稀落落，大概不是每個人都喜歡我的演講。太可惜了，因為這番話不只代表我，也代表烏克蘭人民。

　　我的選舉勝利證明了一件事，民眾已經厭倦了那些老經驗、虛浮的體制內政客，他們花了二十八年時間建立了一個充滿各種「機會」的國家——賄賂、竊取與掠奪資源的機會。

　　我們要建立一個擁有其他機會的國家——法律之前人人平等，所有的規則都確實透明，對所有人一體適用。想要達到這個目的，掌權者必須為人民服務。因此我希望各位不要在辦公室掛我的照片，總統不是一幅圖像、一具偶像或一幀照片。大家可以掛自己孩子的照片，做

決策時多看幾眼。

我可以繼續說下去，但烏克蘭人民要的是行動，不是言詞。因此，親愛的國會議員們，各位將總統就職典禮訂在星期一上班日，有個好處：這代表各位已經準備好要工作。

因此，我要求各位通過以下法律：

一、取消國會議員的司法豁免權。

二、將不當得利列為刑事罪。

三、通過延宕已久的選舉法與開放名單制度。

同時我也要求罷黜以下官員：

一、烏克蘭國家安全局（SBU）局長

二、烏克蘭檢察總長

三、烏克蘭國防部長

各位可做的事情當然不僅於此，但目前先做這些也已足夠。

各位有兩個月時間，做了就可以完全擁有光環；國會即將提前改選，這對各位有利。我已經在著手解散第八屆國會。

榮耀歸於烏克蘭！

最後，親愛的國家！

我的一生都在盡我所能，為烏克蘭人民帶來歡笑，那曾經是我的使命。

如今我會盡我所能，至少讓烏克蘭人民不再哭泣。（閻紀宇 譯）

2 | 為了一個自由、獨立的國家奮鬥了數百年

《烏克蘭國家主權宣言》三十週年紀念日演說

Speech by the President of Ukraine at the solemn session of the Verkhovna Rada on the occasion of the 30th anniversary of the Declaration of State Sovereignty.

16 July 2020

從帝俄時期就1917年「二月革命」俄羅斯羅曼諾夫王朝結束之後，渴望獨立的烏克蘭人在7月就成立了「烏克蘭人民共和國」，但10月布爾什維克革命後，旋即遭到新成立的俄羅斯蘇維埃政權鎮壓。

1920年烏克蘭社會主義蘇維埃共和國成立，接著和白俄羅斯等共同簽署了組建蘇聯的條約，成為蘇聯的一員。

1990年，蘇聯政權風雨飄搖，繼俄羅斯、烏茲別克斯坦等宣布獨立之後，當年7月16日烏克蘭蘇維埃也由新選出來的國會通過《烏克蘭國家主權宣言》（Declaration of State Sovereignty of Ukraine），翌年8月24日宣布獨立，成為今日的烏克蘭。2020年7月16日適逢宣言通過三十週年，澤倫斯基總統在國會發表演說。

親愛的國會議員們！親愛的紀念大會貴賓們！烏克蘭同胞們！

烏克蘭人的千年歷史留下許多文獻，見證了烏克蘭這個國家的創建歷程。

《烏克蘭國家主權宣言》無疑正是其中之一。

今天，我們要慶祝這份經典文獻誕生三十週年。三十年前，烏克蘭滿懷自信邁出大步，追求最終獨立。

烏克蘭人為了一個自由、獨立的國家奮鬥了數百年，這份宣言讓我們更靠近勝利，1990年7月16日也因此成為歷史性的一天。

當時，三百五十五位代表支持《烏克蘭國家主權宣言》，他們來自烏克蘭各個地區、各個政黨，雖然抱持不同的觀點，但都支持同樣的目標。

值得稱道的是，沒有任何一位代表試圖以無止境的修正案來「挫敗」這份宣言；沒有人試圖以決議案來阻擋它；沒有人試圖透過憲法法庭（Constitutional Court）將它「作廢」。

《烏克蘭國家主權宣言》的通過，顯示了當時政治人物令人難以置信的團結，團結起來實現人民的意志、偉大的國家目標。

烏克蘭同胞們！

今天，我們抵抗俄羅斯對烏克蘭主權的侵犯已進入第六年。我們付出最高昂的代價——人民的生命。今天，整個文明世界都認同烏克蘭正竭盡所能，追求珍貴的和平。

公平的和平，我們理解的和平，國家主權得以切實伸張、並非一紙具文的和平。

是的，我們失去了部分領土，失去了許多人民。而且遺憾的是，死者無法復生。但是我們必須收復所有失土，重建我們對真理與正義的信心。

如此，眾多烏克蘭英雄的犧牲才不會徒然。

我相信我們烏克蘭人如果想要成功，就必須團結一致，就像三十年前一樣。

今天在這座殿堂中，有幾位來自第一屆國會的議員，他們對烏克蘭建國的貢獻居功厥偉。

我們要追求的不是慾望，而是夢想，一個團結、強大、無人可以征服的烏克蘭。

那些已經辭世的議員，其實今天也在這裡。他們的名字已經鑴刻在烏克蘭獨立史之中。

我們對各位無限感激。

三十年前，你們儘管在政治上各持己見，卻還是能夠以國家立場為重。你們已經成為團結與智慧的典範。

我也相信今日的議員應該好好向各位學習；你們爭取而來的主權，我們必須護持守衛；既要對抗外來的敵人，也要平息內部的爭議。

為了做到這一點，我將大聲疾呼真正的團結。因為真正的團結才能帶來力量與勝利，才能造就烏克蘭。

今天站在這座崇高的講台上，我要朗讀《烏克蘭國家主權宣言》推動者、烏克蘭英雄車諾維爾（Vyacheslav Maksymovych Chornovil）

的一段話：「我向上帝祈求，讓我們為今日擁有的烏克蘭獻上崇高的愛，才不致於在失去它之後陷入苦澀的眷戀。」

各位女士、先生！

爭執與分歧必須到此為止，權謀操弄與政治把戲必須到此為止。我們不要再分裂烏克蘭、分裂自己人。不要再升高政府與反對黨、左派與右派、藍色與紅色的對立。

我們不能再以政治人物自我侷限，我們要成為政治家。我們要追求的不是欲望，而是夢想，一個團結、強大、無人可以征服的烏克蘭。這是我的夢想、我的目標，我相信各位也會認同。

讓我們自立自強！讓我們捍衛主權！

讓我們拯救烏克蘭！

榮耀歸於烏克蘭！（閻紀宇 譯）

3 | 基輔羅斯
是我們歷史的母親

基輔羅斯基督教化日演說

"Ukraine. Kyivan Rus'. 1033" Address by President
Volodymyr Zelenskyy on the occasion of the Day of
Christianization of Kyivan Rus' – Ukraine.

28 July 2021

公元988年，弗拉基米爾大公為迎娶拜占庭公主而皈依基督教，令基
輔城人在第轟伯河接受洗禮，史稱「羅斯洗禮」。7月28日這一天成
為基督教化日。

基輔在1240年被拔都攻陷，開始接受蒙古人長期統治之前，曾經是遠
近政經中心。因而後世史學家稱那個時期為「基輔羅斯」。

在基輔羅斯時期，莫斯科原是偏遠沒有開化之地，但因為趁蒙古人嚴
重破壞基輔之際，有了崛起的機會，到 1480 年反抗金帳汗國，結束
蒙古人統治也繼承他們的領地，有了打造後來俄羅斯帝國的基礎，從
此不斷貶抑基輔的地位，抹滅烏克蘭人的文化。

因此，澤倫斯基在2021年基督教化日的演講裡特別強調烏克蘭才是基輔
羅斯的正統傳人，「那些表親與遠親不應該竊奪基輔羅斯的遺產」。

同胞們！

今天我們慶祝「基輔羅斯－烏克蘭皈依基督教紀念日」（Day of Christianization of Kyivan Rus' - Ukraine）。

這是官方對於這個節日的稱呼，而且具有極為重要的歷史意義，突顯出基輔羅斯與烏克蘭密不可分的關係。連接這兩個國家之間的有一千年歷史和一個標點符號。各位在烏克蘭總統發布的相關行政命令上就看得到這個破折號。而它並不只是一個標點符號。它代表烏克蘭繼承了中古歐洲一個強大的王國。基輔羅斯的首都也正是今日烏克蘭的首都，東歐基督教的歷史就從這裡開始。1033年前，基輔的弗拉基米爾大公讓基輔羅斯皈依基督教。因此我們要標明：「基輔羅斯－烏克蘭」。

這並不只是我們歷史的一部分，而是我們歷史的全部。我們不需要拿什麼歷史研究、作品或文獻來證明，因為我們的證據不是寫在紙上，而是鏤刻在金屬與石塊上；不是神話與傳說，而是我們的城市與街道。

拜現代潮流之賜，我們很容易就能親近過往的寶藏。你可以騎上一部電動摩托車，遊歷基輔洞窟修道院（Kyiv-Pechersk Lavra）、聖米迦勒金頂修道院（St. Michael's Golden-Domed Cathedral）、阿斯科爾德墓園（Askold's Grave）。

從基輔地鐵兵工廠站（Arsenalna）出來，你可以喝杯咖啡，走個幾百公尺，欣賞貝雷斯托夫救世主教堂（Church of the Saviour at

Berestove），它在文獻上最早見於1072年，如今已被聯合國教科文組織（UNESCO）列入世界遺產（World Heritage Site），莫諾馬赫（Volodymyr Monomakh）的兒子與弗拉基米爾大公的曾孫多爾戈魯基（Yury Dolgoruky）就葬在此地，他是今日莫斯科（Moscow）的奠基者。

各位如果想要深入體驗烏克蘭的歷史，再搭幾趟地鐵也已足夠。如果你搭的是地鐵綠線，不必轉車就可以親手觸摸歷史——維杜比茨（Vydubychi）與當地的修道院；智者雅羅斯拉夫（Yaroslav the Wise）建造的古基輔城門：黃金之門（Golden Gate）。

聖西里爾教堂（St. Cyril's Church）的興建者是弗拉基米爾大公另一位曾孫奧利戈維奇（Vsevolod Olgovich），建於1140年，位在多羅霍日奇（Dorohozhychi），別具象徵意義，將基輔與烏克蘭歷史根源其他的寶藏、血脈連結起來。

基輔之外，整個烏克蘭到處都是歷史遺跡。例如車尼希夫的主顯聖容大教堂（Transfiguration Cathedral）與皮亞特尼茨卡教堂（Piatnytska Church）、奧夫魯奇（Ovruch）的聖瓦西里大教堂（St. Basil's Cathedral）、奧斯特（Oster）的尤里神壇（Yurieva Bozhnytsia）、維塔奇夫（Vytachiv）的山坡。

在烏克蘭的領土克里米亞，有一座弗拉基米爾大教堂（Volodymyr's Cathedral），位在克森尼索（Chersonesos），傳說中，古代烏克蘭統治者弗拉基米爾大公就是在這裡受洗。

此外還有盧次克（Lutsk）、佩列亞斯拉夫（Pereiaslav）、加利奇

（Halych）、弗拉基米爾沃倫斯基（Volodymyr-Volynskyi）、巴克馬赤（Bakhmach）、諾夫霍羅瑟弗斯基（Novhorod-Siverskyi），以及許許多多同樣是在基輔羅斯時期建立的城市。

在我看來，這些遺跡充分彰顯了所有烏克蘭人的歷史一體性；證明來自每一個角落的烏克蘭人，共同形成了一個偉大的國家，烏克蘭人的國家。我這麼說不是在覆述事實，而是頌揚真理與正義。

來自每一個角落的烏克蘭人，共同形成了一個偉大的國家，烏克蘭人的國家。

基輔羅斯是我們歷史的母親，烏克蘭的二十四個州與克里米亞半島是她的孩子，是她的正統傳人。那些表親與遠親不應該竊奪基輔羅斯的遺產；對於數千年來發生的數千樁歷史事件，遠在數千公里外的他們更不應該試圖證明自己曾經參與。

世人都知道，基輔大公備受各個教會與教派尊重。東正教會與天主教會都將施洗者弗拉基米爾（Volodymyr the Baptist）尊奉為聖徒，與使徒平起平坐。拜他之賜，今天的烏克蘭才會有那麼多的教會與教派。

我們的「烏克蘭宗教委員會」（Ukrainian Council of Churches）是全世界獨一無二的機構，涵蓋了東正教、希臘禮天主教會（Greek Catholic）、羅馬天主教會、新教、福音教會（Evangelical Churches）、猶太教與伊斯蘭教組織。

各教會多年來不斷聯合舉行為烏克蘭祈福的活動，地點就在今天這

個地方：莊嚴堂皇的聖索菲亞大教堂（St. Sophia's Cathedral），烏克蘭國家歷史的守護者，基輔羅斯歷史的守護者。

它還是哥薩克酋長國（Cossack Hetmanate）開基立業的起源地，外面的街道則以弗拉基米爾大公命名。

教育博物館（Pedagogical Museum）也在同一條街上，1918年烏克蘭中央委員會（Central Council of Ukraine）在這裡宣布成立烏克蘭人民共和國（Ukrainian People's Republic），選擇弗拉基米爾的三叉戟圖像作為國徽，貨幣命名為「格里夫納」（Hryvnia）也是紀念基輔羅斯的第一種貨幣。

> **我們可以表示「遺憾」，但重要的是學到正確的教訓。**

這三個年代相互激盪，在1991年奠定了烏克蘭獨立建國的基礎。今年我們將歡慶獨立三十週年，但我們的貨幣仍然是格里夫納，與一百年前、一千年前一樣。如今一格里夫納紙鈔上印著弗拉基米爾的肖像，正象徵著它的歷史又重新開始。

我們現在的貨幣其實才使用了二十五年，但是弗拉基米爾建立的什一奉獻教堂（Tithe Church）卻已有一千零二十五年歷史。

教堂地基的每一塊磚都印上三叉戟圖像，弗拉基米爾捐獻了十分之一的金幣與銀幣。今天烏克蘭的國徽與一百年前、一千年前一樣，仍然是三叉戟。

1240年，什一奉獻教堂被蒙古西征統帥拔都（Batu Khan）摧毀。雖然後來重建，但1928年又遭到蘇聯當局的毒手。

貝雷斯托夫救世主教堂也在1240年被拔都摧毀。

皮亞特尼茨卡教堂的附加建築在1941年毀於納粹轟炸。

這些都是我們的歷史，我們可以表示「遺憾」，但重要的是學到正確的教訓。

我們一直在做各種建設，有些人對它們歡喜讚嘆，有些人將它們竊佔，但我們總是能夠捲土重來，能夠將它們收復。

今天我們必須團結起來做到一件事：不再喪失建設的成果，復原已被摧毀的事物，收回遭到佔據的事物，並且一齊努力永遠保存。

拯救我們自己，拯救這個國家。

讓我們對過往永誌不忘，在今日採取行動，為將來深思熟慮。

祝大家「基輔羅斯－烏克蘭皈依基督教紀念日」快樂！（閻紀宇 譯）

4 | 21世紀沒有所謂的 「外國戰爭」

第五十八屆慕尼黑安全會議演說

Speech by the President of Ukraine at the 58th Munich Security Conference .

19 February 2022

慕尼黑安全會議（Munich Security Conference）是全球規模最大的國際安全政策會議，每年在德國慕尼黑舉行。2022 年是第五十八屆，澤倫斯基2月19日站上演講台時，俄羅斯入侵克里米亞半島，並在頓巴斯地區製造紛爭已將近八年，並且正以大軍雲集在烏克蘭邊境。

在這場演說裡，澤倫斯基指出八年來國際社會對俄羅斯的姑息，以及其危險，還特別強調「21世紀沒有所謂的『外國戰爭』，克里米亞被併吞與頓巴斯戰爭會影響全世界。」

五天之後，俄羅斯全面入侵烏克蘭。

烏克蘭期望和平，歐洲期望和平。世界說它不想要戰爭，俄羅斯說它不想要攻擊。恐怕有人在說謊。這還不是定局，但已不只是假設。

　　各位女士、先生！

　　兩天前我人在頓巴斯，來到分界線，線的一邊是烏克蘭，另一邊是烏克蘭暫時被佔領的國土。事實上，這道線也是和平與戰爭的分界線。線的一邊是幼稚園，另一邊是對準它發射的砲彈；線的一邊是學校，另一邊也是從天而降的砲彈。

　　當天當地有三十個學生，他們不是要去北約，而是要去學校。只要上過物理課、瞭解基本定律，就算是兒童也都知道，指控砲擊來自烏克蘭軍方有多麼荒謬。

　　只要上過數學課，兒童不需要計算機也可以計算出過去三天發生了多少次砲擊，還有今年的《慕尼黑安全報告》（Munich Security Report）花了多少篇幅談烏克蘭。

　　只要上過歷史課，只要校園裡出現彈坑，孩子們會問：這世界已經忘掉20世紀的教訓了嗎？

　　採行姑息政策會帶我們走向何方？人們先是質疑「為什麼要為但澤（Danzig）❶犧牲生命？」然後問題中的但澤被敦克爾克（Dunkirk）❷取代，接下來就是歐洲與全世界數十座城市受害，數千萬人犧牲生命。

---

1. 位於波蘭，二次大戰之間被劃定為「自由市」，1939年遭納粹德軍佔領。
2. 法國北部港口，歷史上著名的「敦克爾克大撤退」（1940年）就在此地進行。

這些都是歷史帶來的恐怖教訓，我只希望我和各位讀的是同一套歷史，以同樣的理解來面對今日的重大問題：為什麼到了21世紀，歐洲還是再度發生戰爭，人命無辜犧牲？為什麼這場戰爭拖得比第二次世界大戰還久？冷戰之後最嚴重的安全危機是如何引發？對我來說，身為失去部分領土、犧牲數千人民生命，在國界上面對俄羅斯十五萬官兵、軍事裝備與重型武器的烏克蘭總統，答案顯而易見。

全球安全事務的架構相當脆弱，必須與時俱進。數十年前各方達成共識的規則，如今已不再適用，無法因應、克服新的威脅。這就像病人需要新冠肺炎疫苗，我們卻只能給他咳嗽糖漿。我們的安全體系反應遲緩，不時癱瘓，原因不一而足：自私自利、過度自信、對全球事務不負責任。結果就是，我們有時犯下罪行，有時冷漠疏忽。冷漠疏忽會讓一個人成為共犯。今天我在這個場合談這個問題，別具意義。十五年前，俄羅斯在這個場合表明要挑戰全球安全。而世界各國如何回應？姑息。結果？俄羅斯併吞克里米亞、侵犯烏克蘭。

無論夥伴是否全力支持、是否送上數百項武器或者五千頂頭盔，我們都會捍衛烏克蘭的土地。

聯合國的職責是捍衛和平與世界安全，但它連自身都捍衛不了。當聯合國的憲章遭到違反，當一個聯合國安全理事會（UN Security Council）併吞一個聯合國創始成員國的領土，聯合國卻忽視「克里米亞平台」（Crimea Platform），這個機制的成立宗旨是要透過和平方式結束克里米亞的被佔領狀態、保障克里米亞人的各項權利。

三年前，時任德國總理梅克爾（Angela Merkel）在這裡說道：「誰會來收拾世界秩序的殘骸？只有我們，我們齊心協力。」全場觀眾起立鼓掌。遺憾的是，集體的掌聲並沒有化為集體的行動。現在，當全世界對戰爭的威脅議論紛紛，一個問題浮上檯面：我們還有殘骸可以收拾嗎？歐洲與世界的安全架構已經毀壞殆盡，想要修復已時不我予。人類曾經重蹈覆轍，付出極為高昂的代價：兩次世界大戰。在這個趨勢成為固定模式之前，我們還有機會阻止它；還有機會建立一個新體系，避免數百萬人淪為冤魂。我們已經有第一次與第二次世界大戰的教訓，千萬不要經歷第三次。

我在這個會議上談過，也在聯合國的講台上提過，21世紀沒有所謂的「外國戰爭」，克里米亞被併吞與頓巴斯戰爭會影響全世界。這不僅是烏克蘭的戰爭，更是歐洲的戰爭。從2019年、2020年到2021年，我在一場又一場峰會與論壇大聲疾呼。現在是2022年，世界會聽進我的話嗎？

這不再只是假設，但也尚未成為定局。為什麼？我們會證明。但是比推特（Twitter）推文、媒體聲明更重要的是行動，不只烏克蘭，全世界都需要行動。

無論夥伴是否全力支持、是否送上數百項武器或者五千頂鋼盔，我們都會捍衛烏克蘭的土地。我們感謝各方援助，但大家必須理解，援助並不是慈善捐獻，不要指望烏克蘭以明示或暗示來索討。

這不是各位什麼「紆尊降貴」之舉，而烏克蘭應該為之低聲下氣。這是各位對歐洲安全、對世界安全應有之貢獻。過去八年，烏克蘭有

如一面堅固的盾牌，抵抗全世界數一數二的軍事強權；對方威脅的是烏克蘭的邊界，不是歐盟的邊界。

俄羅斯「冰雹」（Grad）火箭攻擊的目標是馬里烏波爾（Mariupol），不是歐洲其他城市。頓內次克的機場在將近六個月的激戰之後已經全毀，但法蘭克福的機場安然無恙。阿瓦迪夫卡（Avdiivka）工業區情勢長期緊張，近來尤其如此，但巴黎的蒙馬特歌舞昇平。烏克蘭每一個州每天都有軍人葬禮，歐洲國家無法體會。烏克蘭領導人經常要會見死難軍民的遺族，歐洲國家領導人同樣無法體會。

儘管如此，我們還是會捍衛美麗的國土，無論邊界虎視眈眈的大軍是五萬人、十五萬人或者一百萬人。各位如果真想幫助烏克蘭，重點不是各位在邊界駐紮了多少官兵與裝備，而是烏克蘭擁有多少官兵與裝備。

各位如果真想幫助烏克蘭，不必一直討論侵略者可能動武的日期。無論是2月16日、3月1日抑或12月31日，我們都會保家衛國。各位如果真想幫助烏克蘭，不必一直討論侵略者可能動武的日期。無論是2月16日、3月1日抑或12月31日，我們都會保家衛國。我們需要的是一些其他日期。大家都知道是哪些日期。❸

明天是烏克蘭的「天堂百人英雄紀念日」（Day of the Heroes of the

---

3. 這裡指的是需要北約通過烏克蘭加入的日期。

Heavenly Hundred）。八年前，烏克蘭人做了選擇，也為這個選擇犧牲生命。8年後，烏克蘭人還需要不斷聲明自己選擇了歐洲嗎？2014年迄今，俄羅斯一再宣稱我們走上錯誤的道路、歐洲根本無意接納我們。歐洲是不是也應該強調這絕非事實，並且以行動證明？歐盟是不是也應該今天就表明，歐洲人民歡迎烏克蘭加入歐盟？我們為什麼要迴避這個問題？烏克蘭不配得到直接、坦誠的答案嗎？

巴黎的蒙馬特歌舞昇平。烏克蘭每一個州每天都有軍人葬禮。

北約的情況也是如此。我們被告知北約門戶開放，但是必須得到授權。如果北約成員國並不是每一個都歡迎烏克蘭加入，或者每一個成員國都不歡迎烏克蘭加入，那麼就請坦誠以告。開放門戶是好事，但我們需要開放的答案，而不是懸宕多年的開放問題。掌握知道真相的權利，將讓我們更有機會，不是嗎？北約今年夏天在馬德里（Madrid）舉行的領導人峰會，正是最佳時機。

俄羅斯聲稱烏克蘭尋求加入北約，目的是以武力收復克里米亞。感謝他們用了「收復克里米亞」這樣的字眼，但他們沒有讀懂《北大西洋公約》〈第五條〉（Article 5 of the North Atlantic Treaty）：集體行動是為了防衛，不是為了進攻。烏克蘭有朝一日一定會收復克里米亞與頓巴斯被佔領區，但是會使用和平方式。

烏克蘭持續遵行《諾曼第協議》（Normandy agreements）與《明斯克協議》（Minsk agreements），兩者的基礎是無條件承認烏克蘭的領土完整與獨立。我們尋求以外交途徑解決這場軍事衝突，但必須

依據國際法。

和平進程到底進行得如何？兩年前，我們與法國總統、俄羅斯總統、德國總理達成全面停火的共識，而且後來完全遵守相關協議。儘管受到百般挑釁，我們還是盡可能保持自制。我們在「諾曼第四方」（Normandy Four）與「三邊聯絡小組」（Trilateral Contact Group）架構中不斷提出建議，結果呢？來自另一方的砲彈與子彈。我們的官兵與平民遭到殺害與傷害，民間基礎設施遭到嚴重破壞。

過去幾天尤其怵目驚心，發生了數百場大規模砲擊，對方使用《明斯克協議》禁止的武器。尤有甚者，對方限制歐洲安全與合作組織（OSCE）的觀察員進入烏克蘭的暫時被佔領區（TOT），

我們失去了面積比瑞士、荷蘭，或比利時還大的領土。更重要的是，我們失去了數百萬人民。

對他們施加威脅、恐嚇，所有的人道事務都無法進行。

兩年前我簽署一項法律，無條件允許人道組織代表探視被拘禁者，但他們根本無法進入暫時被佔領區。雙方換俘只進行兩次就戛然而止，儘管我們已提供名單。頓內次克惡名昭彰的「隔離監獄」（Isolation Prison）已成為踐踏人權的象徵。

我們 2020 年 11 月在盧甘斯克開設了兩處檢查哨，但至今無法運作，對方以莫須有的理由百般阻撓。

烏克蘭已竭盡一己之所能，推動談判與政治議題。從三邊聯絡小組到明斯克進程，我們提出多項方案與法案，但全都遭到封殺，沒有人

願意談。烏克蘭要求立即重新啟動協商進程，但這並不意味尋求和平別無他途。

只要有可能終結戰爭，我們願意接受任何模式與平台：巴黎、柏林、明斯克、伊斯坦堡、日內瓦、布魯塞爾、紐約、北京。在世界的任何地方，我都願意為烏克蘭爭取和平。

參與的國家無論是四個、七個或一百個，都無所謂，只要其中包括烏克蘭與俄羅斯。真正重要的是，人們必須理解，不僅烏克蘭需要和平，全世界也需要烏克蘭恢復和平。烏克蘭要和平，要恢復國際承認邊界之內的領土完整性。這是唯一的一條路。我不希望任何人將烏克蘭視為西方與俄羅斯之間的緩衝區，無論是權宜之計抑或永久如此。烏克蘭永遠不會是緩衝區，沒有人會接受。

否則，接下來會發生什麼事？北約各國是不是必須互相協防？我希望《北大西洋公約》〈第五條〉會比 1994年的《布達佩斯備忘錄》（Budapest Memorandum）更具實效。

當時的烏克蘭是全球第三核武大國，但我們同意放棄核武以換取安全保證。今天，我們沒有核武了。我們也沒有得到安全。還有，我們失去了面積比瑞士、荷蘭，或比利時還大的領土。最重要的是，我們失去了數百萬人民。我們失去了這一切。

但我們還有一些東西：我們有權利要求各方改變姑息政策，轉而確保安全與和平不被破壞。

2014年迄今，烏克蘭三度嘗試召開會議，諮詢那些為《布達佩斯備忘錄》擔保的國家，但三次都失敗了。今天烏克蘭要做第四次嘗試，

身為總統的我則是第一次嘗試，但烏克蘭與我都是最後一次。我將在《布達佩斯備忘錄》的框架中啟動諮詢進程，由烏克蘭外交部負責推動。如果再次失敗，或者其結果無法確保我們的國家安全，那麼烏克蘭有充分的權利認定《布達佩斯備忘錄》已無法運作，1994年的所有相關決策都已岌岌可危。

我也要倡議在未來幾星期內召開一場領導人峰會，參與者包括聯合國安理會常任理事國、烏克蘭、德國與土耳其，以因應歐洲遭遇的安全挑戰，並為烏克蘭設計新的、有效的安全保障。我們還不是北約成員國，處於灰色地帶，今日的安全保障是一種安全真空。

我不會一一點名，因為我不想羞辱不在名單中的國家。

各位現在還能做些什麼？持續對烏克蘭及其軍備提供有實效的支援；為烏克蘭提供清晰明確的歐洲願景、各項為成員候選國準備的支持工具、清楚而完整的加入北約時間表。

請各位支持烏克蘭的國家轉型；為烏克蘭建立一個「穩定與重建基金」（Stability and Reconstruction Fund）與土地租借計畫；提供烏克蘭軍隊最先進的武器、機械與裝備，這支軍隊將保衛整個歐洲。

設計一整套的預防性制裁措施，來嚇阻侵略行為。保障烏克蘭的能源安全。確保當「北溪二號」（Nord Stream 2）天然氣輸氣管被俄羅斯當成武器時，烏克蘭能夠進入歐盟的能源市場。

這些問題都需要答案。

然而目前我們只得到沉默以對。只要各位繼續保持沉默，烏克蘭的東部就會繼續砲聲隆隆，從歐洲到全世界也都無法保持平靜。我希望全世界都能理解這一點，希望歐洲也能理解。

　　各位女士、先生！

　　我要感謝每一個支持烏克蘭的國家。

　　無論是以言語支持、以聲明支持，或者實質支持。感謝那些站在我們這一邊、真理與國際法這一邊的國家。我不會一一點名，因為我不想羞辱不在名單中的國家。但這是它們的工作、它們的業報，考驗它們的良知。今天烏克蘭有兩位官兵陣亡、三位負傷，我不知道這些國家要如何對他們解釋自身的行為。

　　更重要的是，如何對家住基輔的三個女孩解釋。分別只有十歲、六歲、一歲的女孩。她們今天失去了父親。歐洲中部時間今天清晨六點，烏克蘭情報官席德洛夫（Anton Sydorov）上尉在砲擊中陣亡，對方使用了《明斯克協議》禁用的武器。我不知道他在生命的最後一刻想著什麼，他一定不知道到底要怎麼做才能結束這場戰爭。

　　但是對於我在演講開頭提出的問題，他非常清楚答案，非常清楚誰在說謊。

　　希望大家永遠記得席德洛夫上尉，永遠記得今天死去的人們、烏克蘭東部戰爭死去的人們。

　　謝謝各位。（閻紀宇 譯）

5 | 一道新鐵幕降下的聲音

俄羅斯入侵烏克蘭首日演說

Address by the President of Ukraine.

24 February 2022

2021年8月，阿富汗總統甘尼（Ashraf Ghani）在塔利班尚未兵臨城下之際，就先扔下全國軍民不戰而逃的一幕，震驚了世人。

2022年2月24日，當俄羅斯從北、東、南三面入侵烏克蘭，自以為可以在幾天內拿下基輔之際，全世界人又目睹另一場驚奇。美國要幫澤倫斯基及早離開基輔，他卻在夜裡上街，用手機自拍錄下他和閣員留守抗戰的決心，留下「他們讓我搭便車，我要他們提供武器」的名言。

這是澤倫斯基在開戰第一天對全國軍民發表的演說。

烏克蘭的同胞們：

今天大家聽到什麼樣的聲音？不只是火箭爆炸、戰鬥爆發、戰機怒吼。我們還聽到一道新鐵幕緩緩降下，將俄羅斯隔絕在文明世界之外。我們烏克蘭人的職責就是，不要讓這道鐵幕落在我們的領土上，讓它落在俄羅斯本國。

烏克蘭陸軍、邊防部隊、警察與特種部隊擋下敵軍的進攻，以戰爭的術語來說，這可以稱之為「作戰暫停」（operational pause）。

在頓巴斯，我們的軍隊表現傑出。哈爾基夫一帶強敵入侵，但守城部隊全力以赴，他們值得信賴，是烏克蘭的好男兒。情勢最艱難的地區是南部，我們的部隊正在赫爾松（Kherson）郊區激戰，敵軍從克里米亞佔領區出動，向梅利托波爾（Melitopol）前進。

在北部，敵人緩慢進軍車尼希夫州，但是我軍堅守陣地。日托米爾州（Zhytomyr）也有穩固的防線。敵軍傘兵部隊試圖攻佔霍斯托梅（Hostomel），但已被擋下，我軍奉令予以殲滅。

是的，很遺憾我們也有損失，失去了許多英雄。是的，我們俘虜了俄軍官兵。我們的醫生正在治療投降的俄軍傷兵。我們還摧毀俄軍許多的戰機與裝甲車輛。

是的，我們看到許多俄羅斯人驚駭莫名。有些俄羅斯人已經在社群媒體發聲，反對戰爭。我們看到了，但是俄羅斯的國家領導人恐怕看不到。

因此我要呼籲俄羅斯人民。

如果你們聽得到我們、瞭解我們，如果你們知道俄羅斯正在攻擊一個獨立的國家，請你們走到廣場上，向俄羅斯的總統發聲。

我們是烏克蘭人，生活在自己的土地上。你們是俄羅斯人，你們的軍隊發動了一場戰爭，而且是在我們的國家。我非常希望你們前往莫斯科紅場（Red Square）發聲，或是前往莫斯科、聖彼得堡（St. Petersburg）與其他俄羅斯城市的街頭，不要只是在Instagram上發文，這一點非常重要。

此時此刻我們看到什麼？對於國際社會，俄羅斯正在變成北韓，完全孤立。

今天如果你不幫助我們，明天戰爭會敲響你的大門。

我一直與友邦、國際組織的領導人保持連絡。俄羅斯已經遭受第一波制裁，之後還會繼續遭受，規模之大史無前例。

沒有任何人能夠說服或強迫我們烏克蘭人放棄自由、獨立與主權。但俄羅斯領導人卻企圖這麼做，不惜摧毀自己國家的發展潛力。俄羅斯從2000年到今天所做的一切，現在都可以在世人面前一把火燒掉。

我們也要強調，烏克蘭並沒有選擇戰爭之路，而且我們要做出重返和平的提議。

烏克蘭人民可以做些什麼？協助鞏固國防。加入烏克蘭政府軍與領土防衛部隊。民眾只要具有戰鬥經驗，都有用武之地。敵人是否會繼續深入我們的領土，完全由你們與我們每一個人決定。請協助志工團體與醫療體系，例如捐血救人。

政治人物與社區領袖要協助人民，讓大家盡可能地正常過日子。每

個人都要好好照顧摯愛的親友，照顧有需要的鄰居或相識的人。新聞記者也有重要的職責，就是捍衛烏克蘭的民主與自由。

今天我與多位外國領導人通電話，包括英國、土耳其、法國、德國、歐盟、美國、瑞典、羅馬尼亞、波蘭、奧地利等國。

親愛的歐洲領導人、親愛的世界領導人、自由世界的領導人，今天如果你不幫助我們，明天戰爭會敲響你的大門。

榮耀歸於烏克蘭三軍將士！

榮耀歸於烏克蘭！（閻紀宇 譯）

6 | 我們不會害怕捍衛自己的國家

俄羅斯入侵烏克蘭次日演說

Address by the President to Ukrainians at the end of the first day of Russia's attacks.

25 February 2022

在俄羅斯全面入侵的第二天，澤倫斯基對他的軍民發表了這篇演說。

澤倫斯基告訴人民他和很多國家領導人通過電話之後，雖然大家紛紛表示支持烏克蘭，但是「我們保衛烏克蘭將是孤軍作戰。誰會與我們一齊上戰場？坦白說，我看不出來。」

而他在演講最後對全國軍民的訴求是十分動人的。

榮耀歸於烏克蘭三軍將士！

男女官兵們，烏克蘭的保衛者！

你們英勇對抗全世界數一數二的軍事強權，保衛我們的國家。

今天俄羅斯全面攻擊我們的國土，今天我們的保衛者勞苦功高。敵人從四面八方攻擊烏克蘭，他們幾乎是全方位應戰。敵人攻佔，他們收復，例如基輔近郊的霍斯托梅。他們為首都帶來更大的信心。

根據初步統計資料，今天我們失去了一百三十七位英雄，其中十位是軍官；另有三百一十六位官兵負傷。

我們的邊防部隊在黑海（Black Sea）蛇島（Zmiinyi Island）戰到最後一兵一卒，全員光榮殉國，政府將追贈他們「烏克蘭英雄」頭銜。

願世人永遠記得那些為烏克蘭犧牲性命的人們。

我也要感謝每一位搶救民眾、協助維持國家秩序的人們。

敵人宣稱只攻擊軍事設施，其實不然，他們也攻擊平民。他們大開殺戒，把平靜的城市當成軍事目標。這是邪惡的罪行，永遠不會得到寬恕。

我知道現在假消息泛濫成災，尤其是指稱我已經離開基輔的假消息。我仍然留在首都，與我的同胞並肩作戰。我每天與數十位國際領袖協商，並且直接處理國政。我會留在首都，我的家人也留在烏克蘭，我的子女也留在烏克蘭。我的家人不會是叛國者，他們是烏克蘭公民。但是我沒有權利透露他們的行蹤。

根據我們的情報，敵人將我列為頭號打擊目標，我的家人則是第二

號打擊目標。敵人企圖藉由殺害國家元首，在政治上摧毀烏克蘭。

我們的情報也顯示，敵人的破壞小組已經進入基輔。因此我請求基輔居民小心謹慎，遵守宵禁規定。我和維持中央政府運作的必要人員會留守政府辦公大樓。

今天我與不同國家的領導人進行許多次通話，一再聽到幾件事情：首先，他們支持烏克蘭。對於每一個不僅以言語、更以實際行動支持烏克蘭的國家，我也深表感謝。

第二件事：我們保衛烏克蘭將是孤軍作戰。誰會與我們一齊上戰場？坦白說，我看不出來。誰願意擔保烏克蘭一定能加入北約？坦白說，每一個國家都害怕。

我開門見山地問，但每一位領袖都心懷畏懼，不願回答。

我告訴烏克蘭的每一個夥伴：如今是關鍵時刻，將決定我們國家的命運。我問他們：你們支持烏克蘭嗎？答案是肯定的。但是他們還不願意讓烏克蘭進入北約。

今天我問過二十七位歐洲領袖，烏克蘭是否會加入北約？我開門見山地問，但每一位領袖都心懷畏懼，不願回答。

我們不會害怕任何事情，不會害怕捍衛自己的國家，不會害怕俄羅斯，不會害怕與俄羅斯談判，不會害怕討論烏克蘭的安全保障，不會害怕討論中立國地位。我們還不是北約成員國，但現在最重要的議題在於：我們能夠得到什麼樣的安全保障？由哪些國家擔保？

我們必須討論如何終結這場侵略，我們必須討論停火。

但是現在，國家的命運必須完全倚賴我們的官兵、我們的英雄、我們的安全部隊、我們每一位捍衛者。同時，也倚賴我們的同胞、你們的智慧，以及所有支持我們國家的朋友。

榮耀歸於烏克蘭！（閻紀宇 譯）

7 | 撐過一個可能
阻止歷史前進的夜晚

札波羅結核電廠攻防演說

We have survived the night that could have stopped the history of Ukraine and Europe.

4 March 2022

札波羅結（Zaporizhzhia）核電廠位於烏克蘭南部，有六座反應爐，規模為歐洲之最。2022年3月4日，俄軍攻佔電廠，澤倫斯基發表演說。

他除了指出俄羅斯攻擊核電廠的不負責任，也以烏克蘭在各地英勇的抵抗鼓舞大家之外，也提醒大家注意俄羅斯會重複他們炮製「頓內次克人民共和國」（DPR）「盧甘斯克人民共和國」（LPR）的模式，在佔領區製造效忠大會、網羅叛國者。

烏克蘭的同胞們！

我們撐過了一個夜晚，一個原本可能阻止歷史前進的夜晚。烏克蘭的歷史，歐洲的歷史。

俄羅斯部隊攻擊札波羅結（Zaporozje）核電廠，它的規模是歐洲之最，相當於六座車諾比（Chornobyl）核電廠。俄羅斯戰車知道自己的攻擊目標是什麼，但還是瞄準電廠。此一事件的恐怖程度，史無前例。

烏克蘭總共有十五座核電廠，俄羅斯部隊已經完全忘記車諾比，完全忘記那場世界性的悲劇。

俄羅斯人民，這種事情怎麼可能會發生？我們在1986年共同經歷了可怕的車諾比核災。你們一定還記得，燃燒中的石墨隨著爆炸四處散落，許多人死傷。你們一定還記得，被毀的反應爐冒出火光。你們一定還記得從普利皮亞特（Pripyat）的撤離與三十公里禁區。你們怎麼可能遺忘？如果你們並未遺忘，那麼你們就不能保持沉默。你們必須向你們政府當局發聲，走上街頭，爭取生存權，在一個沒有輻射污染的地球上生存。核子輻射不知道俄羅斯的國界在哪裡。

我一整晚都在與友邦領導人會商，讓他們得以採取行動。我也感受到他們的震驚。英國召集聯合國安理會成員國集會，國際原子能總署（IAEA）成立「二十四小時事件與應變中心」（24-Hour Incident and Emergency Center）。我們必須立即制裁核子恐怖國家，立即關閉烏克蘭領空，❶ 如此才能確保俄羅斯不會以飛彈與炸彈攻擊核能設施。

我非常感謝烏克蘭國民警衛隊（National Guard）駐守札波羅

結核電廠，全力阻擋敵軍。感謝撲滅大火的救難人員。安赫德（Energodar）的平民百姓更是貢獻良多，你們比誰都更瞭解電廠遭受的威脅，你們就住在當地，與電廠比鄰而居，同時也直接面對侵略者。你們要趕走他們，讓他們知道安赫德就是烏克蘭，烏克蘭不容許核子灰燼。

烏克蘭同胞們！敵人的大軍正入侵烏克蘭的領土，俄羅斯陸軍幾乎全員投入，對付我們的人民。侵略開始至今第九天，烏克蘭人民的英勇抵抗拯救了國家。自納粹佔領以來，烏克蘭的城市從未見識過如此反人道的殘酷行徑。車尼希夫、阿克提卡（Okhtyrka）、哈爾基夫、馬里烏波爾，平民基礎設施都遭到刻意的摧毀，平民也傷亡慘重。光只是昨天，俄羅斯的炸彈就在車尼希夫炸死了四十七人，原本平靜度日的人們。哈爾基夫已遭火箭砲擊與空襲摧毀。俄羅斯——正在摧毀——哈爾基夫，這種事怎麼會發生？就在今天早晨，火箭擊中日托米爾的一所學校，擊中孩童。當「兄弟之邦」俄羅斯來到，就會發生這種慘事。

昨天各方在白俄羅斯進行會談的時候，我們努力達成協議在平民受害最烈的地區建立人道走廊。今天我們將驗證這項協議是否能夠落實。

我們的防衛為敵人帶來巨大的損失，擊斃將近九千兩百名侵略者。來到戰爭開始後第九天的上午，我們在尼古拉耶夫（Mykolaiv）、哈爾基夫、基輔近郊痛擊敵軍。首都仍然是侵略者的頭號目標。俄羅斯

---

1. 開戰之初，烏克蘭要求北約在其領空畫設「禁航區」以壓制俄羅斯空軍，但遭拒絕。

不會打垮我們，不會打垮我們的國家，絕對不會。無論他們怎麼做，最後都難逃失敗，因為我們是在自己家裡、自己的土地上迎戰。

敵人會不斷挑釁，他們在赫爾松就做了準備，即將舉行一場效忠俄羅斯大會，還引進大批陌生人，同時也招募當地的叛國賊。他們試圖透過電視螢幕呈現，赫爾松已經不是烏克蘭的一部分。我要提醒各位，他們就是用這種伎倆來建立所謂的「頓內次克人民共和國」（DPR）「盧甘斯克人民共和國」（LPR）。❷ 大家都知道這兩個「人民共和國」後來的情況。我們必須阻止這種事。赫爾松的市民們，讓世人知道這是你們的城市，你們可以阻止任何事情，阻止侵略者的計畫。不要聽信其他人，聽聽你孩子的聲音，聽聽你內心的聲音。你們是烏克蘭人。

我敦促赫爾松的市民摒除絕望的心情。烏克蘭不會放棄屬於自己的一切。我們正在對抗一個強大的敵人，眾寡懸殊，在裝備上尤其如此。但他們遠遠無法對抗有尊嚴的正常人民。各位要顯現尊嚴，我們的國旗、我們的國歌、我們的國家精神。我們一定要讓侵略者知道，他們只能暫時佔據赫爾松，永遠無法擁有赫爾松，烏克蘭每一座城市都是如此。讓侵略者知道他們只能暫時待在赫爾松，永遠無法擁有你們的城市，烏克蘭每一座城市──我們國家的城市都是如此。

榮耀歸於烏克蘭！（閻紀宇 譯）

---

2. 2014年，頓巴斯地區的親俄分離主義勢力在俄羅斯支持下，建立這兩個人民共和國。

8 | 不刻意追求偉大，
但在戰爭中變得偉大

致英國國會演說

Address by the President of Ukraine to the Parliament of the United Kingdom.

8 March 2022

3月8日，俄羅斯入侵烏克蘭第十三天，澤倫斯基透過視訊對英國國會發表演說。由此而接二連三地開啟他經由演說而尋求各國政府、領導人、社會各界支持之路。

烏克蘭跌破許多人眼鏡，能夠撐得住俄羅斯的入侵，澤倫斯基的演說外交力量功不可沒。

澤倫斯基的每一場演說，雖然都圍繞著俄羅斯入侵之殘暴、烏克蘭軍民之英勇、尋求國際對俄羅斯制裁以及對烏克蘭之支援這些主題，但每一場演講也都能因時因地而有變化，找出和當地觀眾、聽眾相聯結的歷史、文化聯結，進而打動人心。

對英國的這一場，他就結合了二戰時期的不列顛戰役，以及邱吉爾演說的精華。

議長、首相、政府官員、下議院與上議院議員！

各位女士、先生！

今天我要向聯合王國全體人民發表談話，大不列顛的人民，偉大的人民，擁有偉大的歷史。今天我的身分既是一介公民，也是一個偉大國家的總統。我們懷抱偉大的夢想，也正在進行一場偉大的奮鬥。我想要跟各位談談我們過去的十三天，十三天激烈的戰爭。這場戰爭不是由我們發動，也違背我們的意願，但是我們正身陷其中。

因為我們不想失去自身的一切，失去烏克蘭。就像當年納粹處心積慮發動、與你們爭奪強權的不列顛戰役（Battle of Britain），你們也不想失去自己的島國。

十三天保衛家園。

開戰第一天凌晨四點，敵人對我們發射巡弋飛彈。每個人都從睡夢中驚醒，包括兒童在內，烏克蘭每一個活著的人都醒過來。之後我們再也不曾入眠，我們拿起武器，組成一支大軍。

第二天，我們從空中、從陸地、從海上抵禦攻擊。我們邊防部隊在黑海蛇島上的英雄表現，預示了這場戰爭的結局、敵人的下場。當一艘俄羅斯軍艦要求我們的弟兄放下武器，他們回答……言詞無比堅決，但不宜在國會殿堂轉述。我們感受到一股力量，人民的偉大力量將會追剿敵人到天涯海角。

第三天，俄羅斯部隊公然向平民與公寓開火，行徑毫不掩飾，使用砲彈與炸彈。俄軍讓我們也讓世人見識到他們的真面目；見識到誰是

偉大民族，誰是野蠻民族。

第四天，我們拘禁了數十名戰俘，但我們並沒有失去尊嚴，並沒有凌虐他們，而是把他們當人看待。儘管這場可恥的戰爭已進行了四天，我們仍然保有人性。

第五天，我們的恐怖遭遇更加惡劣，從城市到小鎮都受害。殘破的街區。炸彈、炸彈、炸彈、炸彈。從民宅、學校到醫院都受害。這是一場種族滅絕，但它不會擊潰我們，反而讓我們全面動員，讓我們感受到偉大的真理。

> 烏克蘭並不是刻意追求什麼，並不會尋求偉大。但烏克蘭在戰爭的歲月中變得偉大。

第六天，俄羅斯飛彈擊中「娘子谷大屠殺」（Babyn Yar）遺址，第二次世界大戰期間，納粹在此地處決了十萬人；八十年後，俄羅斯再一次殺害他們。

第七天，我們看到俄羅斯連教堂也不放過，而且使用炸彈與火箭！他們完全不理解我們心目中的神聖與偉大。

第八天，俄羅斯戰車對一座核電廠開火，而且是歐洲最大的核電廠。世人開始理解，恐怖已籠罩全人類，極大的恐怖。

第九天，我們旁觀北約成員國的一場會議，沒有得到我們期盼的結果。沒看到勇氣。這是我們的感受，我不想冒犯任何人，但我們就是覺得北約運作無力，甚至無法關閉烏克蘭的領空。因此我們認為，歐洲的安全保障必須重新建立。

第十天，在遭到佔領的城市，赤手空拳的烏克蘭人上街抗議，擋下

裝甲。我們不屈不撓。

第十一天，當住宅區遭到轟擊，當爆炸摧毀了一切，當兒童癌症醫院的病童被迫撤離受創的院區，我們明白：烏克蘭人都是英雄，成千上萬的烏克蘭人，整座城市，從兒童到成年人，無一不是英雄。

第十二天，俄羅斯部隊陣亡超過十萬人，連將軍也無法倖免。我們因此更有信心：俄羅斯犯下無數罪行，發布可恥的命令，國際法院（International Court）與烏克蘭的武器會讓他們負起責任。

第十三天，在遭到俄羅斯佔領的馬里烏波爾，一個孩子死於非命，死於嚴重脫水。俄羅斯不讓居民取得食物與水，封鎖一切，人們在地下室生活。我想每個人都聽到了：馬里烏波爾的人們沒有水！

俄羅斯入侵烏克蘭十三天，五十名兒童遇害，五十位偉大的烈士。這太可怕了！這是一種虛無。這些孩子可以活出五十種不同的人生，但是俄羅斯奪走了一切。

大不列顛！

烏克蘭並不是刻意追求什麼，並不曾尋求偉大。但烏克蘭在戰爭的歲月中變得偉大。

侵略者帶來恐怖，烏克蘭拯救人命。面對世界數一數二的強大軍隊，烏克蘭捍衛自由。俄羅斯的飛彈、軍機、直昇機在天空中來去自如，烏克蘭繼續奮戰。「生存抑或毀滅？」（To be or not to be?）莎士比亞（William Shakespeare）提出的問題，相信各位耳熟能詳。

十三天之前，烏克蘭還可以問這個問題，但是現在毫無疑問，我們

要生存；毫無疑問，我們要自由。今天在這個地方，最適合宣讀一段曾經響徹大不列顛、切合今日情境的一段話：

我們絕不投降，不會失敗！

我們一路挺進。

我們要在海洋上戰鬥，我們要在天空中戰鬥；我們要捍衛國土，代價在所不惜。

我們要在森林中、田野上、海灘上、城市與鄉村中、街道上戰鬥，我們要在山丘上戰鬥……

我還要加上：

我們要在廢土堆上戰鬥，在卡爾繆斯河（Kalmius）與矗伯河（Dnieper）的河岸上戰鬥！我們絕不投降！

當然，我們需要各位的幫助，需要文明世界偉大國家的幫助。對於各位的支持，我們衷心感謝，非常仰賴。我也要特別感謝一位好朋友，強森（Boris Johnson）首相！

我呼籲各國升高對那個恐怖主義國家的制裁；並最終認定它的恐怖主義國家身分；找出辦法讓烏克蘭的天空變得安全。請各位為所能為，為所當為，以行動來發揚國家與人民的偉大。

榮耀歸於烏克蘭！榮耀歸於大不列顛！（閻紀宇 譯）

一枚落在哈爾基夫極權主義受難者紀念處的「龍捲風」砲彈。

9 | 這是歷史的使命

於波蘭眾議院演說

Speech by President of Ukraine Volodymyr Zelenskyy in the Sejm of the Republic of Poland.

11 March 2022

烏克蘭鄰接波蘭，兩國歷史上關係千絲萬縷。

3月11日對波蘭的演講，澤倫斯基提醒大家2008年波蘭總統卡欽斯基（Lech Kaczyński）說的一段話。當年俄羅斯入侵喬治亞，卡欽斯基說：「我們非常清楚：今天──喬治亞，明天──烏克蘭，後天──波羅的海國家，接下來，也許，輪到我的國家波蘭的時刻也將會到來。」

澤倫斯基也點到為止地提了2010年發生在今天俄羅斯境內斯摩稜斯克（Smolensk）的空難事件。當年波蘭總統卡欽斯基率領一干內閣閣員前去悼念卡廷慘案（Katyn Massacre）七十週年紀念，全數罹難。

卡廷慘案發生在二戰期間的1940年，有兩萬兩千名波蘭軍官及知識份子被屠殺掩埋。蘇聯長期栽贓說是德軍犯下的罪行，直到1990年才承認是由史達林下令的。

親愛的總統先生，我的朋友安傑伊（Andrzej Duda）！

親愛的眾議院議長女士！親愛的參議院議長先生！

各位眾議員與參議員女士、先生！

各位親愛的領導人！

波蘭的兄弟姐妹們！

當2019年我成為總統時，感覺我們與波蘭還有很長的路要走。

因為我們的關係非常冷淡，我們對彼此的態度也不怎麼熱情。

當時的情況就是如此。

但我想走得快一些。這是一條通向溫暖的道路。

因為我們就是這樣的國家。

我知道我們天生就是同一類人——烏克蘭人，波蘭人。

我還記得我與安傑伊·杜達的第一次見面。隨著一次又一次的會面，一切都改變了。原來的冷漠不見了，我們相互理解，作為一個烏克蘭人與一個波蘭人、作為歐洲人、作為朋友、作為愛自己家庭的父母，並且意識到我們的孩子必須生活在一個充滿平等良善價值觀的世界。我們共享的價值觀，是他們必須生活在一個國家獨立、自由至上、重視家庭、沒有人有權發動戰爭與侵略的世界。

人們相信數字「7」能帶來幸福。這也是上帝賜給烏克蘭的鄰國數目。它能為我們帶來幸福嗎？如今全世界都知道答案。

七十八名死於俄羅斯火箭和砲彈的烏克蘭兒童比其他人更清楚這一點。一個給我們國家帶來動亂與戰爭的鄰居。一個行動顯然與上帝無

關的鄰居。

有人像野蠻人一樣攻擊的時候，有人能夠幫忙是非常重要的。當敵人侵門踏戶，他會對你伸出援助之手。

2月24日早上，我毫不懷疑伸援者會是誰，誰會對我說：「兄弟，你的人民不會獨自面對敵人。」

事情就這樣發生了。我對此心存感激。波蘭的兄弟姐妹與我們同在，這是很自然的。

在一天之內，就在戰爭爆發的第一天，我和所有烏克蘭人以及所有波蘭人，都清楚地認識到，我們兩國之間的邊界已不復存在。不再有實體的邊界，不再有歷史的邊界，不再有個人的邊界，

2月24日，卡欽斯基總統所說的烏克蘭恐怖「明日」降臨了。

在這十六天的戰爭中，烏克蘭的驕傲與波蘭的榮譽，烏克蘭在戰鬥中顯示的勇氣和波蘭在幫助我們中顯示的誠意，讓我可以說幾句非常重要的話。

那就是我們兩國之間擁有真正的和平。親人之間的和平，兄弟之間的和平。現在，我也十分希望這些話能被我們共同的鄰國白俄羅斯聽見。

親人之間和睦，鄰居之間和睦，兄弟之間和睦。我們也必須和他們一起走到這一步！我們一定會有這一天！

親愛的各位領導人！波蘭的兄弟姊妹們！

長久以來，許多「利害關係者」試圖製造一種印象，那就是烏克蘭人和波蘭人的生活方式不同，兩者各有各的生活。

　　他們為什麼要這麼做？

　　我回想起波蘭總統卡欽斯基（Lech Kaczyński）2008年在喬治亞首都提比里西（Tbilisi）的談話：「我們非常清楚：今日——喬治亞，明日——烏克蘭，後天——波羅的海國家，接下來，也許，我的國家——波蘭的時刻也將會到來。」

　　2月24日，卡欽斯基總統所說的烏克蘭恐怖「明日」降臨了。

　　今天，我們正在為波蘭與波羅的海國家永遠不要迎來這樣的惡劣時刻而戰。我們一起戰鬥。我們有力量。記住，我們兩國有九千萬人！我們可以一起做任何事。這是歷史的使命，是波蘭的歷史使命，是烏克蘭的歷史使命，各國領導人一起把歐洲拉出深淵，將歐洲從這種威脅中拯救出來，阻止歐洲成為受害者。

　　親愛的各位領導人。我們可以做到！

　　昨天我們看到歐盟成員國用什麼態度談了些什麼。❶ 我們看到誰才是真正的領袖，誰為一個強大的歐洲而戰，誰在乎歐洲的共同安全。也看見了誰試圖阻止我們，試圖阻止你們。

---

1. 2022年3月10日，歐盟領袖在巴黎討論烏克蘭情勢，烏克蘭希望能夠緊急加盟，並獲得愛沙尼亞、匈牙利、拉脫維亞、立陶宛與波蘭等國支持，但法國、德國、荷蘭、西班牙等西歐國家反對。

我們瞭解波蘭與烏克蘭並肩作戰的重要。我們一起聯合所有擁護自由的人作戰的重要性。為了我們，也為了你們，為了歐洲。

我們還記得2010年斯摩稜斯克（Smolensk）附近發生的可怕悲劇。❷我們記得為了調查這場災難所發生的所有的事。我們能感受到這件事對你們的意義。那些也清楚這一切的人保持沉默對你們意味著什麼，但是……但他們依然對俄羅斯另眼相看。

波蘭的兄弟姊妹們！

我覺得我們已經形成了非常強大的同盟。儘管是非正式的同盟，但這是一個真實存在的同盟，並非紙上談兵。出自我們心中的溫暖，而非峰會上的政客談話。出自你們對待我們人民的方式。

為了躲避來到我們國家的邪惡，烏克蘭人逃往你們國家。

超過一百五十萬的烏克蘭公民！絕大多數都是婦女和兒童。他們並不覺得自己待在陌生的土地上。你們在家裡遇見我們的人民，並且以波蘭美食與兄弟情誼相待。

雖然我們並沒有要求這一切，你們也不求任何回報，這就是親人之間的關係。

---

2. 2010年4月10日，波蘭總統卡欽斯基搭乘專機自華沙前往斯摩稜斯克，準備參加卡廷慘案七十周年紀念活動時發生墜機意外，機上九十六名政府高層與機組人員全部罹難。卡廷慘案是1940年蘇聯史達林下令屠殺兩萬兩千名波蘭軍官及高級知識份子，到1990年才終於承認。波蘭總統卡欽斯基一行的空難後，也有是俄羅斯人動了手腳的陰謀論。

這就是為什麼我這麼直接地稱呼：老友安傑伊，親愛的艾嘉達！❸

這就是為什麼我宣稱我們已經是同盟。偉大的波蘭人、也是烏克蘭的親密朋友教宗若望保祿二世（John Paul II）說，我們團結在一起，不斷獲得與創造自由。

今天，我無法對所有歐洲國家的領導人抱持肯定，但我確信，我們一定會與你們一起盡可能地捍衛自由。

我感謝貴國人民給予我們的一切幫助。

我感謝你們的努力，這樣我們才能捍衛烏克蘭的天空。

我相信，我們能夠取得這方面的成果，我們大家都迫切需要的成果。

如果上帝允許我們贏得這場戰爭，我們將與我們的兄弟姊妹分享勝利。

這就是我們的偉大之處，也是你們的偉大之處。

這是為了我們的自由而戰，也是為了你們的自由而戰。

這是偉大民族的共同歷史！

願上帝幫助我們贏得勝利！（李忠謙 譯）

---

3. 波蘭總統安傑伊・杜達與第一夫人艾嘉達・柯恩豪瑟－杜達（Agata Kornhauser-Duda）

10 │ 不要停止幫助烏克蘭

於加拿大國會演說

Speech by President of Ukraine Volodymyr Zelenskyy in the Parliament of Canada.

15 March 2022

3月15日澤倫斯基對加拿大國會演說,以加拿大的渥太華、蒙特婁等地來類比烏克蘭許多受轟炸的城市,來訴求厭惡戰爭的同理心。

他也感謝加拿大率先「提供了我們現在迫切需要的武器和其他支持。你們對俄羅斯實施了制裁——這真是意義重大的正義之舉。」

親愛的議長！

總理先生！

親愛的賈斯汀！❶

加拿大政府和國會諸君！

各位來賓、各位朋友！

在我開始之前，我想讓你們盡可能理解我的感受、烏克蘭人民的感受、以及這二十天來的感受。

這是在頓巴斯八年戰事之後，俄羅斯全面入侵的二十天。

只要想像一下……想像在凌晨四點，你們每個人都聽見爆炸聲。可怕的爆炸。賈斯汀，想像你聽到了。你的孩子也聽到了。聽到飛彈襲擊首都渥太華（Ottawa）機場的聲音，還有你們加拿大美麗的國土另外幾十個地方。巡弋飛彈。天都還沒亮。你的孩子抱著你問：「發生什麼事了，爸爸？」而你已經開始接收貴國哪些設施遭到俄軍飛彈摧毀的第一批報告，知道了有多少人在哪些地方罹難。

想像一下，你正在思考怎麼向孩子們解釋這些事，解釋一場大規模戰爭已經開始。

你心裡清楚，這場戰爭的目的是要摧毀你們的國家、征服你們的人民。

---

1. 賈斯汀・杜魯道（Justin Trudeau），加拿大現任總理。

第二天，你收到關於裝甲車隊的消息。成千上萬的敵軍來到你的國土。一開始是小城鎮，然後是大城市。他們想把所有地方都封鎖起來，也正在動手。

想像一下，他們逼近愛德蒙頓（Edmonton），而且展開砲擊。朝著住宅區與居民開火。學校被燒毀，幼兒園也被炸爛。 就像在我們的城市一樣——在蘇密（Sumy），在我們的阿克提卡。他們封鎖溫哥華（Vancouver），圍困留在這座城市成千上萬的人們。就像我們的馬里烏波爾。在砲火下的第二周，在徹底斷電的地下室，幾乎沒有食物，當然也沒有水。

想像你們每天都要聽取死亡報告。是的，你是總統或政府領導人， 但你也只能聽著那些孩子死去的消息。

賈斯汀！ 親愛的與會者！各位先生！

想像你們每天都要聽取死亡報告。是的，你是總統或政府領導人，但你也只能聽著那些孩子死去的消息。而且死亡人數還在不斷增加，直到今天上午，烏克蘭已經有九十七名孩子遇害。

多倫多著名的加拿大國家電視塔…… ❷ 多少枚俄羅斯飛彈可以將其摧毀？請相信我，我不是希望你們遇上這些事……

---

2. 加拿大國家電視塔（CN Tower）是一座位於多倫多的電波塔。五百五十三公尺的高度曾是全球最高的建築物。

但我們每天都在猜，還有多少飛彈才會擊中我們的電視塔？俄國人也真的打中了。

我們在哈爾基夫的自由廣場（Freedom Square）以及你們在愛德蒙頓的邱吉爾廣場（Churchill Square）。想像一下俄羅斯的飛彈打個正著。

我們的娘子谷是納粹大屠殺受難者的埋葬地點……俄羅斯的轟炸連這片土地都沒有放過。那麼渥太華的納粹大屠殺國家紀念碑（National Holocaust Monument）呢？它能承受三、五枚飛彈的攻擊嗎？這些發生在我們身上，炸彈空襲。一分鐘之前這裡還有人活著。有一家人剛來到這裡。他們當時還活著。但現在……你知道我在說什麼。

然後就是可怕的夜晚……這二十天裡每一天都是如此，俄軍的戰車朝著住宅區開火，戰車更直接朝著札波羅結核電廠開砲。

當烏克蘭烽火連天，你能想像安大略省（Ontario）的布魯斯核電廠（Bruce Station）也發生這種事嗎？❸

當你看到他們侵略的每個城市都飄揚著你們的國旗，看到蒙特婁（Montreal）的加拿大國旗是如何被扔掉，換上俄羅斯的國旗，你會做何感想？

我知道你們真誠、有效地支持烏克蘭。我們和賈斯汀是朋友。但我希望你們能理解我，感受這一切。

---

3. 位於加拿大安大略省，是全球最大的核電廠。

請與我們感同身受。感受一下我們有多想活下去，我們多麼想要勝利。

我想讓你們感受一下，當你們打電話給朋友說：請設置禁航區、停止轟炸，那是什麼感覺。

不管是用什麼方法，只管去做。停止轟炸。

我們的城市還得承受多少飛彈落下來？你會聽到有人的回應是拒絕設置禁航區，但又說他們是真的感到憂心！

那就給我們戰機吧！我們告訴友邦。

他們的答案是：就快了，再耐心等待一下。大家都深感關切，但他們就是不想行動。有人在尋找原因，但重要的是結果。

他們討論局勢的惡化，但情況還能變得更糟嗎？他們說烏克蘭現在並非北約成員國，儘管北約「門戶開放」。但如果我們被告知不被接納，這些門戶又是為誰而開？又將通往何方？

戰爭總是展示出人們的所有能力。誰堅強，誰軟弱。誰明智，誰看不出明擺著的事實。誰誠實，誰又偽善。

在過去的八年又二十天裡，我們都看在眼裡，也都明白一切。現在我相信你們也都看到了。

親愛的議長！

總理先生！

加拿大政府與國會諸君。

親愛的朋友們！

加拿大過去、現在、將來都是烏克蘭的可靠夥伴。

我們的國家，烏克蘭的人民，我們每個家庭的夥伴。

我們一開口，你們就伸出援手。

你們提供了我們現在迫切需要的武器和其他支持。

你們對俄羅斯實施了制裁——這真是意義重大的正義之舉。

然而不幸的是，我們看到戰爭仍在繼續。

戰爭總是展示出人們的所有能力。誰堅強、誰軟弱、誰明智、誰看不出明擺著的事實。

俄羅斯的軍隊不會離開我們的領土。你看到我們的城市：哈爾基夫、馬里烏波爾，不像你們的愛德蒙頓和溫哥華那樣受到保護。基輔正在遭受飛彈襲擊，就像車尼希夫、日托米爾、伊瓦諾·福蘭基夫斯克（Ivano-Frankivsk），還有烏克蘭原來仍是和平寧靜的幾十個城市。

這意味著為了和平，需要做更多更多的工作。為了阻止俄羅斯，我們必須做的更多。為了保護烏克蘭與歐洲，免於這個全然邪惡的勢力試圖摧毀一切：包括紀念館、教堂、學校、醫院、社區以及我們所有的企業。

他們已經殺害了九十七名烏克蘭孩子！

我們要求不多。我們要求正義。我們要求真正的支持，幫助我們捍衛我們的生命，以及全世界的生命。

加拿大已經展示了必要的領導能力！

是加拿大率先這麼做了之後，後來其他國家跟進。

但是我們需要更多的領導，我們要求你們參與更多。

賈斯汀！烏克蘭的所有朋友們！

所有真理的朋友！

各位知道保護我們的領空不受俄羅斯飛彈和戰機的攻擊有多重要。

在我看來，你們可以對這件事發揮影響力。

你們可以迫使更多公司離開俄羅斯市場，以至於沒有任何一文錢會被用於戰爭。如果企業留在俄羅斯支持戰爭，他們不應該可以繼續在加拿大營運。請就這麼做吧——這麼做將給我們帶來和平。

你們必須用行動證明自己是烏克蘭歷史的一部分，烏克蘭活生生的歷史的一部分。

也許你們比世界上許多人都更清楚，俄羅斯的攻擊是為了摧毀我們，摧毀烏克蘭人民。這是他們的主要目標，沒有其他。

這是一場針對人民的戰爭，針對我們的人民。這是一場摧毀讓烏克蘭人成為烏克蘭人的一切的戰爭、摧毀我們的未來、摧毀我們的人格、摧毀我們的意志。

這一切你們加拿大人都非常清楚、感同身受。

所以我拜託你們：請不要停步。不要停止幫助烏克蘭。不要停止領導、不要停止努力為我們的和平國家帶來和平。

我相信，也知道你們能處理好。我知道跟加拿大一起，我們正在加

強的抗戰聯盟肯定會取得成果。

　我想呼籲我們的烏克蘭僑民，所有在加拿大的烏克蘭人。

　在這個歷史性的時刻，我們需要你們的有效幫助。你們必須用行動證明自己是烏克蘭歷史的一部分，烏克蘭活生生的歷史的一部分。

　請記住，是活生生的。因為我們想活下去，而我們正在為和平而奮鬥。

　我感謝你們的支持。我感謝國會議事堂裡的每一個人，還有每一位加拿大公民。賈斯汀，我對你充滿感謝。

　我代表整個烏克蘭民族表示感謝。

　我相信團結而且唯有團結，我們才能戰勝所有敵人。

　榮耀歸於烏克蘭！

　謝謝加拿大！（李忠謙 譯）

11 | 世界的領導人也就是和平的領導人

致美國國會演說

Address by President of Ukraine Volodymyr Zelenskyy to the US Congress.

16 March 2022

3月16日對美國國會的演說，澤倫斯基經由開場提醒美國人對珍珠港事件、911事件的記憶，連接到烏克蘭今天受到的恐怖行動的攻擊。他除了呼籲拜登成為世界和平的領導人之外，也提出創設一個新的維持和平的架構，「U-24」同盟的建議。

議長女士，

各位國會議員，

各位女士、先生！

美國的人民！

各位朋友！

　　我很自豪地從烏克蘭、從我們的首都基輔向各位問好，從這個正遭受俄軍飛彈和空襲攻擊的城市。俄軍每日如此，他們從未停歇，哪怕是暫時停火一分鐘也好。我們國家其餘幾十個城市和社區也一樣，都發現自己陷身二戰以來最慘烈的戰爭。我很榮幸代表勇敢與熱愛自由的烏克蘭人民向你們致意。八年來，他們一直在抵抗俄羅斯的侵略。他們犧牲了他們最優秀的孩子——包括兒子和女兒，來阻止俄羅斯全面入侵。

　　現在正是決定我們國家與人民命運的時刻。

　　決定烏克蘭人能否保有自由、保有他們的民主。

　　俄羅斯攻擊的不僅僅是我們的國土和城市，我們信奉的人類基本價值也遭到殘酷的侵犯。他們派出戰車與戰機攻擊我們的自由。攻擊我們在自己國家自由生活的權利，攻擊我們選擇自己未來的權利、我們對於幸福的渴望、以及我們國家的夢想。我們的夢想就和你們美國的普通民眾一樣。就跟美國的所有人一樣。

　　我記得你們的美國總統山（Rushmore National Memorial），你們四位傑出總統的頭像。❶ 是他們奠定了美國的基礎。就像今天一樣。

民主、獨立、自由，以及對每一個人的照顧。照顧每個勤奮工作、誠實生活、尊重法律的人。

我們烏克蘭人也有同樣的想望。這些對你們來說，都是正常生活的一部分。

各位女士、先生！

美國的人民！

在你們偉大的歷史篇章中，其中有幾頁可以讓你們瞭解烏克蘭人。在這個最需要的時候，現在就來瞭解我們。

想想珍珠港。❷ 1941年12月7日那個可怕的早晨。當飛機對你們發動襲擊，你們的天空一片漆黑。請想想那個時刻。

想想9月11日。❸ 2001年的那一個可怕日子，邪惡勢力企圖把你們的城市變成戰場，無辜的人以一種沒人想到的方式從空中遭到攻擊。

以一種你根本無法阻止的方式。我們的國家每一天、每個晚上都在經歷這樣的事！如今已三個星期！好幾個烏克蘭城市…… 奧

---

1. 拉什莫爾山國家紀念公園（Mount Rushmore National Memorial）的4位美國總統頭像，他們分別是華盛頓（George Washington）、傑佛遜（Thomas Jefferson）、老羅斯福（Theodore Roosevelt Jr.）和林肯（Abraham Lincoln）。
2. 1941年12月7日，日本攻擊美軍位於夏威夷的珍珠港海軍基地，太平洋戰爭爆發。
3. 2001年9月11日，美國紐約世貿中心大樓的南北塔遭到兩架遭恐怖分子挾持的客機撞擊後完全倒塌，位於維吉尼亞州的五角大廈被第三架客機撞擊。第四架遭挾持的客機墜毀在賓州的鄉村地帶，史稱911事件。

德薩、哈爾基夫、車尼希夫、蘇密、日托米爾（Zhytomyr）、利沃夫、馬里烏波爾和聶伯城。俄羅斯已經把烏克蘭的天空變成數千人的死亡淵藪。

俄羅斯軍隊已經向烏克蘭發射近千枚飛彈、以及數不清的砲彈，他們用無人機進行更精確的殺戮。這是歐洲八十年來從未見過的恐怖！

我們要求世界對恐怖行動有所回應，這個要求過分嗎？

在烏克蘭上空設立人道主義的禁航區（no-fly zone）是為了拯救人民。如此一來，俄羅斯就不能再日夜對我們的和平城市實施恐怖行動。如果這個要求太過分，我們可以提供另一種選擇。

你知道我們需要什麼防空系統，C-300 [4] 或與其同等級的防空飛彈。

你知道戰機的強大能力能夠左右戰場局勢，保護你的人民、你的自由、你的國土。戰機可以幫助烏克蘭、可以幫助歐洲。

你們也知道這是可行的，但那些戰機都在地面上，不在烏克蘭的領空飛翔，它們無法保護我們的人民。

「我有一個夢想」——這句話你們每個人都知道。今天我要說的則是：我有一個要求。那就是保護我們領空的要求。請你們做出決定的要求，以及你們的幫助。這些都完全指向同一件事，就是你感覺該做的那件事。當你聽見：我有一個夢想。

---

4. 俄語稱為C-300，即俄製的S-300防空飛彈。

各位女士、先生！

朋友們！

烏克蘭感謝美國的大力支持。感謝你們的國家和人民為我們的自由所做的一切。為了武器和彈藥、為了訓練和資金、為了自由世界的領導地位，這有助於在經濟上對侵略者施加壓力。

我感謝拜登（Joe Biden）總統的親自參與，感謝他對保衛烏克蘭和世界各地民主的真誠承諾。我感謝你通過的決議，認定所有對烏克蘭人民犯下罪行的人都是戰爭罪犯。

然而，在這個我們國家、以及整個歐洲最黑暗的時刻，我敦促你們能夠做的更多！每星期都需要新的制裁措施。直到俄羅斯的軍事機器停下來。需要對這一不公義政權所依賴的每一個人施加限制。

我們建議美國對俄羅斯政府所有在任者、以及未能與侵略烏克蘭相關人士切斷關係者實施制裁。包括那些沒有跟國家恐怖主義斷絕關係的國家杜馬（State Duma）議員、乃至於基層官員。❺ 所有美國公司都必須離開俄羅斯這個市場。離開這個充斥著我們鮮血的市場。

各位女士、先生！

國會議員們！

以身作則吧！如果你的選區有公司贊助俄羅斯的軍事機器，在俄羅

---

5. 國家杜馬（State Duma），即俄羅斯下議院。

斯做生意……你必須施加壓力。這樣俄羅斯政府就得不到一分錢，這些錢是用來摧毀烏克蘭的、甚至用來摧毀歐洲。

所有美國港口必須對俄羅斯貨物和船隻關閉。和平比利益更加重要。我們必須在全世界共同捍衛此一鐵則。

我們已經成為抗戰聯盟的一員，已經聯合了幾十個國家的偉大抗戰聯盟。他們以堅守原則的方式回應了普丁（Vladimir Putin）總統的決定——俄羅斯入侵我們國家的決定。

我們建議創設一個U-24同盟，為了和平聯合在一起的聯盟。

但我們必須繼續前進，我們必須創造新的機制，快速回應並停止戰爭！俄羅斯是在2月24日這一天全面入侵烏克蘭，如果這場侵略能在一天之內，在二十四小時之內結束並且邪惡的一方能立刻受到懲罰就好了。但目前的世界沒有這樣的工具。

過去的戰爭促使先人建立了保護我們免受戰爭傷害的機制。但是，它們沒有發揮作用這一點你我都知道。所以，我們需要新的工具、新的機制、新的同盟。

現在，我們來提出建議。

我們建議創設一個U-24同盟，為了和平聯合在一起的聯盟。一個由負責任的國家所組成，有力量也有良知制止衝突的聯盟。立即成立。為了拯救生命，可以在二十四小時內提供所有必要的協助。有必要，提供武器；有必要，給予制裁。還提供人道支持、政治支持、資金支持。為了能迅速維護和平、拯救人命所必需的一切。

此外，這樣的聯盟也可以為那些遭受自然災害、人為災害的受難者提供援助，還有那些在人道主義危機或是流行疫病中受害的人。

請記住，讓這個世界做最簡單的事有多麼困難——像是為了拯救生命、防止出現新的變種病毒株，給每個人都接種新冠疫苗。全世界花了好幾個月、好幾年的時間來做這些原本可以更快完成的事情，好讓人命不再繼續消逝。

各位女士、先生！

美國的人民！

如果U-24這樣的聯盟已經存在，我相信它將拯救成千上萬的生命。在我們國家，在許多其他國家都如此迫切地需要和平，卻遭受了非人的破壞……現在請大家看一段影片，內容是俄羅斯軍隊在我們的國土上做了些什麼。我們必須阻止這一切，我們必須防止這樣的事情發生，預防性地摧毀每一個企圖征服另一個國家的侵略者。

請各位看一下，然後在最後下個結論。❻

今天，僅僅成為國家領導人是不夠的。

今天，我們需要世界的領導人，世界的領導人也就是和平的領導人。

貴國的和平不再端賴你們和你們的人民。

---

6. 請看13：16處。

還取決於你們身邊強有力的鄰人。

堅強不等於巨大，而是勇敢，隨時準備為他的人民和世界人民的生命挺身而戰。

為了人權、為了自由、為了過像樣生活的權利，以及安享天年的權利，而不是在你的鄰人希望你死去的時候死去。

今天，烏克蘭的人民不僅保衛烏克蘭，我們也為歐洲和世界的價值觀而戰，以未來之名犧牲自己的生命。

成為世界領袖則意味著成為和平的領袖。

這就是為什麼今天美國人民不僅是幫助烏克蘭，而且是在幫助歐洲和全世界，讓這個世界繼續活下去，在歷史上捍衛正義。

今天我快四十五歲了。當一百多個孩子的心臟今天停止跳動時，我的年齡停在了這一天。如果不能阻止死亡，活著根本沒有意義。這是我作為偉大烏克蘭人民領導者的主要使命。

作為我國的領導人，我要呼籲拜登總統。

你是這個國家的領導人，你們偉大國家的領導人。

我希望你成為世界的領導人。成為世界領袖則意味著成為和平的領袖。

謝謝各位！

榮耀歸於烏克蘭！ （李忠謙 譯）

12 | 你們又躲進一道牆後面了

致德國聯邦議院演說

Address by President of Ukraine Volodymyr
Zelenskyy to the Bundestag.

17 March 2022

長期以來，德國由於和俄羅斯有緊密的經濟和商業關係，對於烏克蘭課題都遠避。2022年1月，在戰爭還沒爆發，但局勢十分緊張的氛圍中，德國表示對烏克蘭不會援助任何武器，但會捐五千頂鋼盔時，一時引為笑談。

2月俄羅斯入侵烏克蘭之後，德國態度也曾經非常曖昧、猶豫不決。因此3月17日對德國聯邦議院的演說中，澤倫斯基十分直接地指出德國正在給自己建一道新的「圍牆」。

親愛的戈林-艾卡特（Katrin Göring-Eckardt）副議長。❶

親愛的蕭爾茨（Olaf Scholz）總理。

尊敬的女士、先生、議員、來賓、記者們。

德國人民！

我對各位發表這場演說是在俄羅斯全面入侵烏克蘭的三個星期之後，也是我國東部頓巴斯地區經歷八年戰爭之後。

我對你們進行呼籲時，俄羅斯正在轟炸我們的城市，摧毀烏克蘭的一切。使用飛彈、空襲、火箭摧毀一切──房屋、醫院、學校、教堂。

在短短三星期之內，數千名烏克蘭人遇害。佔領者還殺害了一百零八名兒童。這些事發生在2022年，就在歐洲當中，在我們的國家。

我是在許多會議、談判、發言和要求之後，才向各位發表這場演說。這次演說之前，也有一些支持措施，但其中有些措施並未落實。這次演說之前，也有一些制裁作法，但這顯然不足以阻止戰爭。這次演說之前，我們也看到貴國有多少公司還在和俄羅斯做生意──跟一個利用你們和其他國家來資助戰爭的對象做生意。

在我們為生命和自由而進行的三個星期戰事中，我們確信了自己過

---

1. 凱特琳‧戈林-艾卡特（Katrin Göring-Eckardt），烏克蘭政府審定的英文演講稿中稱呼她為「議長」，但戈林-艾卡特是德國聯邦議會副議長，議長是同為女性的巴斯（Bärbel Bas）。

去的感受。而你們可能還沒有注意到。

你們像是又躲進一道牆後面了。不是柏林圍牆（Berlin Wall）。而是在歐洲中部，在自由和奴役之間矗立的一道牆。而這道牆正變得越來越堅固——隨著一顆顆炸彈落在我們烏克蘭的土地上；隨著一個個不是為了和平所做出的決定。有些即使有助於和平的決定，你們也不通過。

這是什麼時候發生的呢？

各位親愛的政治人物。

親愛的德國人民。

為什麼會發生這種事？當我們告訴你北溪天然氣管線 ❷ 是一種武器、是一場大戰的準備時，我們聽到的回應是，它不過是經濟活動。經濟啊經濟。但這其實是用來蓋一道新牆的水泥。

當我們問各位烏克蘭需要做到什麼才能成為北約一員、才能得到安全、才能獲得安全保障時，我們聽到的答案是：這樣的決定還沒有被列入考慮，短期內也不會這麼做。說的好像是我們在談判桌邊有個位置一樣；好像你們也只是還在延後烏克蘭加入歐盟的議題。坦白說，對某些人而言，這是政治遊戲。而事實的真相是：它就是石頭。用來

---

2. 北溪（Nord Stream）天然氣管線是俄羅斯出口天然氣的重要管道，「北溪一號」2011年11月啟用，「北溪二號」2021年9月完工。俄烏戰爭開打，德國政府宣布中止「北溪二號」的啟用程序。

砌新牆的石頭。

當我們要求採取預防性制裁時，我們曾經向歐洲呼籲，向許多國家呼籲。然後我們轉向你們求助，請你們制裁，讓侵略者感受到你們的力量。

我們看到的卻是拖延，我們感受到的則是阻力。我們理解貴國想要繼續發展經濟，經濟啊經濟。

如今貴國和這個再次為歐洲帶來殘酷戰爭的國家之間的貿易路線，就像在這道分裂歐洲的新牆上又架設了鐵絲網。

各位看不到這堵牆後面是什麼，但它就矗立在我們之間，就擋在歐洲人之間。正因為如此，不是每個人都完全瞭解我們今天經歷了些什麼。

今天我在這裡向各位演說，代表的是我們烏克蘭人，代表的是馬里烏波爾的居民，一個俄羅斯軍隊將其封鎖、夷為平地的城市居民。他們摧毀了那裡的一切，包括所有事物與每一個人。數十萬人日夜遭受砲擊。幾個星期以來，那裡沒有食物、一天二十四小時缺水斷電、沒有通訊。

俄羅斯的軍隊根本不管你是平民還是軍人。他們不關心哪些是民用設施，一切都被視為攻擊目標。

一個曾充當數百人避難所的劇院昨天被炸毀、一間婦產科醫院、一間兒童醫院，沒有任何軍事設施的住宅區──他們正在摧毀一切，不分晝夜。他們不讓任何人道救援物資進入被封鎖的城市。五天來，俄羅斯軍隊從未停止阻擋營救我國人民的砲擊。

如果各位翻過這道牆，就可以看到這一切。如果各位還記得柏林空

運（Berlin Airlift）❸對你們的意義。當時空運可以實現，是因為領空是安全的。你們沒有像我們今天一樣死在來自空中的轟炸，而我們也沒有你們當年的空運！我們的空中只有俄羅斯的飛彈與炸彈在橫行。

今天我在這裡向各位演說，也代表我們年長的烏克蘭人。他們許多人都是二戰的倖存者，是在八十年前遭到佔領時逃出來的。那些在娘子谷大屠殺的倖存者。

去年在這場悲劇發生八十週年之際，德國總統史坦因邁爾（Frank-Walter Steinmeier）曾前去訪問娘子谷。❹現在這個地方也被俄羅斯的飛彈攻擊了。不偏不倚地就在那個地方。飛彈炸死了前往娘子谷紀念堂的一家人。在八十年後，又出現了殺戮。

我還代表所有聽過政治人物號稱「不會再發生」，以及看出這些話毫無價值的每一個人向你們呼籲。因為在歐洲，再一次有人試圖摧毀一整個國家。摧毀我們賴以生存的一切。

今天我在這裡向各位演說，也代表我們的軍隊。那些捍衛我們國家、捍衛歐洲，包括德國，共同價值觀的人。

這些價值觀包括自由與平等，以及自由生活的機會──不必屈從於

---

3. 二戰結束後，美法英蘇分別佔領西柏林與東柏林。蘇聯在1948年封鎖西柏林的對外道路，企圖掌控整個柏林。西方國家從空中運輸兩百二十萬西柏林人所需的糧食、燃料與資源，最終迫使蘇聯放棄封鎖。

4. 史坦因邁爾曾在梅克爾內閣擔任外交部長，提出「烏克蘭應給予頓巴斯自治地位」的「史坦因邁爾公式」，更是「北溪二號」天然氣管線的主要推動者之一。史坦因邁爾在烏克蘭戰爭開打後遭到批評，他雖然承認當初「犯下錯誤」，並且表示支持烏克蘭，但澤倫斯基在2022年4月仍拒絕了他的訪烏要求。

另一個把外國領土視為自家「客廳」（Living Space）的國家。

現在沒有你們的領導與支援，他們為什麼要守護這一切？為什麼其他歐洲以外的國家，反而比你們離我們更近？

因為這道牆。有些人沒有人注意到這道牆，而我們卻在為拯救我們的人民而戰的同時，一直在擂這道牆。

他們在俄羅斯的金錢和烏克蘭兒童的死亡之間，選擇了生命。

各位女士、先生！

德國人民！

我感謝所有支持我們的人。我很感激你們。感謝在你們國家真誠幫助烏克蘭人的德國民眾。感謝那些真誠工作的記者們，他們展示了俄羅斯為我們帶來的所有邪惡。經濟啊經濟。我感謝那些仍在努力……試圖推倒這道牆的人。他們在俄羅斯的金錢和烏克蘭兒童的死亡之間，選擇了生命。他們支持加強對俄羅斯的制裁才能保證和平，保證烏克蘭的和平、也保證歐洲的和平。他們毫不猶豫地將俄羅斯趕出環球銀行間金融通訊系統（SWIFT）。❺

他們清楚有必要對俄羅斯實施貿易禁運，禁止進口一切支持這場戰爭的商品。他們知道烏克蘭將會加入歐盟，因為烏克蘭已經比許多其

---

5. SWIFT全稱為Society for Worldwide Interbank Financial Telecommunication，是連接全球銀行業的金融通信基礎設施。由於俄羅斯侵略烏克蘭，歐美國家於2022年2月26日宣布將俄羅斯部分銀行踢出SWIFT。

他國家更加歐洲化。

我感激每一個比高牆都還要更高的人。他們知道，在拯救他人的時候，越強大的人承擔的責任就越大。

沒有世界的幫助，沒有你們的幫助，我們很難生存下去。如果沒有你們的幫助，我們很難以保衛烏克蘭和歐洲。

當哈爾基夫八十年後再次遭到摧毀，當車尼希夫、蘇密和頓巴斯在八十年後再次遭到轟炸，當成千上萬的人在八十年後再次遭到折磨和殺害，你們只有在伸手幫助了我們之後，未來才不必又一再回顧歷史。否則，那些八十年前發生在烏克蘭人身上的悲劇如

> **讓德國承擔你們應該承擔的領導，你們的後人將爲之驕傲。**

果到今天都沒法獲得補償的話，歷史責任還有什麼意義？

也只有這樣，在新牆後面才不會又出現新的歷史責任，將來又需要補償。

我呼籲並提醒你們，什麼才是重要的。沒有這些東西，歐洲將無法生存，歐洲的價值觀也無法繼續維持。

當過演員的美國總統雷根（Ronald Reagan）曾在柏林說：推倒這道牆！❻

---

6. 美國總統雷根於1987年6月12日在東西柏林交界的布蘭登堡門前發表演說，慶祝柏林建城七百五十週年，呼籲蘇聯領導人戈巴契夫（Mikhail Gorbachev）促進自由、和平與繁榮，並且推倒柏林圍牆。兩年後柏林圍牆倒塌，蘇聯也在1991年解體。

現在我也想對你們這麼說。

蕭爾茨總理！請推倒這道牆。

讓德國承擔你們應該承擔的領導。你的後人將為之驕傲。

請支持我們。

支持和平。

支持每一個烏克蘭人。

阻止戰爭。

請幫我們阻止它。

榮耀歸於烏克蘭！（李忠謙 譯）

13 | 行兵之極，至於無形

讓敵人無從預料我們

Our tactics are when the enemy does not know what to expect from us.

18 March 2022

澤倫斯基給人民的演說中，不但要激勵抗戰的士氣，也要鼓舞大家在戰亂中維持經濟的運作。

3月17日，他在對德國國會的演說之後，對自己國人發表的這篇演說裡，就報告了他跟德國國會說了什麼、前線的情況，還公布了政府為方便企業運作，鬆綁了多少法規。

在戰前，在烏克蘭要登記經營一家公司，要申請六百項許可及執照，而這一天澤倫斯基宣布接下來只有二十份是必需的。

佔領者在對烏克蘭的戰爭中沒有停止揮霍他們國家的財富。

偉大國家的偉大人民！

在我們奮戰的第二十二天，對抗世上最強大軍隊之一的防禦結束了。我們使得敵人的規模一天天在縮小，但他們仍然擁有戰力、裝備與後備部隊的優勢。

消息指出，俄軍正從其他國家招募傭兵，盡可能欺騙更多年輕人加入軍隊。

我們知道這對他們不會有幫助。

所以現在我要警告所有試圖加入佔領烏克蘭國土的人。這將是你一生中最糟糕的決定。

活久一點總比用命換錢來得好。

我們勇敢的守軍繼續扛住敵軍步步進逼的所有關鍵地區，並且對每一波攻勢、對我們人民與和平城市的每次打擊都做出反擊。有新來的俄國義務役士兵遭到俘虜，其中也有人拒絕返回俄羅斯。其中許多人在俄羅斯根本遭到漠視。他們甚至也不想把這些人帶回國。

儘管他們還活著、只是遭到囚禁，但這些人的死亡通知已經發給了他們的家人。

能聽到我說話的所有俄羅斯人，請在自己國家把真相說出來吧。

每一個知道自己的兒子被送往烏克蘭戰場的母親，都應該確認自己兒子的下落。尤其是那些聯繫不上自己孩子的人，他們甚至被通知自己的孩子陣亡了，但他們根本沒有收到屍體。網路上有電話號碼，你們可以撥過去，看看你的孩子到底怎麼了。

我們沒有計劃要俘虜幾千人。我們不需要殺死一萬三千人也好，幾萬人也好的俄羅斯士兵。我們不需要。我們根本不想要這場戰爭，我們只想要和平。我們希望你們對你的孩子的愛，勝過你們對政府的懼怕。

　　我今天在德國國會發表演說。德國是全世界與全歐洲最有影響力的國家之一，也是歐洲大陸的重要領導者之一。

　　我不僅以總統的身分，而且是以烏克蘭公民的身分發表演說。以一個歐洲人的身分，以一個多年來一直以來認為德國政府似乎用一道牆把我們隔開的人的身分。那是一道看不見卻相當堅固的牆。

　　我們看到德國為經濟奮鬥了幾十年，為了新的俄羅斯天然氣管道和往昔的歐洲夢，為了某些俄羅斯一直以來沒有認真對待的合作夢想。

　　而今天我們看到德國人的觀點正在改變。這一點非常重要。我們看到德國正在尋找一條新的道路。我們看到大多數德國人多麼真誠地支持修改舊有的政策。

　　我們看到蕭爾茨總理有一個偉大的機會、一個偉大的使命──帶領德國重歸新的領導地位。帶給歐洲和平，影響恆久而且最為重要的，則是公平。帶來保證歐洲所有國家和烏克蘭能夠安全的協議。我代表所有烏克蘭人與歐洲人，祝願蕭爾茨總理能帶領德國及友邦成功實踐這個使命。

　　我一定會繼續在盟國的國會和廣場上發表這樣的演說。只要可以阻止戰爭，恢復我們完整的領土，讓烏克蘭人、歐洲人、我們所有人都能重獲期待已久的和平。

　　在歐洲、在世界上的不同國家，我覺得有越來越多人可以理解我

們，並且給我們越來越多支持。我們長期以來一直在等候的支持。

我和法國總統馬克宏（Emmanuel Macron）進行了會談。

我們正在加強對烏克蘭的防務，也對達成和平的共同步驟進行協調。我對此心存感激。

我也感謝拜登總統對我們國家最新的有效支援。請體諒：我不能對你們透露美方支援的所有細節。因為這是我們的國防策略，那就是讓敵人摸不清我們要做什麼。就像他們不知道在2月24日之後會有什麼等待著他們一樣。不知道我們有什麼防衛手段，也不知道我們會如何應對進攻。

佔領者以為他們要去的不過是烏克蘭，這個地方他們在2014～2015年去過、這些年又一直設法腐化，所以他們不怕。但事實上我們是不同的。現在我們得以頂住已經持續了二十二天的全面攻勢。這裡面有過去幾年我們所做的一切事情，包括防守策略、戰術。目前戰爭還在進行，不是方便透露這些的時候。

現在也不是公開談判策略的時候，為了我們國家和平、主權、領土完整和自由進行的談判。比起上電視、廣播或者臉書，在沉默中進行的效果更好。我相信這樣才對。

今天，我在醫院探望了來自基輔州沃爾澤利（Vorzel）的瓦拉森科（Vlasenko）一家人。他們在逃難的路上，遇到俄羅斯的砲擊。大女兒卡蒂亞（Katya）只有十六歲，她保護的弟弟伊霍爾（Ihor）則是八歲。伊霍爾還下車罵了佔領者。母親特蒂安娜（Tetiana）遭到彈片炸傷。父親則把女兒抱在懷裡。

感謝上帝，他們都活了下來。因為他們廝守在一起，作為一家人互相保護。和他們交談讓我非常感動，這也可能是這場戰爭中最讓我感動的一次對話。我衷心祝福瓦拉森科一家健康快樂，就像其他家庭一樣。我祝福你們平安，也會為這個目標繼續努力。

今天，我還授予了五名國家緊急事務署（State Emergency Service）成員勇氣勳章。他們每個人都是英雄，每個人都因無私行動而獲獎，因為他們拯救了我們所有人，拯救了烏克蘭人。

還有一些非常重要的消息，當然都很正面。關於我們的經濟，關於我們如何讓我們的國家起死回生。現在，只要安全情況允許，只要企業能夠運作就適用。

我們的政府已經準備了一個方案，在「5-7-9%」計劃 ❶ 的基礎上擴大對企業家的貸款規模，創造新的機會。任何企業都能以零利率獲得貸款，借貸期限是戒嚴期間結束後再加上一個月。

最低稅率則是5%。貸款總額可達六千萬荷林夫納（Hryvnia）。❷ 這樣一來，就會有更多企業能夠利用我們的計畫。

第二個消息是，內閣明天將投票表決大規模減少法規監管。之前，經營企業需要申請六百多項許可和執照，現在其中將只留下大約20份是必需的。只留下那些無法撤銷的監管項目，譬如放射性廢物管理。

---

1. 澤倫斯基在2020年提出的貸款計畫，幫助一般的烏克蘭人能夠創業。簡單說就是政府幫忙支付部分利息，讓貸款人只需負擔5%、7%或9%的利率，而非市場上高達11%以上的現行利率。
2. 荷林夫納（Hryvnia）即烏克蘭幣，1荷林夫納約為新台幣0.81元。

因此，對烏克蘭的絕大多數企業來說，都適用這個宣示性的原則：從你宣布開一家公司起，就可以開始自由營運了。

第三個消息，和數以百萬計的烏克蘭人有關。這是烏克蘭國家銀行（National Bank of Ukraine）、國會議員與政府官員的一項特殊任務。

我指示他們尋找一個立法機會，讓國家為烏克蘭銀行全部的存款提供擔保，百分之百。不像過去或現在只對一部分存款提供擔保，而是百分之百。

在我們國家的任何一間銀行，都能擔保全部的存款。這樣人們在任何情況下都不會失去存款，也不用擔心發生意外。

我還在等待細節、決定草案。我希望烏克蘭國會不會拖延這項支援工作。

因為烏克蘭人需要它，烏克蘭也需要它。

最後，我們的馬里烏波爾、哈爾基夫、車尼希夫、基輔州、伊久姆和所有我們的英雄城市。它們的處境非常艱難，極其艱難。

我們正在進行所有的努力，我們所有人，全力以赴。

我們的軍隊、警察、國家緊急事務署、人道救援車隊、教會……我們所有人。

我們不會放棄你們，我們也不會原諒他們。

你們絕對會自由的，我很清楚這一點，就像我們國家的所有人一樣。

榮耀歸屬於每一位英雄！

榮耀歸於烏克蘭！（李忠謙 譯）

14 | 多行不義，必自斃

俄羅斯會摧毀過去二十五年他們自己建立的一切

By attacking Ukraine, Russia will destroy everything
it has achieved over the past 25 years.

18 March 2022

3月18日對烏克蘭人民的演說，澤倫斯基強調他相信，俄羅斯因為攻擊他們，將摧毀自己社會過去二十五年取得的所有成就。

澤倫斯基也明白說出烏克蘭人不只是為自己國家打一場保衛戰。「如果現在不阻止俄羅斯，如果現在不懲罰俄羅斯，世界上其他侵略者也會在不同的區域發動戰爭，在其他大洲，或者任何國家夢想征服鄰國之處。」

這一天他也公布更多便民措施，「戰爭時期，不能讓不同部門的官僚與野心家將人民的物資供應複雜。」

不屈國家的堅強人民！

今天是我們衛國戰爭的第二十三天。在東部經歷了八年戰爭之後。佔領者在對烏克蘭的戰爭中沒有停止揮霍他們國家的財富。

我相信，因為攻擊我們，他們將摧毀俄羅斯社會過去二十五年取得的所有成就。他們將回到他們開始崛起的起點，就像他們說的，回到「邪惡的90年代」。但是不會有自由，也沒有數百萬人民為國家發展而努力的開創熱情。

這將是俄羅斯對烏克蘭開戰的代價。

對他們而言，這將是一次失敗，一次痛苦的失敗。即使電視宣傳強餵「精神鴉片」，他們也會感受到這一點。

不正義的侵略戰爭總是會讓侵略者付出高昂的代價。

但無論他們遭遇什麼後果，都無法讓我們感到安慰。這不能讓死者復活。不能復原我們的城市。不能治癒我們永遠無法癒合的情感創傷。

我們將會重建一切——我對此毫不懷疑。我們將成為歐盟的正式成員——我們政府的每個成員無時無刻不在為此努力。

但我們的生活將變得不同，對許多人來說——失去了成千上萬顆因為這場戰爭而停止跳動的心。

所有為烏克蘭付出生命的人，我們將永遠銘記在心！

俄軍持續對我們的和平城市與社區進行危險的砲擊。利沃夫、基輔與基輔州、日托米爾州、蘇密州、哈爾基夫及其周遭地區、車尼希夫、頓巴斯的城市——北頓內次克（Severodonetsk）、克拉馬托斯克

（Kramatorsk）、以及我們的馬里烏波爾⋯⋯都遭到飛彈、空襲、還有「冰雹」火箭的攻擊。

我們正在盡我們所能擊落俄羅斯的飛彈，我們正在摧毀他們的戰機和直升機。儘管我們還沒有足夠的反飛彈武器，以及其他先進武器。我們也沒有足夠的戰機，但我們有一個純粹而正當的目標——那就是保護我們的人民、我們的國家。

毫無疑問，我們將繼續盡我們所能。我們會對西方領導人大聲疾呼，提醒他們如果烏克蘭得不到能真正拯救成千上萬人生命的先進武器，這將是他們在道德上的失敗，重創他們的威信。

有些人想提供霰彈槍來替換真正有用的補給，但俄羅斯的飛彈不會被霰彈槍打下來。

今天對我來說是談判的忙碌日子。歐盟執委會主席馮德萊恩（Ursula von der Leyen），歐洲理事會主席米歇爾（Charles Michel），烏克蘭的好朋友、英國首相強森。

談判的主題很明確。首先，這些具體措施將賦予烏克蘭更大的力量，不僅能直接用於國防，也適用於經濟。為了我們的人民，為了此時此地真正保衛歐洲、保衛我們國土的烏克蘭人。

馮德萊恩主席承諾將盡一切可能，加快烏克蘭成為歐盟成員國的進程。我們簡化了國內的官僚程序，這本來需時數年、數周、或者好幾個月。這並不容易，但我敢肯定我們做到了。

我們與歐盟達成共識，向因為戰爭被迫逃離家園的烏克蘭人提供支持，無論是國外難民或是國內流離失所者。

我們還商定了一項新的總體財政援助——除了那些已經敲定的支持，對烏克蘭再提供三億歐元。

第二，我們正在討論下一輪對俄羅斯的制裁措施。這一點至關重要，要讓他們覺得，射向我們國家的每一枚飛彈、每一枚炸彈、每一顆子彈都是有代價的。針對俄羅斯的預算、俄羅斯的公司、俄羅斯的野心，代表俄羅斯政府的特定人士進行制裁。

在烏克蘭實現和平之前，對於俄羅斯的制裁必須繼續升高。

我要感謝世界各地的公眾倡議，這些倡議不僅在國家層面，也在社會層面對俄羅斯施加限制。我要特別感謝瑞典港口工會（Swedish Port Workers' Union），他們承諾不再為俄羅斯相關船隻提供服務，這是正確的。這是所有公共機構、所有工會和商業協會可以依循的好例子。

如果現在不阻止俄羅斯，如果現在不懲罰俄羅斯，世界上其他侵略者也會在不同的區域發動戰爭，在其他大洲，或者任何國家夢想征服鄰國之處。

我們必須現在就採取行動，讓所有其他的潛在侵略者看到，戰爭只會帶來損失，不會帶來好處。

這就是為什麼所有歐洲人都必須在港口封鎖所有俄羅斯船隻，讓所有俄羅斯商船都只能跟在俄羅斯軍艦後頭。

必須讓所有西方公司都離開俄羅斯市場，在發生流血、犯下戰爭罪行的情況下，不要用廉價的公關來掩蓋他們對利潤的渴望。就像雀巢（Nestle）和歐尚（Auchan）。

迄今為止，蘇密、頓內次克和哈爾基夫等地的人道主義走廊已經達成

共識。蘇密、科諾托普（Konotop）、特羅斯佳涅茨（Trostyanets）、利伯丁（Lebedyn）、克拉斯諾皮利亞（Krasnopillya）、大皮薩里夫卡（Velyka Pysarivka）。特別是從被圍困的馬里烏波爾到札波羅結尤其困難。佔領者正在盡一切努力使人們難以行動，阻止烏克蘭人道主義補給進入這座城市。這就是赤裸裸的恐怖。但我們會努力，我們會盡力。超過三萬五千人已從馬里烏波爾獲救。

馬里烏波爾居民藏身的劇院遭到佔領者炸毀，救援工作正在進行中。

據瞭解，截至目前已有一百三十多人被救出。但仍有數百位馬里烏波爾居民被埋在廢墟下。儘管遭到砲擊、儘管困難重重，我們會繼續救援工作。

哈爾基夫州的局勢非常困難。佔領者沒有放棄摧毀伊久姆（Izyum）的企圖。巴拉基亞（Balakliya）的人們正在遭受苦難。我們的團隊正盡一切努力，組織一條通往這些城市的人道主義通道，並提供食物、飲水和藥品。

我指示內閣、國安與國防委員會秘書長、國會議長制定一種決策模式，加快從國外取得所有必要物資的供應。

這對滿足社會基本需求的食品、燃料和其他貨物尤其重要。

戰爭時期，不能讓不同部門的官僚與野心家將人民的物資供應變得複雜。我們希望盡可能簡化烏克蘭人當前所需貨物通過海關的程序。

如果有必要在戒嚴期間取消稅收與消費稅，我們也準備這麼做。對於不瞭解戰時任務必須加快速度的海關人員，如果有必要加以調職，

我們也會採取相應措施。

我們的邊境必須對烏克蘭人的所有需求開放。我在今天結束前將會做出適當決定，然後就是爭取國會議員的支持。

因為現在每個人都必須為烏克蘭人、為我們的國家、為國防工作。不能為了野心、為了害怕、為了官僚機構。

一切都是為了保護烏克蘭！

特別值得一提的是，博格丹‧赫梅利尼茨基二等勳章（Order of Bohdan Khmelnytsky of the II degree）授予：陸軍司令斯坦尼斯沃維奇（Syrskyi Oleksandr Stanislavovych）。自從俄羅斯全面入侵以來，他一直指揮基輔的防禦工作。由於他的專業和勇敢的行動，讓敵人遭受重大損失，甚至被趕出我們的首都。在基輔保衛戰中，一度遭到敵人佔領的三十多個地方獲得解放。

戰車營指揮官列奧尼多維奇（Mazurok Taras Leonidovych）少校。為了保衛頓內次克州，他給敵人造成了重大損失，有效阻止敵軍的推進。

瓦西里夫納（Nutsa Ruslana Vasylivna）中士被授予三等勇氣勳章（Order of Courage of the III degree）。她是資深醫務士，親自參與從沃德耐（Vodyane）、夏羅凱恩（Shyrokyne）和馬里烏波爾撤離傷員的任務。由於她的行動，我們有三十一名弟兄獲救。她目前繼續在馬里烏波爾執行任務。

榮耀歸於我們每一位英雄！

榮耀歸於烏克蘭！（李忠謙 譯）

15 | 我們不要失去共同的機會

致瑞士人民演說

Address by President of Ukraine Volodymyr Zelenskyy to the people of Switzerland.

19 March 2022

瑞士是歐洲的永久中立國家，二戰期間歐洲遍地烽火，瑞士都堅守中立。但是在2022年3月1日，瑞士宣布因為俄羅斯對歐洲主權國家進行了史無前例的軍事攻擊，因而放棄中立立場，加入制裁俄羅斯行列，凍結普丁等許多俄羅斯政要的資產。

3月19日，澤倫斯基對瑞士總統及人民發表演說，除了感謝他們立場的轉變，在演說中也特別提到這是「一個不僅是對俄羅斯，也是向世界上任何侵略者與恐怖主義國家展示的機會，證明戰爭摧毀的並非受害者，而是伴隨戰爭而來的人。」

澤倫斯基認為這可能是人類消弭戰爭的最後機會。

親愛的卡西斯（Ignazio Cassis）總統！

向所有烏克蘭的瑞士朋友們問好！向你們美麗的人民、所有瑞士人民致上問候！

我很感激你們對烏克蘭人的支持。

感謝你們與所有珍視自由的人一起捍衛自由。

這一點現在非常重要。在今天，在這個特殊的時刻，來自你們的支持尤為重要。

這個時刻是：恐怖主義成為世界上最大國家之一的國家理念、以及外交政策的基礎。

這個時刻是：恐怖主義犯罪的實施者不是某些邊緣的群體或組織，而是一個擁有核武的國家。

這個時刻是：聯合國安理會的一個常任理事國蓄意摧毀聯合國所建立的一切，對我們發動一場殘酷血腥、且毫無意義的戰爭。

但是，現在我們有一個機會。一個不僅是對俄羅斯，也是向世界上任何侵略者與恐怖主義國家展示的機會，證明戰爭摧毀的並非受害者，而是伴隨戰爭而來的人。

也許，這是人類消弭戰爭的最後機會。這是停止國家恐怖主義的機會。

各位，現在我在說話的對象瑞士，是一個有著悠久和平歷史的國家，長期擁有非凡的影響力，在許多領域更是決定性的影響力。

早在我當上總統之前，我就在想一件事：我希望看到我深愛的烏克

蘭人民能擁有什麼樣的生活？

　　我經常造訪貴國，也很瞭解你們的生活方式。有一天在西庸堡（Chillon Castle）❶ 附近，我問一起去的朋友，為什麼我們不能擁有這樣的生活水準？

　　高水準的生活，而且擁有同樣自由的生活。生活在十分友好的社區裡，又對自己的力量充滿信心。

　　我真誠地希望烏克蘭人像瑞士人那樣活著。如此我們就能共同決定自己生活的一切，決定我們的國家。不期待政客任何事、不需要他們的說詞，而是讓公投決定。

　　這樣我們就可以確信，儘管世界上發生各種金融危機，我們的國家將承受住考驗，並繼續保持領導地位。一個受到信任而且穩定的領導人。這是所有人的夢想。成功的人，不是很成功的人──無論是誰，對所有人都適用。

　　這樣一來，烏克蘭人就會像瑞士人一樣，感覺到他們生活在一個真正的社群裡，這個社群關心所有人的共同利益──也重視所有人的利益。

　　也許這些對你們來說都只是稀鬆平常。對我們來說，這就是改革。這是我們正在走的路，也是我們想要走的路。

　　我們通過了相關法律，為了這一切努力，我們為我們的人民提供機會。

---

1. 西庸堡（Chillon Castle），是瑞士西部的一座中世紀水上城堡。

如此我們才能逐漸追上你們的生活水準。

我們一直努力到那一個黑色的日子，2月24日。俄羅斯開始全面入侵我們烏克蘭國土的那一天。

然後一切都改變了。

對於我們每個烏克蘭人來說，情況都改變了。我相信對所有歐洲人來說也改變了。世界上所有的民主國家都改變了。

各位也改變了。

我說的是貴國的銀行，所有挑起這場戰爭的人的錢都放在那裡。

我很感激貴國和各位在這樣困難的時刻支持我們。我很感謝各位沒有離開我們，沒有說這完全不關你們的事。

因為，事實上，我們不可能迴避這樣一個事實：已經是21世紀了，在歐洲的心臟地帶，卻有數以百計的火箭和炸彈正在和平的城市中飛行。

當全世界面積最大國家的軍隊，儘管只是在規模上大，指揮其所有致命武力來摧毀我們，摧毀醫院、學校、教堂、大學、婦產科醫院和住宅區時，我們不可能袖手旁觀。

當孩子遭到殺害，不可能無動於衷。到今天早上，俄羅斯軍隊已經殺害了一百一十二名烏克蘭兒童。

就像我希望烏克蘭人像瑞士人那般生活一樣，在對抗邪惡的鬥爭時，我也希望各位像烏克蘭人一樣。

所以銀行是沒什麼好談的。我說的是貴國的銀行，所有挑起這場戰爭的人的錢都放在那裡。

這很痛苦，也很艱難。但這也是一場對抗邪惡的鬥爭。

把那些人所有資產和帳戶完全凍結起來，是有必要的。這是一場大戰，而各位可以做到。

我希望各位就烏克蘭人的立場來感受整個和平城市遭到摧毀的感覺。摧毀的命令，是由一些期望住在不一樣的社區，住在歐洲社區，住在你們美麗瑞士社區的人所下的。那些熱愛貴國房地產的人下的。

所以剝奪他們的特權是公平的。剝奪他們從我們身上搶走的東西。

在生意問題上，我也希望貴國能像烏克蘭人一樣思考。我指的是那些現在不管發生什麼事，還仍然在俄羅斯做的生意。

我希望各位就烏克蘭人的立場來感受整個和平城市遭到摧毀的感覺。

儘管發生這場戰爭；儘管我們的孩子都被殺害了；儘管死了那麼多人；儘管城市遭到摧毀，就像我們英勇的城市馬里烏波爾，那裡已經被徹底封鎖了幾個星期，想像一下，沒有食物、沒有水、沒有電、置身槍林彈雨的幾個星期，但仍然有人還在俄羅斯做生意。

「優質食品，美好生活」，這是雀巢公司（Nestlé）的口號。

你們這家公司拒絕離開俄羅斯。即使是現在，當俄羅斯不只對我們，對其他歐洲國家也構成威脅的時候；當俄羅斯發出核武恐嚇的時候。

我希望所有瑞士人民，請和我們所有人一樣，成為烏克蘭人。我希望我們不要失去共同的機會。

這是一個恢復和平的機會，一個阻止世界上任何戰爭的機會。因為當瑞士跟你站在一起的時候，你絕對能夠成功。因為當烏克蘭和你們在一起時，你們絕對是強大的。

去年我們同意與貴國總統在盧加諾（Lugano）舉行一場大型會議，[2]討論經濟轉型，也為了烏克蘭的改革。

會議原訂今年7月舉行，還有第一夫人與第一先生們的聚會。

我相信、我也知道，這些會議可以開成。就在今年，就在貴國的土地上。

這是為了烏克蘭的復興和發展，這樣各位正好才有機會一遍又一遍地展示來自各位心中最美好的規劃。那也是來自我們心中，來自所有為自由而戰、為生存而戰的人們心中最美好的規劃。

對各位，我充滿感激。對瑞士，我充滿感激！

榮耀歸於烏克蘭！（李忠謙 譯）

---

2. 2022年7月4日，這場國際會議在瑞士盧加諾召開，不過因為戰爭尚未結束，澤倫斯基只能以視訊方式參與。原本會議主題是「烏克蘭改革會議」，但由於戰火未停，會議主題也改為「烏克蘭重建會議」。

16 | 你們將帶著這個答案活下去

於以色列國會演說

Speech by President of Ukraine Volodymyr Zelenskyy in the Knesset.

20 March 2022

3月20日澤倫斯基對以色列國會演說，他提醒二戰期間納粹德國想以「最終方案」解決猶太人，而今天俄羅斯正提出相同的劇本，堂而皇之地說是對烏克蘭也要提出個「最終方案」。

烏克蘭渴望獲得以色列許多精密武器系統來對戰俄羅斯，但一直無法取得，澤倫斯基也給以色列人提出了一個非常深刻又犀利的問題。

親愛的議長、國會議員，

親愛的班奈特（Naftali Bennett）總理，非常感謝你們的支持。

親愛的以色列政府成員、所有與會者、各位來賓、以色列的人民！

烏克蘭人與猶太人的社群 ❶ 向來緊緊交織，我確信未來也會如此。他們將永遠比鄰而居，一起感受歡樂與苦痛。

這也是為什麼我想讓各位記起一位出身基輔的女士的名言，你們對她非常熟悉。那就是梅爾夫人（Golda Meir）❷ 說過的話。這些話非常有名，每個人都聽過，很顯然，每位猶太人都聽過。很多很多烏克蘭人也聽過，當然，聽過的俄羅斯人也不少：「我們想要的是活命，但我們的鄰居想要我們死去，這裡沒有什麼妥協的餘地。」

我無須說服你們，我們的故事有多麼緊密交織，烏克蘭人與猶太人的故事。在過去，在現在，在這如此惡劣的時代。

我們住在完全不同的國家，身處完全不同的環境。但威脅卻是相同的，對我們與你們而言都是——人民、國家、文化面臨完全毀滅，甚至連烏克蘭與以色列之名都逃不過。

我希望你們全面感受這些，我希望你們想想這個日子，想想2月24日。想想這場入侵的起點，俄羅斯對烏克蘭的入侵，2月24日，這個

---

1. 烏克蘭於基輔羅斯時期（西元9世紀末至13世紀中期）即出現猶太聚落，現今擁有歐洲第三大猶太社群。
2. 以色列史上第一位，也是目前唯一的一位女總理。

日子曾經兩度載入史冊，而且兩度都是悲劇。是烏克蘭人的悲劇，猶太人的悲劇，歐洲的悲劇，也是世界的悲劇。

1920年2月24日，德國，國家社會主義德意志工人黨（National Socialist Workers' Party of Germany，NSDAP）❸成立，這個政黨將奪去數以百萬計的人命，摧毀好多國家，試圖消滅許多民族。

一百零二年之後，同樣在2月24日，俄羅斯在一紙非法命令下全面入侵烏克蘭。這場入侵已經帶走數千條性命，令數百萬人無家可歸，讓他們在自己的家園與鄰近國家流亡，在波蘭、斯洛伐克、羅馬尼亞、德國、捷克、波羅的海國家與其他數十個國家。

> **2月24日，這個日子會經兩度載入史冊，而且兩度都是悲劇。**

我們的人民如今流散至全世界，他們正在尋求安全，他們尋找保持和平之道，一如你們曾經的追尋。

俄羅斯對烏克蘭的入侵，不像莫斯科宣稱的僅僅是一場軍事行動而已。這是一場大規模的邪惡戰爭，意圖摧毀烏克蘭人民，摧毀我們的孩子，我們的家庭，我們的國家，我們的城市，我們的社區，我們的文化，以及所有讓烏克蘭人之所以是烏克蘭人的事物。俄羅斯軍隊正在摧毀這些。刻意為之，在全世界面前。

這就是為什麼我有權運用這個類比，類比我們的歷史與你們的歷

---

3. 即納粹黨。

史，我們的求生之戰與第二次世界大戰。

聽聽看克里姆林宮（Kremlin）怎麼說吧！聽聽看！有些詞語甚至過去就曾出現，而這就是悲劇。當時納粹席捲歐洲，意圖摧毀一切、摧毀所有人。意圖征服許多民族，不留一分一毫給我們，也不留給你們，連姓名與遺跡都不給。他們稱那是「針對猶太問題的最終解決方案」。❹ 你們都記得，我也確信你們永遠都不會忘記！

但聽聽莫斯科現在講的話，聽聽同樣的「最終方案」這個詞彙如何再度被說出來。不過這次已經是在針對我們，「針對烏克蘭問題」。

還是堂而皇之說出來的。這就是悲劇。再一次，這種話是在莫斯科一場會議上說出來的。好些官方網站都有記錄。俄羅斯國營媒體也有引述。莫斯科官方這麼說：不用戰爭對付我們，他們就無法為自己所謂的安全採行「最終方案」。完全就是八十年前的歷史重演。

以色列的人民啊！

你們看見俄羅斯飛彈擊中基輔附近的娘子谷。❺ 你們知道那是什麼樣的地方。超過十萬名納粹大屠殺的死難者埋葬在那裡，那是古老的基輔墓園，包括一座猶太人的墓園，而俄羅斯飛彈攻擊了那裡。

---

4. 即大規模屠殺猶太人的種族滅絕計畫，語出希特勒。
5. 納粹德國進攻蘇聯期間，揚言殺死基輔所有猶太人，後世估計約有十到十五萬人於娘子谷遇害。

以色列的人民啊！

這場戰爭的第一天，俄羅斯以砲彈攻擊我們的城市烏曼（Uman）。每年都有好幾萬名以色列遊客造訪這個城市，為了朝聖布雷斯洛夫的納赫曼（Nachman of Breslov）[6] 之墓。這場可怕的戰爭之後，還能留下多少像這樣的地方呢？

我確信，我的每一句話都呼應了你們心中的痛。因為你們理解我在說什麼。但你們能否解釋，為什麼我們還得轉向全世界、向許多國家尋求幫助？我們向你們請求幫助，甚至最基本的簽證也好……

為什麼？冷漠無感？別有顧慮？還是想居中調停？我就讓你們自己選擇答案吧。而我只想強調一件事：冷漠會殺人，計謀往往錯誤，調停只適用於國家與國家之間，不適用於善與惡之間。

> 冷漠會殺人，計謀往往錯誤，調停只適用於國家與國家之間，不適用於善與惡之間。

以色列每個人都知道，你們的飛彈防禦系統是最好的，非常強大。每個人都知道你們的武器很厲害。每個人都知道你們很優秀，你們知道如何維護國家的利益、人民的利益。而你們絕對可以幫助我們保護我們的性命，烏克蘭人的性命，猶太裔烏克蘭人的性命。

我可以不斷逼問，為什麼我們無法從你們這裡獲得武器？或是為什

---

6. 猶太教著名拉比，其創立的哈西迪教派為猶太教極端正統教派之一。

麼以色列沒有對俄羅斯施行有力的制裁？為什麼以色列沒有對俄羅斯企業施壓？但答案的決定權與選擇權在你們，親愛的兄弟姐妹們。你們將帶著這個答案活下去，以色列的人民。

烏克蘭人已經做出了選擇。八十年前，他們救援了猶太人，這也是為什麼國際義人的精神長存在我們心中。

以色列的人民，現在你們也有同樣的選擇。

感謝你們！

感謝你們做的一切！（王穎芝 譯）

17 | 一定要阻止那個人

致義大利眾議院演說

Address by President of Ukraine Volodymyr Zelenskyy to the Italian Chamber of Deputies.

22 March 2022

3月22日，澤倫斯基義大利國會演說。

他除了感謝義大利一早伸出的援手之外，義大利收容了七萬名避難的烏克蘭人，其中有兩萬五千人是兒童之外，也提醒義大利擁有俄羅斯權貴最熱愛的山水和房產，因此義大利在對俄羅斯的制裁行動中可以如何下手。

親愛的議長！

親愛的德拉吉（Mario Draghi）總理！

親愛的女士、先生，參議員與眾議員！

親愛的義大利人民！

今天早上我和教宗方濟各（Pope Francis）通話，他說了很重要的話：「我了解你們想要和平，我了解你們需要保護自己。軍人與百姓都在勇敢捍衛家園，每個人都在保衛家園。」

而我回答：「我們的人民已經變成了這樣一支軍隊。」

他們成為這支軍隊，當他們看見敵人造成的麻煩，看見敵人留下的災難，以及敵人多想大開殺戒。

一個多星期前，我對佛羅倫斯（Florence）和數十個歐洲城市的群眾大會演講，我請所有義大利人以及所有歐洲人記住一個數字：79。那是當下烏克蘭孩童被殺害的人數。

現在，這個數字是117。

短短幾天又多了三十八人。

這就是拖延的代價。

對俄羅斯施壓的拖延，而施壓才能終結這場戰爭。一百一十七位孩子，數千位大人。好幾千人受傷，好幾萬個家庭破碎，數十萬人的命運被摧毀。數百萬，已經有數百萬間房屋被遺棄。始作俑者就是那一個人。遭到佔領的地區，遇害的家庭只能就地埋在大樓中庭、埋在公園、埋在集體墳塚。這是現在發生的事，在2022年。而我們知道在這

場戰爭裡，每一個明天都會奪走我們的孩子，117不是最終數字。俄羅斯的入侵還會破壞更多家庭與命運。不幸地，全面戰爭仍在進行，俄羅斯的飛彈、戰機和火砲還未停止殺人。烏克蘭的城市正遭到摧毀，有些已經近乎完全毀滅。

像是馬里烏波爾，你們聽過的，我們在亞速海（Sea of Azov）邊上的城市。大約有五十萬人住在那裡，和你們的熱那亞（Genoa）差不多，我去過那裡。現在的馬里烏波爾什麼都不剩，只剩斷垣殘壁。

想像熱那亞被完全燒毀，在三週的完全封鎖之後。轟炸、砲擊，一刻都不曾停止。熱那亞毀了，你們美好的人民被迫疏散。步行、開車、搭巴士，只為了逃往安全的地方。

我在基輔向你們發表演說，這是我們的首都。基輔之於這個區域的重要性，就猶如羅馬之於全世界。一個偉大民族的偉大文化就出自基輔，而我們現在正在倖存邊緣。歷史上的基輔經歷過多場殘酷戰爭，在所有傷亡與悲劇之後，基輔有權獲得和平，永遠的和平。

一如羅馬與世上任何城市有的權利，但不幸的是，基輔每天都有空襲警報響起，炸彈與火箭每天都在落下。

在基輔鄰近的村鎮和城區，就有好幾支俄羅斯部隊。他們會殺戮、刑求、性侵、綁架兒童、破壞和搶劫。佔領者用卡車把我們的財產運到俄羅斯。在歐洲，上次做這件事的人是納粹，當他們入侵其他國家的時候。

俄羅斯軍隊甚至在我們的海港附近布下水雷，威脅到了鄰近的海域和其他國家，因為水雷會隨著海浪飄移。

各位女士、先生！

義大利人民！

現在就是時候，用盡一切努力來確保和平！

俄羅斯已經準備這場戰爭很久了，有一個人已經準備了很久。一個人！幾十年來，從石油與天然氣出口獲取暴利，引導他們準備一戰。

對俄軍而言，烏克蘭是通往歐洲的大門，他們想破門而入。

而且不只打烏克蘭，他們的目標是歐洲，對你們的生活造成決定性的影響，掌控你們的政策，破壞你們的價值觀。不只是烏克蘭的價值觀。民主、人權、平等、自由……這些都是我們共享的價值觀。

對俄軍而言，烏克蘭是通往歐洲的大門，他們想破門而入。但必定不能讓野蠻勢力得逞。你們在新冠肺炎疫情中需要幫助時，烏克蘭率先伸出援手，我們派出了醫生；而當烏克蘭人受困於洪水時，義大利也是最先前來救援的國家。

你們支持我們，誠摯地、快速的。不求任何回報。你們現在也正在幫助我們，我們真的很感激。但是……戰爭並沒有在二十七天內停止，已經快一個月了。所以還需要更多制裁，更多壓力，俄羅斯才不會再從利比亞或敘利亞徵召更多後備軍或傭兵，而是會尋求和平。那個人才會尋求和平。全球很多地區都已經感受到這場戰爭的後果，不只在歐洲。最糟的情況將是饑荒，會蔓延到不同國家。

烏克蘭一直是世界最大的糧食出口國之一，但在俄羅斯飛彈的攻擊中，我們要如何播種？當敵軍刻意在農田埋下地雷、摧毀燃料設施，我們要怎麼播種？我們不知道收成會如何，也不知道能不能出口。當我們的港口被封鎖、佔領的時候，玉米、植物油、小麥和很多其他農產品、生活必需品都會受影響。其中也有供應各個鄰國的。從海的另一端來供應。

　　要付出的代價已經越來越高。所以，就在你們的海岸眼前，會有多少數以千萬計的人需要幫助呢？

　　各位女士、先生！
　　義大利人民！
　　你們很了解烏克蘭人，我們從來不想戰鬥，我們就是和你們一樣的歐洲人。你們也知道誰把戰爭帶到了烏克蘭，你們一定知道，那些下令戰鬥的人，那些宣揚戰爭的人，幾乎全部都會利用義大利，把這裡當成度假之處。所以，請不要變成殺人犯的度假村，請扣押他們全部的不動產、帳戶和遊艇，從天價之寶到最小的事物都不放過。請封鎖那些俄羅斯大人物的資產，讓他們把影響力運用來尋求和平，以便有辦法再次回到義大利。請支持更多對俄羅斯的制裁。從石油開始，要徹底禁止貿易通商。請支持禁止俄羅斯船隻進入你們的港口，這樣他們才能感受到侵略和在海中布雷的代價。

　　對於制裁俄羅斯銀行，不該有任何例外。請不要放任你們的周邊區域發生糧食危機。請幫助我們。請阻止殺戮。請拯救烏克蘭家庭。

這場戰爭必須儘早結束，必須恢復和平。敵軍必須從烏克蘭撤離，地雷和水雷必須進行清除。還有重建，烏克蘭的災後重建，需要與你們一起，與義大利一起，與歐洲一起，也讓我們與歐盟一起。

戰爭之前，我常常造訪你們的國家，我很喜歡你們的好客、真誠，還有一點喧鬧。我看到家庭與孩子對你們的意義，你們有美好的家庭，美好的孩子。我看見生命對你們的意義。我想謝謝你們在這場戰爭裡幫助烏克蘭人，讓他們在義大利找到棲身之所。

今天，我們有超過七萬人待在義大利，很不幸地，他們必須躲避戰爭。其中超過兩萬五千人是兒童，很多人受到義大利家庭的溫暖招待。有些家庭就在這個大廳裡。有些烏克蘭寶寶就在義大利出生，他們的母親在你們的土地上獲得庇護。還有好幾十個患有彈震症（shell shock）❶和受傷的烏克蘭兒童也接受你們的救助。

為此，我們很感謝你們，非常感謝！我們也在等待他們回家，回到重獲和平的烏克蘭。這一點你們絕對可以幫助我們。

從這場戰爭第一天開始，你們就分攤了我們的痛苦，也打從心裡真誠相助。烏克蘭人會永遠記得這些，你們的溫暖，照顧和力量，一定要阻止那一個人。阻止那一人，可以讓數百萬人得救。

榮耀歸於烏克蘭！

謝謝義大利！（王穎芝 譯）

---

1. 創傷後壓力症候群（PTSD）的一種表現，症狀包含焦慮、臉部抽搐、惡夢、失眠等等。

18 | 距離其實並不存在

於日本國會演說

Speech by President of Ukraine Volodymyr Zelenskyy in the Parliament of Japan.

23 March 2022

3月23日，澤倫斯基成為第一位受日本國會之邀而演講的烏克蘭總統。

日本是全球唯一遭過核爆的國家，澤倫斯基的演講中大篇幅說明俄羅斯軍隊正對車諾比及其他核電廠造成的危害。日本是國際貿易大國，澤倫斯基也強調「俄羅斯還封鎖了我們的海域，原本的貿易航線。讓世界上其他與潛在的侵略者觀摩，如何封鎖航運來對自由的國度施壓。」

親愛的細田博之議長！

親愛的山東昭子議長！

親愛的岸田文雄首相！

優秀的日本國會議員們！

親愛的日本人民！

我很榮幸，成為史上第一位在日本國會演說的烏克蘭總統。

我們兩國的首都相距八千一百九十公里之遠。依照不同路線，平均需要搭十五個小時的飛機。但是，我們對於自由的感受相差多遠？我們對於生存的渴望有多遠？對於和平的希冀有多遠？

在2月24日，我沒有看見任何差距，我們的首都近在毫米之間，我們的共感也毫無半秒遲延。因為你們立刻就前來援助我們，我很感謝。❶

當俄羅斯摧毀整個烏克蘭的和平，我們馬上了解全世界真誠地反對這場戰爭，真誠地支持自由，支持全球安全，支持每一個社會的和諧發展。日本是亞洲在這方面的領導者，你們立刻著手阻止俄羅斯發起的這場殘酷戰爭。你們立刻為了烏克蘭的和平努力，也就是在歐洲。這一點真的非常重要，對世界上每個人而言都很重要。因為，如果烏克蘭沒有得到和平，這世界上也沒有人能自信地遠眺未來。

---

1. 日本相當積極支持烏克蘭，第一時間即捐出大量捐款、物資與武器，並對俄羅斯進行制裁。

你們每一位都知道車諾比是什麼。這座烏克蘭的核能發電廠，在1986年發生嚴重的爆炸事件。輻射洩出，影響到地球上好多地方，至今還持續被記錄下來。

車諾比核電廠周邊三十公里地區至今封鎖。那裡有毒，在清除電廠爆炸殘跡的時候，數千公噸被污染的建材、磚瓦和汽車都被丟棄在附近的森林裡。就丟在地上。

2月24日，俄羅斯裝甲車經過這片土地，帶有輻射的灰塵飛揚在空中。車諾比核電廠被佔領，被武器與武力奪走。想像一個曾發生災難的核電廠，擋住廢棄反應爐的遮罩，以及還在運作的核廢料儲存設施，俄羅斯把這座設施也變成了戰地。俄羅斯還利用這塊方圓30公里的封閉區域，❷用來準備對我國軍隊的下一波攻擊。

俄羅斯軍隊離開烏克蘭之後，還要很多年才能調查出他們對車諾比到底造成多少損害。哪些帶有輻射物質的廢棄物堆積點被破壞了，以及帶有輻射的塵埃如何散布到世界各地。

各位女士、先生！

烏克蘭的土地上有四座運轉中的核電廠！以及十五座核能相關設施，它們如今都處於威脅之下。俄軍已經用戰車向札波羅結核能發電廠開火，那是歐洲最大的核電廠。戰爭也破壞了數百座發電廠，許多

---

2. 指車諾比核電廠防護結構。核災發生後，蘇聯與歐洲陸續建造巨型結構物蓋住毀壞的四號反應爐，以免輻射持續外洩。

座電廠都十分危險。砲擊更是威脅到天然氣與石油管線、還有煤礦場。

有一天，俄軍也對烏克蘭蘇密州的化學工廠開火，導致氨氣外洩。我們收到警告，可能會遭受化學武器攻擊，特別是沙林毒氣（sarin），就像在敘利亞內戰中使用的那樣。

全世界的政治人物正在討論的主要議題之一，就是如果俄羅斯使用核武，世界該如何反應。對此，這世界上沒有任何國家、沒有任何人的信心尚未被摧毀。我們的軍人英勇地捍衛烏克蘭已經二十八天。我們遭受全球面積最大的國家全面入侵，整整二十八天。但他們不是最偉大的國家，不是最有影響力的國家。從道德角度來看，更是最小的國家。

俄羅斯已經對烏克蘭的和平城市發射上千枚飛彈與無數顆炸彈。俄軍摧毀了我們數十座城市，有些付之一炬，很多城鎮跟村莊則是被俄國佔領，我們的人民甚至不能埋葬遇害的親屬、朋友與鄰居，不能還給他們尊嚴。他們必須將親友埋在殘破房屋的庭院、埋在路邊，以及任何可能的地方。

幾千人被殺了，包含一百二十一位兒童。

約有九百萬烏克蘭人被迫離鄉背井，離開生長的地方以躲避俄軍。我們的北方、東方和南方領土十室九空，因為人們正在逃離致命威脅。

俄羅斯還封鎖了我們的海域，原本的貿易航線。讓世界上其他與潛在的侵略者觀摩，如何封鎖航運來對自由的國度施壓。

各位女士、先生！

今天，烏克蘭、友邦和我們的抗戰聯盟可以確保世界安全不至於全毀。為了確保世界上還有自由國度的立足之地，為了人民，為了保護社會的多元性，也是為了邊界安全。為了確保我們、我們的孩子、我們的孫子還能擁有和平。

你們看見了，國際組織沒有功能。即使聯合國與聯合國安理會……他們能做什麼呢？他們需要革新，他們需要注射一劑「誠實針」，才能變得更有效率，才能真正做出決定並發揮影響力，而不是只會討論。

因為俄羅斯對烏克蘭的侵略，世界不再安穩。全球面臨許多新的危機，誰又能確定明天會是什麼樣子？

對所有仰賴進口原物料的國家而言，全球市場動盪都是麻煩。環境和糧食的挑戰都是前所未料的。最重要的是，現在應該要決定了，要不要讓全球的侵略者——無論已知的或潛在的——都相信他們要是發動戰爭將面臨極強大的懲罰，所以不應該引戰，不應該摧毀世界。負責任的國家聯合起來守護和平，才是合理且正確的事。

我很感謝，貴國在這個歷史時刻堅守原則的立場。感謝你們真的幫助了烏克蘭。你們是亞洲第一個為了和平對俄羅斯施壓的國家，願意制裁俄羅斯。我也期許你們繼續保持下去。

我要呼籲亞洲國家、你們的友邦，一起團結努力，穩定情勢。這樣俄羅斯才會尋求和平。才會停止對烏克蘭，我們的國家，發動殘酷的侵略海嘯。對俄羅斯施加貿易制裁是必要的，公司撤出俄羅斯也是必

要的，這樣金錢才不會流入俄羅斯軍隊。更有必要幫助我們國家、我們的保衛者與軍人抵擋俄軍。現在已有必要開始思考烏克蘭的重建，思考要如何回到被俄羅斯摧毀的領土與城市生活。

人們必須回到居住之地，他們成長的地方、稱之為家的地方，他們的小小家園。我相信你們了解這種感覺，這種需求，回到你的土地上的需求。

我們需要建立新的安全保障，每當遇到威脅和平的情況，才能預先並有力地行動。

有可能在現有的國際架構下做到如此嗎？在這場戰爭之後，肯定是不可能的。我們需要創造新的方法，新的保障，可以預先並有力對抗任何入侵行為，這會很有幫助的。在發展新方式的過程，日本的領導力不可或缺，對烏克蘭與世界來說都是。我會如此向你們提議。

如此，世界才能重獲自信，有自信面對明日。相信明日終會到來，而且是穩定、和平的明日。對我們、對未來的世代都是。

各位女士、先生！

日本的人民！

有了你們，我們可以做到很多事，甚至多過我們可以想像的程度。

我知道你們的發展史多麼輝煌，你們如何建立並捍衛和諧，如何遵循有原則及有價值的生活，以及保護環境。這些根植於你們的文化，烏蘭人很愛日本文化。我的話不是無憑無據，而是千真萬確。

回想2019年時，就在我成為烏克蘭總統半年後，我的妻子歐倫娜

（Olena）❸ 參加了一個關於視覺受損兒童的計畫，製作有聲書的計畫。她為日本童話故事錄音，用烏克蘭語念的，這樣我們的孩子才聽得懂。烏克蘭人關注你們的成就，這個例子只是九牛一毛而已。

儘管地理距離遙遠，我們國家跟你們擁有相似的價值，距離其實並不存在，因為我們的心同樣溫暖。謝謝你們的共同努力，謝謝你們願意對俄羅斯施加更大的壓力，我們將會迎來和平，也能重建國家，改革國際機構。

我相信，屆時日本會是我們的夥伴，一如現在。在這個對所有人都至關重要的時刻，在這個抗戰聯盟中共同攜手。

謝謝你們！

非常感謝！（日文）

榮耀歸於烏克蘭！

榮耀歸於日本！（王穎芝 譯）

---

3. 歐倫娜・哲連斯卡（Olena Zelenska），烏克蘭第一夫人。

多達一萬五千人離開了烏克蘭東部的聶伯城，其中大多數人要前往利沃夫與喬普。

19 | 信念的價值
高於鮮血換來的利益

於法國參議院、法國國民議會與
巴黎議會的聯席會議演說

Speech by the President of Ukraine at a joint meeting of the Senate, the National Assembly of the French Republic and the Council of Paris.

23 March 2022

法國大革命喊出了「自由、平等、博愛」的口號,今天也是法國精神的代表、普世的價值觀。

澤倫斯基在3月23日對法國人的演說裡,自然會就這三個關鍵詞闡述烏克蘭人所受的危害,以及歐洲人也因而受的影響。

演講結尾,他特別找到了一個可以和法國人產生共鳴的道別點。

參議員女士和先生們！

議員女士和先生們！

巴黎議員們！

法國人民！

謝謝，今天有幸和各位談話。

我相信你們很了解烏克蘭現在正發生什麼事。你們知道為何發生這些事，你們也知道應該歸咎於誰。即使那些把頭埋在沙子裡的人都知道。即使那些人還在試圖向俄羅斯拿錢的人也知道。

所以我今天要告訴你們，抱著誠實、勇敢、理性與熱愛自由的態度。我要問你們一些問題：要怎麼阻止戰爭？我們的國家要怎麼恢復和平？因為這個問題的解答，大部分掌握在你們手裡。

3月9日，俄羅斯的炸彈落在我們馬里烏波爾的兒童醫院與婦產科醫院。那是烏克蘭南部一個和平的城市，非常和平，直到俄軍像中世紀時一樣進逼並加以圍困。直到他們用飢渴折磨人民，用火砲殺害人民。

俄羅斯人丟炸彈時產科醫院裡還有人，有女性正在分娩，她們大多獲救了，但有些嚴重受傷。有位女性的腳必須截肢，因為完全粉碎了。

還有一位產婦，她的骨盆都碎了，她的寶寶還沒生出來就死了。醫生試著救這名女子，為她的生命而奮鬥，但她乞求醫生讓她死，求他們不要管她，不要救她。因為她已經不知道活下去的意義。他們努力了，產婦還是死了。就在烏克蘭，就在歐洲，就在2022年。數以億計的人根本想像不到，世界可以如此被毀滅。

現在，我想請你們靜默一陣子，紀念數千名烏克蘭男性和女性，那些因為俄羅斯入侵和平的烏克蘭而被殺害的人們。

俄國入侵幾個星期之後，馬里烏波爾和其他被攻擊的烏克蘭城市，看起來就像一次大戰的照片中，凡爾登（Verdun）的斷垣殘壁。我相信，你們每個人都看過那些照片。俄羅斯軍人不在乎瞄準的是哪裡，他們破壞一切：住宅區、醫院、學校、大學。貯放食物跟藥品的倉庫也被燒毀，他們燒了一切。

他們不會想到什麼「戰爭罪行」和「遵守公約」的概念。而他們為烏克蘭帶來恐懼，舉國上下的恐懼。你們每一個人都知道這一點，所有資訊都是公開的，所有事實都攤在那裡。

你們知道，有住在暫時被佔領區的女性被俄羅斯軍人性侵，有逃難者在街上被槍殺，有記者被殺死，而且俄軍明知他們的身份。有人從猶太大屠殺中倖存，現在卻被迫躲在防空洞裡，只因為俄羅斯侵入了和平的城市。

八十年來，歐洲都沒有見過烏克蘭現在這般情景。因為俄羅斯的所作所為，居然有人如此渴求死亡，就像醫院那名女子一樣！

2019年，當我成為總統的時候，我們對俄羅斯的談判已經有了固定模式，也就是「諾曼第模式」會談。這個模式的出現是為了終結頓巴斯地區的戰爭。那裡是烏克蘭的東部，很不幸已經陷入戰火八年了。

四個國家參與諾曼第模式會談，烏克蘭、俄羅斯、德國與法國。四個。不過這些國家代表了全世界的所有立場。有些人支持，有些人想拖延談判過程，有些人想摧毀一切。但至少在諾曼第的談判桌，這張

和平之桌上，全世界都有代表。

而2019年12月，當談判出現進展，當我們能夠救出被拘禁的人們，當我們在可以對某些決議有共識時，那彷彿一股清風拂來。彷彿有一絲希望的微光，希望和俄羅斯談判能有幫助，希望能用言語說服俄羅斯領導階層，說服他們選擇和平。

但是，到了今年2月24日這一天，所有努力都毀於一旦。我們全部的心血。「對話」這個詞的原意被毀了，歐洲與俄羅斯關係的經驗也毀了，歐洲數十年的歷史也毀了。

這些都被俄軍炸掉了，被俄軍砲火破壞了，在俄軍飛彈襲擊後燒毀了。

真相不在辦公室裡，所以現在，我們必須在戰場上尋找、奪回真相。

那現在怎麼辦？我們還剩下什麼？剩下的是我們的價值、團結，以及捍衛自由的決心。共同的自由！這是巴黎和基輔的自由、柏林和華沙的自由，馬德里與羅馬的自由，布魯塞爾與布拉提斯拉瓦（Bratislava）的自由。

些許微風已經毫無幫助了，團結行動才是合理的，共同施壓，迫使俄羅斯尋求和平。

各位女士、先生！

法國的人民！

烏克蘭的人民在2月24日團結了起來，今天我們不分左右派，我們不分朝野，平日的政策都在俄羅斯入侵那天停擺，只有恢復和平後才能重新運作。

而這是正確的，為了生命戰鬥，為了保護我們的國度。

我們很感謝你們，感謝法國的幫助，我們感謝馬克宏總統的努力，他展現了真正的領導風範，我們一直在與他溝通，是真的，我們正在協調某些計畫。

烏克蘭人看見，法國一直以來都珍視自由，而你們也會守護自由。你們記得那是什麼，自由、平等、博愛，對各位而言，每個字詞都是那麼強大！我感受到了，烏克蘭人也感受到了。

這就是為什麼我們期待你們，期待法國，期待你們的領導人，能夠讓俄國尋求和平，讓它終止這場戰爭，停止對自由的迫害、對平等的迫害、對博愛精神的迫害、對一切讓歐洲得以團結並充滿自由多樣生命的事物的迫害。

我們期待法國、期待透過你們的領導能夠恢復烏克蘭的領土完整。我們相互合作，一定辦得到。就算今天在座各位裡有人心懷疑慮，法國人民也已經了然於心。就像其他歐洲國家一樣。

還有，在法國擔任歐盟主席國之際，已經擱置已久的烏克蘭加入歐盟成為歐洲一份子的申請，也將會做出歷史性的決議。這是在歷史性的時刻，做出歷史性的決議。而法國人民在歷史上一向如此。

各位女士、先生！

法國的人民！

烏克蘭人民為了自身的性命而戰，為自身的自由而戰，明天就要滿一個月了。我們的軍隊一直英勇地抵擋著俄羅斯軍隊。

我們需要更多幫助！我們需要更多支持！

為了自由不被打敗，就需要全副武裝。戰車、反戰車武器、飛行器和防空系統，我們全都需要！你們可以幫助我們的，我知道，你們可以！

為了自由不敗，全世界需要為自由而支持制裁侵略者。每星期都要有新的制裁計畫，每星期！

法國公司一定要離開俄國市場，雷諾（Renault）、歐尚（Auchan）、樂華梅蘭（Leroy Merlin）和其他公司，他們不能成為俄羅斯戰爭機器的贊助商，不能成為俄軍殺害婦孺、性侵、搶劫與掠奪的贊助商。

所有公司都要永遠深刻記得，信念的價值高於利益，特別是鮮血換來的利益。而我們必須開始思考未來，思考這場戰爭過後我們將如何生活。

我們需要保證。強而有力的保證。保證安全不會被動搖，保證不再有戰爭，任何類型的戰爭都不可能發生。

我們正在創造能夠提供這種保證的機制，一個新的安全機制。我相信，法國在其中將扮演領導角色，未來才不會再有人一心求死！人們才能好好生活，健全的生活。這樣，我們才不用在槍林彈雨中，而是直到自然的生命盡頭到來才向大家道別。

道別只能在平靜之中，道別只能在尊嚴之中。因為你必須活下去，才能獲得尊重，才能被懷念。大家才能像法國向偉大的影帝楊波・貝蒙（Jean-Paul Belmondo）道別那樣，向你道別。

謝謝你們，法國！

榮耀歸於烏克蘭！（王穎芝 譯）

20 | 所有的可能性
都在檯面上了

於北約峰會演說

Speech by President of Ukraine Volodymyr
Zelenskyy at the NATO Summit.

24 March 2022

多年來烏克蘭一直想加入北約而不得,總是被給予可望而不可得的期待。2月俄羅斯入侵之後,澤倫斯基急於想得到加入北約的許可也仍然不得其門而入。

3月24日澤倫斯基對北約的演說把話攤開來說,「是的,我們不是北約成員,我也沒有自稱我們是。但烏克蘭從來不認為北約與二戰同盟國有何不同。」

他還說:「北約還沒有證明這個聯盟為了拯救人民可以做些什麼。還沒有證明它真的是地球上最強大的防禦聯盟。而全世界都在等待。烏克蘭更是在苦苦等待。」

因此他在這次演說中呼籲北約至少賣武器給他們,就算百分之一也好。

親愛的與會者！

我從基輔發表這場演說，這是我們的首都，已經戰鬥了一個月，就如我們全國一樣。

是的，沒錯，我們不是北約一員，不屬於這個全球最強大的防禦組織。不是〈第五條〉（Article 5）❶ 共同保護傘下的三十個成員國之一。感覺起來，我們像是處於「灰色地帶」，夾在西方與俄羅斯之間，但我們捍衛了我們的共同價值。我們很光明！而我們至今已經捍衛所有價值長達一個月了！

長達一個月的歷史性抵抗。長達一個月的最黑暗的苦難。長達一個月在全球安全架構底下，有人可以摧毀和平的國家卻不受任何懲罰。所有這些都在全世界的眼前發生。

數十年來，俄羅斯累積了可觀的資源，軍事資源、人力與設備、空用炸彈和彈道飛彈。

當全球關注如何拯救生命的時候，他們投資了驚人的經費去毀滅生命。但烏克蘭勇敢撐住了！付出了數千人性命的代價，許多城市被摧毀，以及將近千萬人遷移的代價。其中約三百五十萬人已經進入了你們的領土，北約的領土。我很感謝你們支持這些人。不幸地，人們還在持續離開家園。他們正在逃離佔領者帶來的恐懼。

---

1. 即為共同防禦條款。北約第五條款要求簽署國承諾「針對任何一個成員國發動的武裝攻擊，應被視為是對全體成員國發動的武裝攻擊」。

入侵的最初幾個小時，就是對我們無情的飛彈攻擊。在這一個月的戰爭中，俄羅斯已經對我們的城市發射了將近一千枚飛彈，發動了數百次空襲。

2月24日那天，我向你們發出非常清晰、合理的請求，關閉我們的領空，以任何形式都行。保護我們的人民不受俄羅斯炸彈與飛彈侵襲。我們沒有聽見清楚的答覆。烏克蘭沒有強大的反飛彈武器，我們的戰機規模也遠遠小於俄羅斯。因此，他們的制空優勢就等同於一種大規模殺傷性武器。

你們也看見後果了，有多少人被殺害，多少和平的城市被破壞殆盡。

戰爭期間最糟糕的，就是求助了卻得不到清楚的回覆。

烏克蘭軍隊已經在不公平的條件下抵抗了一個月！而我也把同樣的話重複說了一個月。為了拯救人民和我們的城市，烏克蘭需要軍事協助，沒有限制的協助。一如俄羅斯毫無顧忌地使用所有軍事資源來對付我們。他們摧毀所有的生命。所有的事物——從房屋到教堂，從糧倉到大學，從橋梁到醫院。

所以烏克蘭請你們提供飛機，這樣我們才不會損失這麼多人命。而你們有好幾千架戰鬥機！但我們至今一架都沒有收到。

我們還請你們提供戰車，這樣才能為城市解除封鎖——馬里烏波爾、別爾季切夫、美利托波爾以及其他城市。在這些城市，俄羅斯挾持了數十萬的人民，還造成人為的饑荒——那裡沒有水，沒有食物，什麼都沒有。

你們至少有兩萬輛戰車！烏克蘭只要求其中百分之一，你們擁有的戰車借給我們或賣給我們百分之一就好！但我們依舊沒有得到清楚的答覆……戰爭期間最糟糕的，就是求助了卻得不到清楚的回覆。

　　這場戰爭根本不是烏克蘭所要的。多年來我們從無意打仗。現在我們只想挽救我們的人民。我們想要活下來！只不過是要活下來！就像任何一個民族一樣，我們有權，有權活下來，有權獲得那百分之一的協助。

　　而我必須強調，我不是在怪罪北約。你們不是罪人，正摧毀我們城市的飛彈不是你們的，炸彈也不是你們的。順帶一提，今天早上還出現了磷彈（phosphorus bombs），俄羅斯的磷彈。又有很多大人死了，又有很多孩子死了。我只是想讓你們知道，北約還是可以阻擋俄羅斯的攻擊與佔領奪走烏克蘭人的性命，只要提供所有我們需要的武器。

　　是的，我們不是北約成員，我也沒有自稱我們是。但烏克蘭從來不認為北約與二戰同盟國有何不同。我們不認為在這種生死攸關的事情上，你們會是個別但無法集體行動的力量。我們不認為北約會害怕俄羅斯的行動。我確信你們已經明白，俄羅斯不會只打算止步於烏克蘭。它不想，也不會。它想要的是更進一步。

　　他們會拿北約東境的國家下手。肯定包括波羅的海國家和波蘭。到那個時候，北約還會不思考俄羅斯的侵略，不擔心俄羅斯的反應嗎？誰能保證呢？而你們還有信心〈第五條〉會生效嗎？

　　對我們來說，「布達佩斯」一直沒有用。我們的《布達佩斯安全保

障備忘錄》。❷那個備忘錄對烏克蘭的和平從來沒有發生作用。

而我要誠實地告訴各位，今天的布達佩斯仍然對烏克蘭的和平沒有幫助。

是的，我們獲得北約個別成員的幫助，我很感謝這點。烏克蘭人真誠地感謝這一點，感謝每一個幫助我們的人。

但是北約本身呢？關於〈第五條〉的問題還是最基本的。我只是想讓各位知道我們對它的想法。而我誠摯地向你們祝願，希望我們的評估和質疑是錯的。我誠摯希望北約聯盟其實非常堅定。因為如果我們是錯的，世界才會安全。但我們只要有百分之一是對的，

> **但是北約還沒有證明這個聯盟為了拯救人民可以做些什麼。**

我想請你們重新考慮你們的態度，你們的評估。請你們真的要考量安全問題，歐洲的安全乃至世界的安全。

你們可以給我們百分之一的戰鬥機、百分之一的戰車，只要百分之一！但我們就是買不到。要供應這些武器端賴北約的決定，順便一說，是政治考慮的決定。我們還需要多管火箭系統（MLRS）、反艦武器、防空裝備。不靠這些，我們有可能在這樣的戰爭中倖存嗎？

---

2. 1994年12月5日，在匈牙利首都布達佩斯舉行的歐洲安全與合作組織會議上，美國、俄羅斯和英國分別與烏克蘭、白俄羅斯和哈薩克簽署備忘錄。重點在於烏克蘭、白俄羅斯和哈薩克的無核化，以及「尊重並避免使用武力等方式威脅烏克蘭、白俄羅斯和哈薩克現有領土的獨立和主權」。

只有當這些供應到位時，才會為我們和你們帶來百分之百的安全。我們還需要一件事。這是我唯一要求各位一定要做的事，在戰鬥了一個月之後。這是為了我們軍隊提出的要求。經歷過這場對抗俄羅斯的戰爭之後，永遠，拜託，永遠請不要再說我們的軍隊不符合北約標準了。

我們已經證明自己達到了什麼樣的標準，證明我們可以為了歐洲和世界的共同安全付出多少力量。證明我們為了捍衛自己所珍惜的一切，各位所珍惜的一切，可以做出多少貢獻。但是北約還沒有證明這個聯盟為了拯救人民可以做些什麼，還沒有證明它真的是地球上最強大的防禦聯盟。而全世界都在等待。烏克蘭更是在苦苦等待，等待真實的行動、真實的安全保障，來自說話可以信任的對象，來自可以守護和平的對象。

真的，所有可能性都在檯面上了，我們的需求都攤開了。我們現在就需要和平，而答覆取決於你們。

感謝幫助我們的人！感謝你們！

榮耀歸於烏克蘭！（王穎芝譯）

21 | 現代歐洲奠定於明確的原則

於瑞典國會演說

Speech by the President of Ukraine at the Riksdag in Sweden.

24 March 2022

3月24日，澤倫斯基對瑞典國會演說。

他提醒俄羅斯人正在覬覦瑞典的哥特蘭島，並以此為踏板對波羅的海國家展開行動。

基於瑞典是最早對烏克蘭伸出援手的國家之一，所以澤倫斯基也對瑞典發出第一張請帖，邀請瑞典一起共同重建烏克蘭。

議長好！

今天很榮幸有機會向各位演說。

我也要向總理問好！

還要向瑞典國會議員、政府官員、瑞典人民問好！

現在，藍黃兩色的國旗可能是世界上最受歡迎的國旗，這兩種顏色關乎自由，適用於不同大陸的各種人，當然也適用在歐洲。

藍色和黃色不僅是烏克蘭國旗的顏色，也是瑞典國旗的顏色，這顯然不是巧合，這是命運，因為我們同樣追求自由，同樣追求和平的生活，同樣尊重每個人，同樣追求正義，同樣關心我們生活的大自然。因此，現在瑞典大力支持烏克蘭是合情合理的事。

為此，我誠摯感謝您們每一個人。

今天正好是最嚴峻考驗滿一個月的日子，也就是俄羅斯對我們國家發動全面戰爭滿一個月的日子。

自從第二次世界大戰以來，歐洲從未經歷如此黑暗的一個月，從未經歷這種破壞及戰爭罪行。罹難者已達數千人，我們數十個城市與社區被摧毀。俄羅斯軍隊不區分平民目標與軍事目標，他們摧毀一切，燒毀住宅區與房屋，炸毀醫院，甚至用火箭朝幼稚園開火！數百間教育設施與兩百多所學校被毀，俄羅斯軍隊也轟炸了大學。

請想像一下，他們摧毀了所有的生活基礎設施、儲藏糧食與藥品的倉庫。他們攻佔了兩座核電廠，昨天攻擊了第二間化工廠，今天使用了磷彈！成人與兒童都遭到殺害。

俄羅斯採取這些行動的目的是什麼？以如此恐怖的行動對待我們的原因是什麼？

這是征服整個國家的企圖。是讓鄰國淪為奴隸的企圖。

各位女士、先生！

各位瑞典民眾！

最終歸於和平的現代歐洲奠定於一些明確的原則。譬如說：不能強制改變邊界。還有，每個國家都有權選擇自己的未來——沒有獨裁、沒有脅迫、沒有佔領。基於這兩項原則，我們歐洲人擁有

因為隔在你們和這個國家的侵略政策之間的，只有大海而已。

了前所未有的合作時代、和平時代、自信時代。直到俄羅斯領導階層認定他們能夠回到過去。認定俄羅斯說起來能勾消21世紀。說起來能像極權主義意識形態的舊時代一樣行事。

如果烏克蘭撐不下去，不能自我防衛，這意味著我們這些活著的現代人所珍惜的一切都將失去。這意味著俄羅斯的所有鄰國都處於危險之中。這意味著各位也處於危險之中，因為隔在你們和這個國家的侵略政策之間的，只有大海而已。

而俄羅斯的宣傳人員已經在國家電視台上討論如何佔領瑞典的哥特蘭島（Gotland）。如何控制該島幾十年。他們向俄羅斯人展示它在地圖上的位置，展示進攻方向……也許你們會問這是為什麼。他們說，這有助於俄羅斯在哥特蘭島部署防空系統與軍事基地，掩護對波

羅的海國家的佔領行動。

俄羅斯攻打烏克蘭是因為它企圖進一步深入歐洲，企圖進一步破壞歐洲的自由，這是歐洲安全體系面臨的根本挑戰。

請看看俄羅斯軍隊在我的國家做的事情。烏東的8年戰爭。佔領克里米亞。這是壓迫、是對人民的折磨、是對自由及多元的一切表現形式的鎮壓。

一整個月的全面戰爭。各式各樣的暴行。俄羅斯像是在轟炸敘利亞一樣，對烏克蘭一座座和平的城市進行轟炸。俄軍綁架兒童，將小孩與成人強制送到俄羅斯，在佔領區性侵，大規模搶劫。現在數以萬計的房屋與公寓被摧毀。近千萬人成為移民，其中三百五十萬人在歐盟。

我刻意不想把這些烏克蘭人稱為難民，因為我知道他們將回到烏克蘭。一旦俄羅斯離開我們的土地，一旦和平建立，他們就會回來。

各位女士、先生！

瑞典的人民！

瑞典是最早向我們伸出援手的國家之一。我感謝您們！您們的支持絕對真誠，它基於價值觀，基於我們對自由的熱愛，基於我們的藍黃兩色國旗顏色象徵的意義。

全世界都知道瑞典想要什麼。在這場可恥戰爭的一個月中，全世界都看到了烏克蘭想要什麼。我們反戰聯盟團結一心，必須盡一切努力讓俄羅斯尋求和平。

瑞典做了向烏克蘭提供必要武器的歷史性決定。我們為此感謝您們！感謝您們的深謀遠慮，感謝您們的先見之明。

瑞典支持制裁政策，沒有制裁政策就沒有和平。因為除了有效制裁以外，俄羅斯領導階層聽不懂任何語言。

然而，為了讓和平盡速到來，每星期都必須對俄羅斯實施新的制裁措施。請不要購買任何一桶俄羅斯石油！貴國的港口請不要讓任何俄羅斯船隻停泊！貴國在俄羅斯企業請一歐元的稅都不要繳！一定不要讓他們的軍事機器有生存手段。

這樣一來，世界上才沒有其他國家會以為自己能殺人而不受懲罰。

俄羅斯軍隊蓄意殺害烏克蘭平民、摧毀我們和平城市的行動，必須得到所有歐洲國家與自由世界必然的回應、有原則的回應。

在敘利亞、在烏克蘭，這已經成為俄羅斯軍隊的典型特色了……進行屠殺、把城市夷為平地、使用磷彈及其他違禁彈藥。為了防止這成為打勝仗的戰略，所有的戰爭罪行都必須受到懲罰。那些下令殺人者及動手殺人者都必須接受審判。這樣一來，世界上才沒有其他國家會以為自己能殺人而不受懲罰。沒有其他國家會認為可以摧毀鄰國而不受懲罰。

我相信我們將共同確保和平，這就是現在我們必須考慮在戰後重建烏克蘭的原因，而這將發生！

我邀請瑞典建築師、瑞典公司、瑞典政府、您們的民眾參與這項歷史性計畫。

烏克蘭曾經非常美麗，但它將變得偉大，因為這是我們的國家。偉大的烏克蘭。偉大的重建計畫。這是為了我們的人民。這也是為了我們國家及全歐洲的發展。

我邀請貴國一起向全世界、向現在及未來的世代證明，戰爭不會帶來成果。和平才會。和平會帶來生命的活力。

瑞典是我們提供這項計畫的第一個國家。貴國可以負責資助我們任何城市、地區或行業，讓它們復甦。 我相信各位提供的領導將是不可或缺的。貴國的技術、企業、對生活的熱愛，以及總是能根據人們最大利益來規畫空間的能力也是。

烏克蘭，我們所有英勇的捍衛者、我們所有的公民已經為保護我們共同的歐洲價值觀、我們共同的歐洲家園貢獻良多。

我們不僅是為了烏克蘭而戰，也是為了歐盟的安全而戰！我們已經證明我們有資格成為歐盟的正式成員。相關決定早已經在進行討論，現在該是時候通過了！

我相信貴國也會在這方面支持我們。

謝謝各位，謝謝瑞典！

榮耀歸於烏克蘭！（廖綉玉 譯）

沒時間猶豫了

於歐盟高峰會演說

Speech by President of Ukraine Volodymyr Zelenskyy at a meeting of the European Council.

25 March 2022

長期以來，烏克蘭國內一直有兩種聲音，一個主張更接近歐洲，一個主張和俄羅斯維持多些緊密的關係。俄羅斯入侵之後，烏克蘭只有加入歐洲的聲音了。

澤倫斯基在3月25日對歐盟高峰演說。他告訴各國「（烏克蘭）一座座城市與村莊都灰飛煙滅，什麼都沒留下。俄羅斯軍隊還殺害記者，儘管看到他們身上的『新聞媒體』字樣。他們可能沒學過閱讀，只學過屠殺。」

澤倫斯基請求歐盟盡快同意烏克蘭的申請加入案。他把歐盟各國逐一點名清理其立場，對於匈牙利也特別提了許多問題。

大家好，我們所有的朋友好，烏克蘭的朋友好！

所有支持自由的人，大家好！

歐洲理事會（European Council）主席、我的朋友米歇爾，恭喜你，你連任了，恭喜我們大家。我認為這非常重要，而且這是正確的事。

我很感激有機會對各位及歐洲國家演說。

今天距離俄羅斯入侵烏克蘭已經滿一個月了。俄羅斯侵略頓巴斯八年後，這是大戰的一個月。

簡而言之，這是關於這場戰爭的敘述，因為一切都在我的腦海裡，一切都是片段，不幸的是，是悲劇的片段。

這一切都始於2月24日，源於俄羅斯。那天清晨，飛彈轟炸我們和平的城市，人們還在睡夢中，死亡已然降臨。

俄羅斯派遣裝甲車對付我們，派遣數千輛戰車進入烏克蘭。

很難計算其中多少輛已經被燒毀，多少輛仍能殺死我們。

炸彈落在我們的人民身上，從白俄羅斯起飛的飛機落下，而他們甚至不承認做出這種事。

俄羅斯占領了車諾比核電廠，那裡的工作人員已經被囚禁二十四天。請想像一下，人們在這樣的設施中生活二十四天，在這樣的設施中工作。這些是我們的人民。

他們努力讓車諾比不再重演任何可怕的事情，避免悲劇發生。

而俄羅斯軍方將他們扣為人質。

俄羅斯戰車向札波羅結核電廠開火。

俄羅斯向娘子谷納粹大屠殺遺址發射飛彈。

他們已經摧毀超過兩百三十所學校與一百五十五間幼兒園,殺害一百二十八名兒童。他們向大學發射飛彈,用火箭砲炸毀住宅區。

一座座城市與村莊都灰飛煙滅,什麼都沒留下。俄羅斯軍隊還殺害記者,儘管看到他們身上的「新聞媒體」字樣。他們可能沒學過閱讀,只學過屠殺。

俄羅斯封鎖了馬里烏波爾,這是我們這個時代任何人都無法想像的封鎖措施,在持續的砲擊下,在持續的轟炸下,數十萬人沒有水、沒有食物。

> **俄羅斯從烏克蘭綁架了超過2000名兒童,我們不知道我們的孩子在哪裡。**

俄軍蓄意炸毀醫院、婦幼醫院、避難所。請想像一下,他們甚至炸毀避難所!他們一定知道有人躲在裡面。

他們在哈爾基夫殺死了高齡九十六歲的羅曼琴科(Borys Romanchenko)。一枚俄羅斯砲彈飛進他的公寓。他從納粹集中營倖存下來,卻無法從入侵哈爾基夫的俄羅斯手中活下來。感謝上帝,我們的軍隊在那裡擋住了俄羅斯。

就在今天早上,俄羅斯軍隊使用了磷彈。他們性侵婦女,掠奪房屋。摧毀教堂!所有的教堂,甚至莫斯科宗主教區(Moscow Patriarchate)的那些教堂。

俄羅斯從烏克蘭綁架了超過兩千名兒童。我們不知道我們的孩子

在哪裡，不知道這兩千名孩子在哪裡。俄軍向人道援助車隊開火。他們不在乎誰在那裡，那裡有陪同人道主義物資的兒童、婦女、教會人員。

他們在頓內次克殺人，還說是我們殺的。他們說是我們這些「民族主義者」殺的。

俄羅斯正在做這些事，已經一個月了，就在我們的土地上。

烏克蘭呢？烏克蘭在做什麼？

我們沒有入侵異國的土地，從沒想過任何戰爭。只是擊落飛彈，呼籲外來的人放下武器回家。看在人都想活的份上。

各位明白嗎？看在人都想活，而不是死的份上。

我們為戰俘提供治療，提供食物，允許他們以電話聯繫親戚。我們為田野中的俄羅斯士兵收屍。俄軍一走了之，留下上千具的遺體。

烏克蘭為了和平而團結起來，也為了和平而團結了世界。

我們試圖讓那些遭到圍困的城市不再被封鎖。我們努力維護核電廠的安全運作，即使在佔領者眼下。我們呼籲國際原子能機構（IAEA）介入，耐心地向國際官僚機構解釋正在發生的事。

我們疏散危險地區的人員。從未停止嘗試提供人道援助。我們也記錄俄羅斯戰爭罪行，收集證據。

我們還邀請記者。維持正常國家所有機構的運作。

烏克蘭保衛自己的國家！

每天早上……各位聽見我說的嗎？每天早上，整個國家、整個烏克蘭，無論是孩子還是爺爺奶奶，每個人都用片刻的靜默，紀念所有為

我們國家而犧牲的人。

各位在俄羅斯電視上聽過這樣的事嗎？各位在他們學校見過這樣的事嗎？

他們對「戰爭」一詞還算感到羞恥，稱之為「特殊行動」，可是他們卻像納粹一樣在這裡籌劃了一場大屠殺。彼此的世界不同，我們和他們屬於不同的世界。

彼此的價值觀不同，生活態度不同。俄羅斯軍隊不明白尊嚴是什麼，他們不知道良心是什麼，他們不明白我們為什麼如此珍惜自由。

這決定了國家的生存之道，決定了誰應該屬於歐洲。

那麼歐盟呢？

我要感謝各位的團結，團結在我們身邊。雖然團結的方法不一，但我還是要再說一次，最重要的還是你們已經團結。

我們真的很感激。各位已經實施制裁，我們心懷感激，這都是影響力巨大的手段。

只是有點遲了。因為如果早拿來當預防措施，俄羅斯應該不會走到發動戰爭這一天。至少不必然，還有避戰的機會。

各位阻擋了「北溪二號」天然氣管線，我們感謝。這是正確的事，但也有點遲了。因為如果及時阻擋，俄羅斯就不會製造天然氣危機。至少當時還有機會。

現在各位與我正為烏克蘭加入歐盟做準備。終於。

我在這裡請求諸位，別太遲了。拜託。因為各位在這一個月裡已經比較了不同的世界，現在可以看清一切。各位已經明白誰值得什麼，

各位已經明白烏克蘭應該在不久之後的未來加入歐盟。

至少一切都在各位手裡，而我們有了這個機會。

立陶宛支持我們。拉脫維亞支持我們。愛沙尼亞支持我們。波蘭支持我們。法國總統馬克宏，我真的相信您會支持我們。斯洛維尼亞支持我們。斯洛伐克支持我們。捷克支持我們。羅馬尼亞明白何謂尊嚴，所以它會在關鍵時刻支持我們。保加利亞支持我們。我相信希臘與我們站在一起。德國⋯⋯晚點再談。葡萄牙，嗯，幾乎吧。克羅埃西亞支持我們。瑞典、黃藍兩色應該永遠聯合。芬蘭，我知道你支持我們。荷蘭代表理性，所以我們會找到共同點。馬爾他，我相信我們會成功。丹麥，我相信我們會成功的。

他們不明白我們為什麼如此珍惜自由。

盧森堡，我們了解彼此。塞普勒斯，我真的相信你支持我們。

義大利，感謝貴國的支持！西班牙，我們會找到共同之處。比利時，我們會找到論述的根據。奧地利，和烏克蘭在一起，對貴國來說會是個機會。我很確定這一點。愛爾蘭，嗯，幾乎了。

匈牙利⋯⋯我想在這裡停下來，並且說實話。只說這一次。

貴國必須決定自己要站在哪一邊。匈牙利是主權國家。我去過布達佩斯，很喜歡貴國這座城市，去過很多次。那是非常美麗、非常好客的城市。人們也是。貴國曾經有過悲慘的時刻，我造訪過匈牙利的水岸，參觀過那紀念堂⋯⋯多瑙河岸（Danube Bank）的鞋子。關於大屠殺的故事。我當時和家人一起去的。

請聽我說，維多，❶你知道馬里烏波爾正發生什麼事嗎？

如果可以的話，請去一趟匈牙利的水岸。

看看那些鞋子，你就會明白當今世界怎麼會再次發生大規模的殺戮。這就是俄羅斯今天正在做的事情。同樣的鞋子。馬里烏波爾也有同樣的人。成人、兒童、爺爺奶奶，成千上萬，而這成千上萬人已經死了。

而你們還在猶豫是否要實施制裁嗎？還在猶豫是否要讓武器援助通過嗎？還在猶豫是否要繼續與俄羅斯做生意嗎？

沒時間猶豫了，該做出決定了。

我們信任你們，我們需要你們的支持，我們相信你們的人民。

我們相信歐盟。

我們也相信，德國也將在關鍵時刻支持我們。

謝謝各位！

榮耀歸於烏克蘭！（廖綉玉 譯）

---

1. 匈牙利總理奧班（Viktor Orbán）的名字。

自基輔出發的兒童疏散列車。

23 | 沒有人能掩藏國家的利益

這週的計畫非常忙碌，
沒有人能把烏克蘭利益藏在政治機構之中

The week is planned to be very busy, so no one will be
able to hide the Ukrainian interest somewhere in political
offices.

28 March 2022

3月28日澤倫斯基對國內的演講，一方面對比了俄羅斯和烏克蘭的新
聞自由，另一方面解釋他忙碌的工作，並特別強調「因此，沒人能把
烏克蘭利益掩藏在政府機構或官僚漏洞之中。」

澤倫斯基在他的演說中，經常提及他對烏克蘭軍隊英勇作戰的感謝，
在每次對國內同胞的演說中更是如此。

這一天的演說也是。在結尾處他說明了他頒勳給哪些人。

我們堅強國家的堅強人民！

今天是個我們一次又一次看到烏克蘭離俄羅斯有多遙遠的日子。想像一下，莫斯科那些人都因為我接受俄羅斯記者訪問嚇得半死。我是接受那些有能力說出真相的人的訪問。今天下午受訪之後，當記者準備要發表報導內容的時候，俄羅斯的言論審查機構就來恐嚇了。他們是這樣寫的：不得發布談話內容。這就算不是悲劇也是荒謬劇了。

他們破壞俄羅斯的言論自由，他們也試圖摧毀鄰國。他們把自己塑造成全球事務參與者，卻害怕幾位記者進行的簡短訪問。

好吧，如果他們是這樣的反應，那我們就每件事都做對了，所以他們才緊張。顯然，他們也看到自己人民對國家的情勢有越來越多疑問。

最大的對比，顯示在我和我們最愛的烏克蘭電視記者對話。我和近五百位媒體人進行Zoom會議，生出一場電視接力馬拉松（telethon）的「聯合新聞報導」（United News）。❶我很感謝他們。儘管我們時間有限，但我們聊得很盡興。我感受到大家都很關心烏克蘭、關心我們和你們、關心我們的未來。我記錄下許多問題和建議，我們會設法解決。

---

1. 從俄羅斯入侵開始，為了避免敵人的假新聞肆虐，烏克蘭四大民營媒體捨棄平日的競爭，和公共頻道攜手合作，聯手製作一天二十四小時接力馬拉松的電視新聞報導與節目，名之為United News。 United有「聯合」的意思，也有「團結」的意思。

今天，我支持在烏克蘭展開的全球和平馬拉松。不只是在電視上進行，世上十多個城市都有，人們聚在一起支持我們的國家，支持自由。這多高興！

在歐洲各地的廣場，在其他大陸，都有數量可觀的人群。這極為重要。因為當人們聚在廣場，政治人物就不能再假裝聽不到我們的聲音、你們的聲音，還有烏克蘭的聲音。

我會繼續向其他國家的國會喊話。在外交領域，這個星期的計畫非常忙碌。因此，沒人能把烏克蘭利益掩藏在政府機構或官僚漏洞之中。

如果政治人物不知道如何跟隨民意，我們會教導他們。

我不會讓任何人忘記我們的城市，像是馬里烏波爾和其他遭到俄羅斯軍方摧毀的城市。世界上越來越多人站在烏克蘭這邊，站在正邪對抗中善良的一方。如果政治人物不知道如何跟隨民意，我們會教導他們。這是民主基礎和我們的國家特質。

我想再次感謝赫爾松、卡科夫卡（Kakhovka）、斯拉夫蒂奇（Slavutych）和其他城市持續對抗佔領者的人民。就算佔領者暫時進到烏克蘭城市，他們終究要離開。

我想提醒那些試圖勾結俄羅斯軍隊的愚蠢之徒，他們拋棄了自己的同胞。俄軍會如何對待其他民族的叛徒？我會告訴他們：想想看。但我知道這些人不會思考，否則他們就不會淪為叛徒。

當然，我們這個星期會對俄羅斯、對侵略行為祭出新制裁。只要俄羅斯軍隊留在烏克蘭的領土，就有必要制裁。

新一輪的談判即將展開，因為我們尋求和平。真的如此，沒有延誤。如我所說，我們在土耳其有機會進行面對面談判，這不是壞事。讓我們看看結果。

大家都知道我們談判的優先要務。烏克蘭的主權和領土完整無可置疑，我們必須得到有效的安全保障。我們的目標很明確：尋求和平，盡快恢復國家的正常生活。

烏克蘭的軍隊正抵擋佔領者，在一些地方甚至向前邁進，這是非常好的成果。我們防衛者呈現的勇氣，他們在戰場上多麼明智的行動……這些都重要到我用任何感激之詞都不足以表達。但是一遍又一遍，我感謝再多次也不夠。感謝所有為我們的未來、孩子、人民奮戰的人。

我簽署了總統令，頒給十五位官兵「烏克蘭英雄」（Hero of Ukraine）頭銜，其中三人已為國捐軀。

我也發布總統令，頒獎表揚一百四十二位烏克蘭軍人，以及五名烏克蘭國防部人員。

對我來說，簽署這些總統令是極大的榮耀。

願大家對我們所有英雄的記憶永存。願大家對為了烏克蘭、為了我們犧牲性命的所有人的記憶永存。

榮耀歸於你們全體！

榮耀歸於每一位英雄！

榮耀歸於烏克蘭！（簡恒宇 譯）

24 | 不要讓一塊岩石從歐洲脫落

於挪威國會演說

Speech by President of Ukraine Volodymyr Zelenskyy in the Norwegian Storting.

30 March 2022

3月30日，澤倫斯基對挪威國會演說。

他訴求一千年之前兩國共同的歷史，提醒挪威人參與過第一個基輔公國的建立，挪威人稱呼這裡的名字：「加爾達利基」。

他也提到挪威是頒發諾貝爾和平的國家，請他們一起參與對俄羅斯的各種制裁，落實禁止俄羅斯使用港口，開發天然氣來提供能源。

國會議長！

親愛的總理！

各位政府官員、親愛的議員們！

挪威人民！

代表烏克蘭人民在此向你們演說是我莫大的榮幸。

今天是俄羅斯全面侵略烏克蘭的第三十五天。在我們國家東部、在頓巴斯戰爭八年後，俄羅斯軍隊一次從三個方向進犯，從北邊、東邊和南邊。他們從陸地、海、空對我們發動攻擊。

每天不分晝夜，俄羅斯飛彈和炸彈擊中我們的城市和民間基礎設施，沒有不被俄羅斯軍隊鎖定的目標。他們攻擊一切，他們攻擊醫院和機場、糧食倉庫和住宅區。烏克蘭損失無數，數萬間房子被摧毀、數十座城市和村莊被焚毀、數百萬人流離失所，沒有機會正常生活。

俄羅斯裝甲車縱隊沒有減少。雖然我們摧毀俄羅斯戰車和其他戰鬥車輛的數量，已經超出了俄羅斯過去五十年在戰爭中損失的紀錄。

俄羅斯在海上的奸詐行為應被特別關注，那是二戰以來對國際安全最大的威脅之一。自俄羅斯侵略的第一天起，烏克蘭在黑海和亞速海的港口就被俄羅斯封鎖。大約一百艘船隻無法駛入地中海。部分船隻遭到劫持，這是竊取貨物的海盜行為。有些船隻被燒毀。但封鎖港口的不只是俄羅斯海軍。他們在海中布雷，現在這些俄羅斯軍隊施放的水雷在海上漂流。這對每一方都很危險：包括黑海地區的所有船隻、所有國家、所有港口。

最近在博斯普魯斯海峽（Bosporus）才及時清除了一枚水雷。還有其他的水雷，鄰近保加利亞海岸，鄰近羅馬尼亞海岸。我甚至不敢想像，如果這些水雷沒有及時清除，會發生什麼事。誰會被影響？或許是渡輪，上帝保佑不是。或許是客輪，或許是商船，或者可能是油輪，這爆炸的話可能不只是造成人類傷亡，還會有大規模的環境災難。然後俄羅斯又會一如往常地說，這不是他們做的。正如他們多次殺害在歐洲批評俄羅斯政府的人，甚至擊落飛越頓巴斯空中的馬來西亞航空班機。

現在戰事已不只侷限在我們的國界之內。自二戰和納粹海上侵略以來，沒有國家像俄羅斯一樣，對自由航行構成這麼大的威脅。

自二戰和納粹海上侵略以來，沒有國家像俄羅斯一樣，對自由航行構成這麼大的威脅。

想一想，世上那些面臨潛在侵略者，而且可能與鄰國開戰的地區的國家，他們會如何看待？他們正等著看俄羅斯會不會因其行為受到充分懲罰。這些可怕的、侵略的行為。如果不會，你將看到我們現在經歷的一切，都會在其他地區再度上演。

各位女士、先生！

挪威人民！

我們和你們沒有共同邊界，但我們有個共同鄰居在否認我們共同的價值。對於今日的俄羅斯，民族自由和人類自由都不重要。

在俄羅斯，普世承認的人權被否認。少數民族沒有安全保障，他們

可能會被殺害，而且他們確實被殺害。

我相信你們知道這一切。你們知道俄羅斯沒有法治和公平審判。你們知道分裂和摧毀歐洲民主是俄羅斯的長期政策。俄羅斯對烏克蘭的戰爭完全是延續此一政策。這是企圖摧毀歐洲所賴以支撐的一切事物、我們賴以支撐的一切事物。因此，這是目標超出我們邊界的侵略行動。

我想挪威正經歷你們和俄羅斯邊界的新風險。一批俄羅斯部隊在北極地區集結，沒有正當解釋。為了什麼？要對抗誰？

歐洲，從北到南、從西到東、整個大陸的未來，現在正在書寫之中。因為書寫在我們的土地上，書寫在烏克蘭的陸、海、空上，所以你們的軍隊不必保衛北約東線、俄羅斯的水雷不會漂到你們的港口和峽灣、你們的人民不必習慣空襲警報、俄羅斯的戰車不會在你們的邊界集結。因此我們必須一起制止俄羅斯的侵略，我們只能團結。

我很感謝挪威政府和整個社會給予烏克蘭的實際支持，包括武器援助。你們踏出歷史大步，給予我們為自由奮戰和對抗暴政所需援助。

但戰爭仍在繼續。俄羅斯正派出新的部隊到我們土地，持續摧毀我們、摧毀烏克蘭。我們必須做更多來停止戰爭！

武器是當務之急。自由政權的武力不能比專制政權差。我在這些議題上會很表達得具體，而且這與你們息息相關。相信我，我們正失去特定人民、特定城市正被摧毀。所以我想說清楚我們需要什麼。尤其是反艦武器「魚叉」（Harpoon）飛彈，還有防空系統——挪威先進地對空飛彈系統（NASAMS）。❶ 此外，我們需要武器來摧毀裝甲車和火砲系統。

所有你們可以幫助我們的武器，都只會用於保衛我們的自由、你們的自由，只會保衛你們和其他歐洲人享有的自由和安全。

制裁是第二件要務。這是促使俄羅斯尋求和平的唯一方法。我相信每年頒發諾貝爾和平獎的國家，比其他任何人更了解和平的價值，以及我們如何需要和平，努力達成和平是多有價值的工作。因此，新的制裁方案必須每週提出，不能中斷。制裁越強，我們就越快能恢復和平。

我很感謝挪威加入歐盟的制裁行列，但我要請求你們做些其他的事。歐洲企業不要幫助已經殺害我們數千人、完全摧毀十多座城市的軍事機器，這很重要。我請求你們，千萬不要讓俄羅斯收到用克朗（krone）、❷用歐元繳的稅來發動侵略！

舉例來說，你們的MOTUS TECH和其他公司必須停止支援俄羅斯摧毀鄰國的能力。當俄羅斯正用其艦隊在海上布雷，並摧毀任何自由航行機會，怎麼能提供俄羅斯船舶設備？

還有歐盟，因而我希望挪威也是，最終必須落實禁止俄羅斯船舶使用歐洲大陸的港口。只要俄羅斯封鎖我們的港口，就沒有權利使用自由世界的所有港口。

我想強調：這不是金錢的問題，不是！這是這世界航行自由和安全的問題。

---

1. 挪威康斯堡防衛和航太（Kongsberg Defence & Aerospace）公司與美國雷神技術公司（Raytheon Technologies）合作研發的陸基防空系統。
2. 挪威貨幣。

第三，你們是世上最負責任的能源資源供應國之一。全世界對挪威始終有信心，我相信是最高等級。這與俄羅斯的能源供應行為形成強烈對比。

透過對歐盟和烏克蘭提供必要的資源，你們能為歐洲能源安全做出決定性的貢獻。我們已展開對話，討論在下一個冬季提供約50億立方公尺的天然氣。我希望這會是我們在此一領域長期合作的基礎。

各位女士、先生！

挪威人民！

回顧我們的共同道路，歷史上，我們總是在歐洲艱難但決定性的時刻相遇。像是一千年前，當時挪威維京人是基輔的常客，還參與第一個基輔公國的形成，或者說「加爾達利基」（Garðaríki）的形成。那是斯堪地那維亞傳說中對羅斯－烏克蘭土地的稱呼，意思是「堡壘之國」、「城市之國」。一千多年以前，你我雙方的祖先都在那裡生活。

今天，俄羅斯的炸彈飛向我們的土地和人民。落在艾利希夫公主（Princess Elisiv of Kyiv）出生長大的基輔，她是哈洛德三世國王（Harald III）[3] 的妻子、和平的歐拉夫國王（Olaf the Peaceful）[4] 的母親、瑪格努斯三世（Magnus III）[5] 的祖母、艾斯泰因一世

---

3. 1046至1066年間的挪威國王。
4. 1067至1093年間的挪威國王。
5. 1093至1103年間的挪威國王。

（Eystein I）**⑥**和十字軍西居爾（Sigurd the Crusader）**⑦**的曾祖母。

這些是我們的共同歷史頁面！基輔羅斯（Kyivan Rus'）的歷史。這是我們民族在這土地創造的歷史。我們又再次一起守護。

再來看看七十七年前的頁面，當烏克蘭人與反希特勒聯盟的其他民族一起，從納粹侵略者手中解放歐洲土地的時候。來自蘇密的烏克蘭人科姆潘尼耶茨（Fedir Kompaniyets），是希爾克內斯（Kirkenes）**⑧**1944年10月被解放後，第一位進入當地的軍人，部隊的領導。現在他位於蘇密的小小故鄉，正與俄羅斯侵略者激烈戰鬥。

烏克蘭人盡可能團結擊退這場侵略。目的是保衛我們的國家和生活方式——民主、自由、每個人的權利都受到完整保障，人人享有自由的生活方式。

我們付出的代價非常可怕。今天，我們得知共有一百四十五名孩童死亡，這還只是官方確認人數，在被佔領區無法進行完整統計。我們可能有數百名孩童喪命。想想看！數百名孩童，這還只是孩童而已。

戰爭結束後，我們不只要在物質上重建國家——重建我們的城市、在我們的土地和海洋上排雷。我們還必須讓人民恢復正常生活，包括軍人和平民。在他們經歷過這一切之後，接受各種創傷的治療。我知道貴國在復原上有許多經驗，也可以幫助我們。

---

6. 1103至1123年間的挪威國王，與同父異母兄弟十字軍西居爾共同統治挪威。

7. 1103至1130年間的挪威國王，與同父異母兄弟艾斯泰因一世共同統治挪威，是首位親自參與十字軍東征的歐洲君主。

8. 希爾克內斯位於挪威和俄羅斯邊界，二戰期間被納粹占領，之後被蘇聯紅軍解放。

所以現在我邀請你們加入重建烏克蘭的計畫。我們經歷過如此巨大的損失之後，意味復原的經費、投資的金額也會很龐大。作為世上最負責的投資者之一，挪威可以做很多事，以恢復東歐的穩定。

然後，我保證，我們在烏克蘭會有能力採行你們一項非凡的傳統，一項令人讚嘆的傳統，也代表你們最大的特質：一個愛好和平的民族，以良善原則建立社會。

每年5月17日「憲法日」（Constitution Day）這一天，你們會進行極為真誠的慶祝活動，學童的遊行。全挪威的兒童都來參與其中。今年，我們的兒童也會和你們的孩童一起參與——為了保護和安全而逃到挪威的烏克蘭兒童。

我希望不久之後，當我們一起重建烏克蘭的和平——我相信一定做得到——之後，我能夠邀請你們，邀請你們和你們的孩子來基輔，參與我們的節慶遊行。慶祝我們的共同自由，讓我們孩子享有快樂未來的共同權利。在和平之中，在烏克蘭，在歐洲。

因為，如他們所說，只要有一塊岩石從歐洲脫落，歐洲就會變小。所以，我們必須竭盡所能，確保烏克蘭這塊岩石一直都在歐洲。我們只能團結起來。

感謝挪威！

榮耀歸於烏克蘭！（簡恒宇 譯）

25 | 從海上捍衛全世界的自由

於澳洲國會演說

Speech by President of Ukraine Volodymyr Zelenskyy in the Australian Parliament.

31 March 2022

3月31日，澤倫斯基對澳洲國會演說，開場用烏克蘭曾經是全球最大的運輸機「夢想號」來聯結。「夢想號」曾經在2016年為澳洲運送過一具一百三十噸的發電機。

澤倫斯基也再次強調「地球上沒有國家有權利封鎖海洋貿易航線、甚至封閉通往其他國家的海域，連在理論上的可能性都不存在。」因此他說，「我們需要有效的工具，將封鎖海上貿易航線的國家繩之以法。這樣才不會有人以類似的誘惑，讓大海變成死路。」

尊敬的總理！

親愛的眾議院議長！

親愛的參議院議長！

親愛的在野黨領袖！

各位先生女士、政府官員、國會議員！

澳洲人民！

今天非常榮幸向各位演說，感謝。

2016年5月，數千澳洲人聚集在伯斯（Perth）機場，第一次看到烏克蘭「Mriya」。「Mriya」是我們安托諾夫安－二二五（An-225）運輸機的名字。「Mriya」是夢想的意思。它曾經飛越過大約一萬五千公里的距離，緊急向澳洲運送一具一百三十噸發電機，這是當時你們企業迫切需要的。海運要好幾個月，但這架烏克蘭運輸機只要幾天。

我們一直以自己的「Mriya」為傲。不僅因它是地球上最大的運輸機，更重要的是它幫助全世界的人民運送食物、飲用水、維和及人道任務的設備。

2019年新冠肺炎疫情爆發後，我們的「Mriya」不斷地運送最必要的醫療物資。那些拯救所有人、不同國家、不同大陸的物資。「Mriya」是給大家帶來生命的，但已經不再可能。

不可能，因為有個價值觀和我們、你們、整個文明世界價值觀截然不同的國家。這個國家對我們全面開戰。

它轟炸和平的城市與村莊、殺害我們和平的人民。殺害孩童，封

鎖城市，把數以萬計的百姓當人質，沒有水、食物、照明和暖氣。每天。它把數千名孩童和父母拆散，把他們帶走，綁架他們，強行遷徙到俄羅斯的領土。

還有，在2月27日霍斯托梅城市的戰鬥中，我們的「Mriya」被燒毀。我們可以說俄羅斯摧毀了我們的夢想嗎？不。他們燒毀的是飛機，燒毀的是鋼鐵。他們摧毀了物質，而不是靈魂。外殼不是本質，不是自由，不是尊嚴，不是獨立。

我們知道我們的夢想不會被擊敗、被摧毀。特別是如果我們可以倚賴自由世界的支援和協助。在你們的支援下，在你們的協助下。如同我前面所說的故事，需要不是在數月之後，是現在就需要。

他們摧毀了物質，而不是靈魂。外殼不是本質，不是自由，不是尊嚴，不是獨立。

各位女士、先生！

澳洲的人民！

我們國家之間的距離很遠，幾千公里。我們被海洋、幾十個國家的領土、時區分開。但是經過俄羅斯在東歐、我們的黑海和亞速海、我們的領土帶來殘暴與混亂之後，這樣的距離根本不存在。

每一件在烏克蘭發生的事，都起於俄羅斯的侵略和摧毀我們人民的性命，而且已成為對你們國家和人民的實質威脅。因為這是邪惡的天性，它可以立即超越任何距離和障礙，摧毀生命。

數十年來，核武第一擊（nuclear strike）的威脅從沒有像現在這這

麼高。俄羅斯官員和國家宣傳機構公然討論使用核子武器，對抗拒絕服從俄羅斯要求的人。

數十年來，沒有一個國家完全封鎖另一國海域，以及任何國家的商船。

但這正是俄羅斯所作所為。我們在黑海和亞速海的領海已經完全成為「死海」。任何船隻試圖駛入我們的水域，都可能被俄羅斯艦隊直接摧毀。超過百艘不同國籍的商船遭到俄羅斯阻擋，無法駛入我們的港口！

數十年來，世上從未有國家對鄰國人民挑起戰爭，還公開宣稱他們要征服或毀滅，要讓這個民族連名稱都無法留下，要讓這個國家沒有自由生活的可能。

俄羅斯已經讓世界重返20世紀最糟的歷史扉頁，成為本世紀最大威脅，回歸人類長期以來希望忘記的邪惡。

但最糟的是，如果現在不阻止俄羅斯，如果不把俄羅斯繩之以法，其他想對鄰國發動戰爭的國家，將會認定他們也很有可能做到。

全球安全的命運，現在正在書寫之中。

沒有人有能力控制地球的風和降雨，也因此當核子武器被使用，沒有人能夠拯救地球任何地方免於輻射汙染。

地球上沒有國家有權利封鎖海洋貿易航線、甚至封閉通往其他國家的海域，連在理論上的可能性都不存在。我再重複一次：連理論上的可能性都不應該存在！

統治者在考慮發動戰爭時，沒有人可以指望有罪不罰。

各位女士、先生！

澳洲的人民！

俄羅斯對烏克蘭發起全面戰爭三十六天後，可以肯定地說，除了迫使俄羅斯沉默噤聲，重返和平之外，沒有其他方法能保障全球安全。還有一點很重要，我們必須將俄羅斯違反全球安全的所作所為繩之以法。

一個敢於進行核武勒索（nuclear blackmail）的國家，應該立刻加以制裁，證明勒索行會為勒索者帶來毀滅性後果。

我們需要有效的工具，將封鎖海上貿易航線的國家繩之以法。這樣才不會有人以類似的誘惑，讓大海變成死路。

現在世上沒有這類工具。因此，澳洲領導階層對全球安全架構的現代化責無旁貸。對強化我們的抗戰聯盟也是——這個聯盟正努力讓烏克蘭重歸和平。

為了追究戰爭罪行和犯罪者行為而成立的國際機構，也有必要提升其能力。全世界應團結一致懲處，而不是一個國家單獨進行。如果能及時做到，這世界的生活會更安全。

我相信你們每個澳洲人，還有每位烏克蘭人，都記得馬來西亞航空MH17班機 ❶ 飛越烏克蘭頓巴斯時，遭俄羅斯佔領者擊落的悲劇。兩

---

1. 2014年7月17日，馬來西亞航空（Malaysia Airlines）MH17客機從荷蘭阿姆斯丹（Amsterdam）飛往馬來西亞首都吉隆坡（Kuala Lumpur）途中，在飛越烏克蘭東部時，遭到1枚飛彈擊落而墜毀，機上298人全數罹難，俄羅斯被認為該對此事負責。

百九十八人喪命。我向失去摯愛的家屬致哀。

但是有可能把造成此悲劇的人繩之以法嗎？不可能。他們躲在俄羅斯，顯然獲得俄羅斯國家的安全保障。俄羅斯曾向罹難者親屬賠償嗎？沒有。它仍否認對這場悲劇的罪行。

已過了八年，正義仍尚未被實現。沒人知道一場悲劇要多久才能從國際社群、從我們得到有價值的回應。

俄羅斯已經製造、將會製造多少新的悲劇？

人們常說，未受懲罰的邪惡會回來。我想補充：未受懲罰的邪惡帶著翅膀回來，而且自以為無所不能。如果世界曾經懲罰俄羅斯2014年的所作所為，2022年就不會有侵略烏克蘭的駭人事件。

我們現在需要修正這些恐怖的錯誤。

我很感謝澳洲跨黨派對我們對抗侵略者的支持。感謝澳洲已給予我們的幫助，特別是我們能源所需的七萬噸煤。

但這只是開始。我們能一起做到，因此要做更多。我們必須對俄羅斯進行新的制裁，強而有力的制裁。只要它不放棄核武勒索、封鎖海域，就必須為此付出高昂代價。沒有俄羅斯船隻應該獲准駛入自由世界的港口，購買俄羅斯石油意味支付破壞全球安全的基金。任何與俄羅斯的商業活動必須徹底停止，不應該有任何一分錢給他們用來消滅人民。

俄羅斯任何規避制裁的企圖都必須加以阻止。畢竟，如果他們能輕易規避，那算是怎樣的制裁呢？

但最重要的是，我們必須武裝那些真正為自由而戰的人。為了讓邪惡

失敗，為了俄羅斯尋求和平，烏克蘭必須在戰場上得到所需的一切。

例如，你們令人讚嘆的「野外征服者」（Bushmaster）[2] 裝甲車，可以給予烏克蘭很大幫助。還有其他可強化我們部署的裝備和武器。如果你們有機會提供，烏克蘭將會感激不盡。今天這些軍備到了烏克蘭，而不只是留在澳洲覆蓋塵土的話，肯定會為我們的共同自由、我們的共同安全做出更多貢獻。烏克蘭人民已經向全世界證明，我們有多麼真誠地珍惜自由，我們會多麼持續堅定地捍衛自由。

我們的英雄正在和世界上數一數二強大的軍隊交戰，但我們全體人民無人置身事外，已經在預想未來。預想我們在戰後如何生活。我們如何重建國家、重建我們的黑海地區。

> **誰能夠在海上捍衛自由，誰就夠捍衛全世界的自由。**

我們邀請世上居領導地位的國家、居領導地位的公司和最優秀的專家來加入重建烏克蘭計畫，資助你們認為我們國家需要重建的地區、城市或產業。

澳洲已給予烏克蘭「理念相近國家」的特別地位。但我們不只因理念而有關聯，我們還因為夢想而有關聯。

因此，我邀請你們美麗的國家，仔細觀察我們的南部地區、我們的黑海和亞速海的濱海地帶。在這場恐怖的戰爭之後，重新建設我們的

---

2. 野外征服者是澳洲產製的裝甲車。澤倫斯基向澳洲國會演說隔天，時任澳洲總理莫里森（Scott Morrison）同意提供烏克蘭二十輛此型號裝甲車。

港口、開發像是正為自由而戰的赫爾松這些城市、重新恢復烏克蘭的海運業，貴國可以對我們的穩定產生特別貢獻。

此外再加上對自由航行權的基本保障，我們將重新彰顯那句古老但正確的話：誰能夠在海上捍衛自由，就能夠捍衛全世界的自由。我相信澳洲能做到！

我也希望澳洲的烏克蘭社群，我們強大的烏克蘭社群，將會加入這項共同工作，像往年一樣支持我們。

親愛的朋友們，我們之間的地理距離非常遙遠，數千公里。但對於有共同理解能力、對世界有相同看法、當敵人來襲、孩童被殺、城市被摧毀、難民在街上被槍斃、和平國家變成戰火領土的人們，這樣的距離有何意義？任何距離都可以消失。地理的差異沒有意義，唯有人性重要，唯有回歸和平生活的夢想重要。

一個我們必定要實現的夢想。

必定實現。也必定要一起實現。

感謝你們！

感謝澳洲！

榮耀歸於烏克蘭！（簡恒宇 譯）

26 | 我們有權談論那些遲疑不決的人

讓俄羅斯軍隊所犯的戰爭罪行，是這類邪惡在地球上最後一次亮相

It is time to do everything to make the war crimes of the Russian military the last manifestation of this evil on earth.

3 April 2022

4月初，烏克蘭軍隊擊退了俄羅斯對首都基輔的進犯，並收復周近布查等地區，也因而發現俄羅斯軍隊在佔領區犯下屠殺平民的戰爭罪行。

澤倫斯基在4月3日的演說裡，先是對俄羅斯的母親們呼籲，請她們看看自己子女在烏克蘭土地上對男女百姓、幼兒做了些什麼。

澤倫斯基也指出：2008年舉行北約布加勒斯特峰會的時候，各方發表樂觀的外交聲明，表示烏克蘭有望成為北約成員，但其實在表面底下「掩蓋著拒絕烏克蘭加入的事實。掩蓋著某些政客對俄羅斯荒謬的恐懼。」

也因此，澤倫斯基邀請德國前總理梅克爾和法國前總統薩科齊來參觀布查，看看對俄羅斯讓步的政策在過去十四年裡導致了什麼情況。

今天的演說沒有問候語。我不想說廢話。各國總統通常不會發表這樣的演說，但我今天必須這樣說。在佔領者被驅逐之後，布查（Bucha）和我國其他城市的情況隨之揭露。數以百計的人遭殺害，平民被凌虐、處死，屍體遍布街道。到處都是地雷，甚至連死者的遺體也綁上詭雷。

這是大規模掠奪的結果，邪惡的集合體來到我們的土地。他們是殺戮者、凌虐者、性侵者、掠奪者。這些人自稱是軍隊。這些人所做的事只能以死刑對付。

我希望每位俄羅斯士兵的母親，看看在布查、伊爾平（Irpin）、霍斯托梅死者的遺體。他們都做了什麼？為何遭到殺害？騎著單車上街的男子做了什麼？為何尋常和平城市的普通老百姓會被凌虐致死？為何女性的耳環被偷走後遭勒死？女性怎能在孩童面前遭性侵和殺害？他們死後的遺體怎能被褻瀆？為何他們要用戰車輾過民眾身體？烏克蘭的布查對你們俄羅斯做了什麼？這些事怎麼可能發生？

俄羅斯母親們！儘管你們養育的是掠奪者，他們如何變成屠夫？你們不可能對孩子的內心一無所知，你們不能忽視他們被剝奪所有的人性，沒有靈魂、沒有人心。他們開心地蓄意殺人。

我希望所有俄羅斯領導人看看他們的命令是如何被執行的。什麼樣的命令、什麼樣的執行，為了殺那麼多人、為了對那麼多人施虐、為了街上那麼多在爆炸中留下的手臂、為了朝綁住的人後腦開槍，他們需要共同負責。

這就是今天世人怎麼看待的俄羅斯，這是你們的形像。

你們的文化和人類的外表，跟著被你們迫害的烏克蘭男女一起毀滅了。

我批准了一項決策，建立烏克蘭司法特別機制，以調查和司法審查佔領者在我們領土上的每項罪行。這個機制的要點在於本國及國際專家的攜手合作：從調查者、檢察官到法官。這個機制將幫助烏克蘭和世界，把那些發動或以任何方式參與這場對烏克蘭人民的恐怖戰爭及罪行的人繩之以法。

外交部、檢察總長辦公室、警政署、國家安全局、情報局和其他具有相關職權的機構，必須竭盡所能，確保特別機制立刻運作。

讓俄羅斯軍隊所犯的戰爭罪行，成為這類邪惡在世上最後一次現身。

對於能夠加入此工作並協助達成正義的全體國人和全球烏克蘭友人，我呼籲你們採取行動。

世界已經歷許多戰爭罪行，在不同的時間，不同的國家。現在是時候了，我們要竭盡所能，讓俄羅斯軍隊所犯的戰爭罪行，成為這類邪惡在世上最後一次現身。

每一個犯下這類罪行的人都會被記入特別的施虐者名冊（Book of Torturers），然後遭到逮捕、受到懲罰。

烏克蘭人民！

我希望大家看清楚。我們已經把敵人趕出好幾個州，但俄羅斯軍隊仍然控制著其他幾個州的佔領地區。等我們驅逐佔領者之後，在

當地還會發現更糟的事情，甚至有更多的死者和被虐者。因為這是侵略我們的俄羅斯軍隊的天性。這些混帳不會做其他事，而且他們是奉命行事。

對於烏克蘭臨時被佔領區所發生的事情，我們會詳細通知友邦。在布查，在其他俄羅斯佔領城市所發生的事，聯合國安全理事會也將在這個星期二以戰爭罪行進行審議。

一定會有針對俄羅斯的一系列新制裁。但我保證這還不夠，還需要更多決議。不只是對俄羅斯，還包括那些讓邪惡得以進入我們家園的政治行為。

今天是北約布加勒斯特（Bucharest）峰會十四週年。當時我們有機會讓烏克蘭脫離東歐的「灰色地區」（gray zone），脫離北約和俄羅斯之間的「灰色地區」。脫離莫斯科當局認為它可以為所欲為，甚至犯下最可怕戰爭罪行的「灰色地區」。

在2008年的當時，在各方發表樂觀的外交聲明，表示烏克蘭有望成為北約成員的表面底下，其實掩蓋著拒絕烏克蘭加入的事實，掩蓋著某些政客對俄羅斯荒謬的恐懼。他們認為拒絕烏克蘭就能討好俄羅斯，並說服它尊重烏克蘭，兩國和睦相處。

在失算後的十四年期間，烏克蘭經歷了革命和八年的頓巴斯戰爭。現在，我們正在二戰以來最可怕的歐洲戰爭中做生死拚搏。

我想邀請德國前總理梅克爾和法國前總統薩科齊（Nicolas Sarkozy）來參觀布查，看看對俄羅斯讓步的政策在這十四年裡導致了什麼情況，也親眼看看受虐的烏克蘭男女。

我不希望被誤解。我們並不責怪西方。除了迫害我們人民的俄羅斯軍隊，還有那些下命令的人，我們不責怪任何人。但我們有權談論當年那些遲疑不決、談論那些導致通往像是布查、霍斯托梅、哈爾基夫、馬里烏波爾的道路。我們自己並沒有遲疑不決。不論我們是否加入某個集團，或不結盟，我們都了解一件事：我們必須強大。

十四年前，俄羅斯的領導人在布加勒斯特告訴西方領袖：世界上沒有烏克蘭這樣的國家。❶ 今天我們證明有這樣的國家。它過去存在，未來也在。

我們不會躲在世界各強國的背後，我們不會向任何人乞求。

老實說，我們不應該要求武器援助，保護自己不受邪惡勢力侵犯我們土地。所有必要的武器本來就應該供應給我們，毫無條件地。因為各國已經瞭解是什麼樣的邪惡降臨，它帶來了什麼。

我們自己看清了這場戰爭中的利害關係，我們看清了我們在捍衛什麼。

烏克蘭軍隊有行為規範，道德上的和專業上的。現在要調整的不是我們的軍隊，是許多其他軍隊應該向我們的軍隊學習。

烏克蘭人民有行為規範，俄羅斯佔領者也有行為規範。一邊是良善，一邊是邪惡。一邊是歐洲，一邊是企圖將其全部撕裂吞噬的黑

---

1. 2008年，俄羅斯總統普丁（Vladimir Putin）與時任美國總統小布希（George W. Bush）會面時說，烏克蘭是個沒有宣布獨立的俄羅斯地區，現在的烏克蘭完全是俄羅斯所創造。

洞。

我們將會打贏這場戰爭。就算一些政客仍然無法克服他們的遲疑不決，把這些遲疑不決連同他們的辦公室一併讓給繼任者。

所有必要的服務已在布查運作，讓這座城市重獲生機。恢復電力供給、水源供給，恢復醫療機構運作，重建基礎設施。為民眾帶來安全。俄羅斯被驅逐了，烏克蘭回來了，生活因此回歸正常。

今天，我拜訪我們的邊防部隊，在烏克蘭邊防部隊醫院的英雄和受傷的戰士。

我頒獎給其中八人。我也頒獎給骨科醫師、創傷科醫師，以及一位烏克蘭軍事創傷學先驅，他已拯救許多烏克蘭的捍衛者。

在這次總統令中，共有四十一位邊防部隊官兵獲頒獎章。

2月24日，當佔領者發動攻擊的時候，是我們的國家邊防部隊首先遭遇他們的火力。現在隨著我們趕走了佔領者，我們的好男兒、好女兒也都回到邊境。

我深信烏克蘭整個國家的邊界都復原的那一天會到來。

要讓這一天早點到來，我們必須要全神貫注，準備勇敢面對邪惡，並反擊任何針對烏克蘭、我們人民、我們自由的犯罪行為。

邪惡必將受到懲罰。

榮耀歸於烏克蘭！（簡恒宇 譯）

27 | 俄羅斯的責任必須要追究

於聯合國安理會演說

Speech by the President of Ukraine at a meeting of the UN Security Council.

5 April 2022

4月5日澤倫斯基對聯合國安理會發表演說，指陳俄羅斯對平民犯下的戰爭罪行，並提醒大家《聯合國憲章》第一章第一條，這個組織的宗旨就是維持和平、推動和平。

澤倫斯基說，聯合國正坐視安理會裡一個把否決權變成殺人權的國家破壞全球安全的整體架構。

因而他警告：「如果這情況繼續下去，最終會是每個國家仰賴武力，才能確保自身安全，不是依據國際法，不是依靠國際機構。然後，聯合國就乾脆解散了。」

親愛的主席！

親愛的秘書長！

親愛的安全理事會成員和其他與會者！

感謝有此機會。

我相信所有聯合國會員國代表今天都會聽到我的演說。

昨天，我才從烏克蘭的城市布查回來，那裡近期才從俄羅斯軍隊手中解放。

要忽視佔領者在那裡犯下的戰爭罪行，很難。俄羅斯軍隊搜索且刻意殺害任何為我們國家服務的人。

他們去平民家門口，喊問有沒有人活著，然後女人出來探看，他們就在屋外處決她。

他們殺害一個個家庭，從大人到小孩都不放過，還試圖焚屍滅跡。

今天，我是代表那些每天懷念死難者的人們，對各位發表演說。

每天。每天早上的懷念。

懷念那些被殺死的平民。

那些後腦遭到槍擊的人。那些遭受凌虐後，再在眼窩挨一槍的人。那些在大街上被處決的人。

那些被扔進井裡，在痛苦中死去的人。

那些在公寓、住家被手榴彈活活炸死的人。那些坐在車子裡，停在路中央，遭戰車輾壓的人。俄羅斯軍隊說是好玩。

那些四肢被砍斷的人。那些喉嚨被割斷的人。那些在自己孩子面前

遭性侵殺害的人。

他們的舌頭被拔掉，只因為拒絕說出對方想聽的話。

這和伊斯蘭國（ISIS）在其佔領區的所作所為有何差別？

差別就在於這是一個聯合國安理會常任理事國的作為。

這會摧毀各國之間的團結，摧毀各個國家的邊界。

這是在否定十多個民族在兩個大陸上要求自決和獨立國家的權利。

這是在一心一意摧毀族裔和宗教的多樣性。

這是在煽動戰爭，並故意以盡可能殺死越多平民越好的方式進行戰爭。這是在盡可能摧毀和平的城市。這是在以軍隊入侵其他國家，留下廢墟和集體墳塚一走了之。你們都已經看到。

我想提醒你們《聯合國憲章》第一章第一條。我們這個組織的宗旨是什麼？維持和平。推動和平。

這是在國家層次上宣揚仇恨，並透過宣傳和政治貪腐系統輸出到其他國家。

這是在掀起全球糧食危機，不惜讓非洲與亞洲爆發饑荒。國內安全倚賴穩定糧食價格的國家，也勢必會爆發大規模政治動亂。

所以，安理會必須保障的安全在哪裡？根本沒有安全。儘管我們有安理會，但什麼事都沒發生。所以，創立聯合國來保障的和平在哪裡？顯然，這個必須制裁和平破壞者的世界重要機構，不能發揮作用。

現在，全世界已看到俄羅斯軍方在佔領我們城市的期間，在布查所

做的事。但世界還沒看到他們在其他被佔領城市、烏克蘭其他被佔領地區所做的事。

地理位置可能不同，但是行為一樣殘忍，犯下的罪行也相同。

我們一定要追究責任。

各位女士、先生！

我想提醒你們《聯合國憲章》第一章第一條。我們這個組織的宗旨是什麼？維持和平。推動和平。

現在，《聯合國憲章》第一條遭到違反。既然這樣，憲章其他條文的意義何在？

今天，俄羅斯在我們國家、在烏克蘭領土所做的事，是自二戰結束以來最令人髮指的戰爭罪行。俄羅斯軍隊刻意用火砲與空襲把烏克蘭城市化為灰燼。

他們刻意封鎖城市，讓當地陷入饑荒。他們刻意朝試圖逃離敵方地區的平民開槍，他們甚至刻意炸毀平民的空襲避難處，他們在臨時被佔領區盡可能殺害平民。

在布查發生的大屠殺，很不幸地，只是佔領者在這四十一天內，在我們土地犯下的眾多罪行之一。

還有很多地方的全部真相有待發掘：馬里烏波爾、哈爾基夫、車尼希夫、阿克提卡、博羅江卡和其他十多個烏克蘭社區，每一個地方都有類似布查的遭遇。

我知道，你們也很清楚，俄羅斯的代表對這些罪行指控會有何回

應。他們已說過很多次。馬來西亞航空班機在頓巴斯遭俄羅斯軍隊用俄羅斯武器擊落，就是最佳例證。他們對於自己在敘利亞戰爭期間的行為也是如此。

他們會責怪所有人，為自己辯護。他們會說有很多種說法，無法確認何者為真。他們甚至會說所有死者遺體是「植入」的，影片則是演出來的。

不過，現在是2022年，有確鑿的證據，有衛星圖片可以進行全面、透明的調查。

這是我們關注的事。

記者報導採訪管道要最大化，國際機構合作要最大化。國際刑事法院要參與其中，完全真實、完全負責地。

我確信聯合國體系的每個國家也都會關注這個議題。為了什麼？為了徹底懲罰那些自以為享有特權、免受刑罰的人。因此，向世上所有其他潛在的戰爭罪犯表明，他們無法逃過制裁。如果頭號人物被懲罰，任何人都不會例外。

告訴我，為什麼俄羅斯要侵略烏克蘭？

我會回答：俄羅斯的領導階層像是殖民者，如同在古代，他們需要我們的財富和人民。俄羅斯已把我們數以萬計的公民遣送到他們的領土，然後還會有數以百計的人。已經有超過兩千名兒童遭到誘拐，不折不扣的綁架。這情況會繼續下去，俄羅斯想把烏克蘭人變成沉默的奴隸。

俄羅斯軍隊攻佔城市和村莊之後公然掠奪，這是最大規模的搶

劫。他們偷食物，還從受害者的耳朵直接扯下血淋淋的黃金耳環。

我們正在和一個把聯合國安理會否決權變成殺人權的國家打交道。

這破壞了全球安全的整體架構。

這允許邪惡勢力不受懲罰，而且在世界各地散布，摧毀有助於和平與安全的一切。

如果這情況繼續下去，最終會是每個國家仰賴武力，才能確保自身安全，不是依據國際法，不是依靠國際機構。然後，聯合國就乾脆解散了。

我們正在和一個把聯合國安理會否決權變成殺人權的國家打交道。

各位女士、先生！

你們準備要解散聯合國了嗎？你們認為國際法過時了嗎？

如果你們的答案是否定的，你們現在就要展開行動，立刻展開行動。

《聯合國憲章》的效力必須立刻恢復。

聯合國體系必須立刻改革，這樣否決權才不會變成殺人權，世上所有地區在安理會才有公平的代表性。

我們必須立刻要求侵略者回歸和平，必須要有決心。老實說，從敘利亞到索馬利亞、從阿富汗到葉門和利比亞的大規模殺戮鏈，早該被制止。

如果殘暴的政權曾經因為他們發起戰爭而得到這類回應，它們就不會繼續存在，公正的和平也會獲得保障，這世界肯定會有改變。

這樣，或許，我們才不會再遭遇戰爭，不會有戰爭在我們國家發

生。殘害我們的民族、烏克蘭民族、殘害人民的戰爭。

然而，全世界只是旁觀了大家並不希望看到的克里米亞遭到佔領那一幕，或者，更早之前的喬治亞那一幕；又或者，更早的整個聶斯特河東岸（Transnistrian）地區從摩爾多瓦割裂 ❶ 出去的那一幕。對於俄羅斯過去如何在其邊界為了和鄰近地區發生衝突和戰爭做準備，世界也並不希望看到。

這到底該如何制止？

立即把俄羅斯軍隊，還有那些下令在烏克蘭犯下戰爭罪行的人繩之以法。

每個下達犯罪命令、執行殺戮的人都要面臨類似紐倫堡審判（Nuremberg trials）的審判。

我想提醒俄羅斯外交官，像是里賓特洛甫（Joachim von Ribbentrop）❷ 這樣的人，在二戰後也逃不了懲罰。

我還想提醒建構俄羅斯犯罪政策的人，如艾希曼（Adolf Eichmann）❸ 也受到懲罰。

罪犯一個都逃不了，沒人逃得了。

但現在更重要的是必須改變制度，改變聯合國的核心。為此，我們

---

1. 1992年，脫離摩爾多瓦「獨立」的聶斯特河東岸地區與摩爾多瓦開戰，俄羅斯之後以「維和部隊」名義在當地駐軍至今。

2. 里賓特洛甫是納粹德國時期的外交部長。

3. 艾希曼是納粹德國時期高官，一手包辦滅絕歐洲猶太人和其他少數族群。

提議召開一場全球會議。

我們要求在已經恢復和平的基輔舉行，以做出一些決議。

我們將如何改革這個世界安全制度。

我們將如何確實保障普世承認的國界和國家完整不可侵犯。

我們將如何確保國際法規。

1945年在美國舊金山創立一個全球國際安全組織所設定的目標，現在很清楚並沒有實現。在沒有改革的情況下，也是不可能實現。

因此，我們必須竭盡所能，把一個有能力的聯合國傳給下一代，有能力對安全挑戰防患未然，為世界保障和平。

我們要預防侵略並迫使侵略者回歸和平。如果有人違反和平原則，我們要有決心和能力施予懲罰。不能再有例外、特權。每一方必須平等，所有國際關係的參與者。不論經濟能力、地理區域和個別期望。

和平力量必須成為主宰。正義的力量和安全的力量皆是，一如人類長期以來的夢想。

在這個升級版的全球安全體系中，烏克蘭願意就其中一個主要的單位提供運作平台。

如同聯合國日內瓦總部專責人權，如同奈洛比辦事處專責環境保護，基輔的U-24辦公室 ❹ 可專門為維持和平提供預防措施。

---

4. U-24辦公室是烏克蘭政府發起的募款平台，統合來自世界各地的慈善捐款，款項主要用於國防和排雷、醫療援助和重建烏克蘭。

我想要提醒各位，我們曾在阿富汗進行和平任務，自掏腰包從阿富汗撤離一千多人。那是最緊迫的階段，但人們需要幫助，烏克蘭就伸出援手，就像其他國家一樣。

我們撤離不同國籍、不同信仰的人，包括阿富汗人、歐洲人、美國人、加拿大人。我們沒有區分誰比較需要幫助，不管是不是烏克蘭人民，我們拯救每個人。

如果世上每個人有需求時，都相信自己會得到幫助，這世界絕對會更安全。

因此，烏克蘭有充分的道德權利，提議改革世界安全體系。

我們已然證明，我們不只在順境時幫助他人，也在逆境時伸出援手。

現在我們需要安理會做出決定，為了烏克蘭的和平。如果你們不知道如何做決定，你們可以做兩件事。

將侵略者和戰爭源頭俄羅斯逐出安理會，這樣它就不能阻擋有關其侵略、戰爭的決議。然後，竭盡所能建立和平。

或者展現你們會如何改革，並真的為和平做出貢獻。

或者你們當前的模式無法改變，也沒有出路，那唯一選擇就是自行解散。

我有信心，你們不需要第三個選擇。

烏克蘭需要和平。我們需要和平。歐洲需要和平。世界需要和平。

最後，我要你們看一段影片，❺內容不長。

> **如果世上每個人有需求時，都相信自己會得到幫助，這世界絕對會更安全。**

這段影片講述你們的權利如何被取代，就因為有人可以濫用自己的權力。

這就是有罪不罰的結果。

如果可以，請觀看這段影片。因為沒有機會讓每個人來烏克蘭親自見證，所以就看影片吧。

謝謝大家。（簡恒宇 譯）

5. 請看16：00處。

28 | 基輔現在是全球民主首都

我們知道要為什麼而戰，
我們竭盡所能贏得勝利

Kyiv is now the capital of global democracy, the capital of
the struggle for freedom for all in Europe.

6 April 2022

在4月6日對烏克蘭人民的演說裡，澤倫斯基鼓舞大家，說「基輔現在
是全球民主首都，是為歐洲大陸全體自由而戰的首都。」

他也向烏克蘭的全體守衛者道謝。

他們的瑪利亞宮的白廳，本來是用來接待外國元首，舉辦重要慶典的
地方，而現在將改名「烏克蘭英雄白廳」，在這裡頒發勳章給衛國勇
士。

烏克蘭人民！

今天，我不會佔用你們太多注意力。這一天有許多訊息。我會簡單談談我4月5日的工作要點，這天是俄羅斯進犯烏克蘭的第四十一天。

這一天我持續積極進行了外交工作。在聯合國安全理事會演說，他們針對俄羅斯在布查和烏克蘭被佔領區犯下的戰爭罪行召開特別會議。我指出，聯合國早該以此形式討論。

聯合國安理會還在，世界安全卻消失了。對任何人而言，這清楚意味著聯合國已無法執行當初創立時的功能。只有一個國家要為此負責：俄羅斯，它敗壞聯合國及它所參加的所有其他國際組織名聲。

喔，它不是確實參與，而是試圖擋下每一件有建設性的事，並利用全球架構來散布謊言，合理化邪惡勢力的所作所為。

我相信世界已看見此一狀況。我希望世界能做出決定。否則，世界只會剩下一種保障國家安全的方式，那就是武器。

我向安理會以及所有尊重國際法的國家，提出可以改變局勢的具體事項。尤其是在和平的基輔舉辦一場全球會議，討論在俄羅斯侵略行為之後，如何改革世界架構——今天俄羅斯還佔著從前蘇聯那裡承襲而來的安理會常任理事國席次。

我也向西班牙國會與人民演說。一個支持我們為自由、為守住歐洲民主而戰的國家。

今天，我也和法國總統馬克宏通過話，談到烏克蘭暫時被佔領區的人道狀況。談到我們如何幫助受困的馬里烏波爾人民。我們也同意，

法國會提供必要的技術和專家，協助調查俄羅斯在布查以及其他被佔領城市犯下的罪行。

我們正為俄羅斯對烏克蘭人民所做的事，準備一套強而有力的新制裁措施。

現在是關鍵時刻，對西方領袖而言更是。這已無關我們的人民會如何看待新制裁，以及我會向他們說什麼。這關乎西方社會本身如何對制裁做出評估。當世界看到布查的情況，制裁的力道必須和占領者所犯的罪行相稱。如果俄羅斯銀行仍能一如往常地運作……如果歐盟國家照常向俄羅斯購買能源……那麼有些國家領袖的政治命運恐怕會發生變化。我向每個人建議：感受現在這一時刻，真的很關鍵。

我們正在準備歡迎歐盟執行委員會主席馮德萊恩，以及歐盟外交負責人波瑞爾（Josep Borrell）在近期到訪基輔。在基輔進行合作會受到世界各國讚揚，不只在歐洲。因為基輔現在是全球民主首都，是為歐洲大陸全體自由而戰的首都。

我想感謝全體烏克蘭的守衛者，讓這一切變得可能。事實上，對於敵人試圖攻佔的地區，烏克蘭軍隊大部分都守住了。

和前幾天一樣，現在是頓巴斯、哈爾基夫一帶面臨最艱困的情勢。但我們持續竭盡所能，確保我們的守衛者能擋下俄羅斯軍隊。

我們了解佔領者數量比我們多，擁有更多裝備。我們知道俄羅斯領導人在全國徵召軍校生、有戰鬥經驗者以及義務役士兵，成為新一批砲灰，並把他們送去另一場攻勢的殺戮。

不過我們別無選擇——我們土地和人民的命運已被決定。我們知道

要為什麼而戰，我們竭盡所能贏得勝利。

今天在瑪利亞宮（Mariyinsky Palace）❶，我向烏克蘭軍人頒發金星勳章（Golden Star Orders），他們已獲頒烏克蘭英雄頭銜；我也授予為國捐軀者的家屬成員此一頭銜。

現在瑪利亞宮的白廳（White Hall）是我們用來接待外國元首，舉行此類重要儀式的地方，所以我們一有機會就會在這裡展現我們的捍衛者值得賦予最高的尊重與榮譽。

瑪麗亞宮的白廳將改名「烏克蘭英雄白廳」（White Hall of the Heroes of Ukraine）。我也把勇氣勳章（Order of Courage）頒給已故紀錄片攝影師萊文（Maks Levin）❷的家屬，他在基輔被佔領區遭敵人殺害。他的一生做出重大貢獻，讓我們看到、知道我們國家的狀況。

我依照慣例，在發表晚間演說前簽署行政命令，表揚兩百九十二位烏克蘭官兵，其中五十七人為國捐軀。

我們永遠記得為烏克蘭捐軀的每一個人！

永遠感謝每一位捍衛者！

一切為勝利、一切為和平、一切為烏克蘭！

榮耀歸於烏克蘭！（簡恒宇 譯）

---

1. 瑪麗亞宮現為烏克蘭總統官邸及國賓館。
2. 萊文是知名烏克蘭攝影師，曾為《路透》、聯合國兒童基金會和世界衛生組織工作。他2022年3月12日失蹤，4月1日遺體在基輔附近村莊被發現，身中兩槍離世。

29 | 制裁仍然不夠

如果沒有真的能打擊俄羅斯的系列制裁措施，莫斯科會以為全世界默許其攻擊

If there is no really painful package of sanctions against Russia, it will be considered by Moscow as a permission to attack.

7 April 2022

在4月7日對全國人民的演說中，澤倫斯基陳述了許多國家目睹發生在布查等地的慘案後，態度和立場的轉變。

他堅持各國一定要找到辦法實施對俄羅斯的石油禁運。

澤倫斯基還提出，為了穩定國家經濟，必須共同想出辦法和解方。「如果需要將企業從某些地區遷移，那就必須去做。若需要修法為企業提供更多發展空間，國會議員就得盡快照做。如果需要替返回國內的人民創造特殊條件，在特定地區形勢安全允許下，各級領導必須全力以赴，設法將人民送回安全區域。」

烏克蘭國民！

我們的捍衛者！

這世界對現代俄羅斯的態度似乎終於發生改變，在目睹了俄軍撤出布查之後。

現在面對每個俄羅斯人的態度很簡單：你若不支持尋求和平，就是在擁護無端的屠殺。

每一位俄羅斯公民，在布查、伊爾平和其他俄軍入侵城市遭到殺害的烏克蘭男女，是你決定支持戰爭還是和平的最新理由。若你支持戰爭，那麼你將永遠被摒棄，直到生命盡頭，最終你將失去一切。如果你擁護和平，如果你對俄軍在烏克蘭的所作所為感到絲毫羞愧，那麼現在是諸位俄羅斯公民的關鍵時刻：你必須要求結束戰爭，確切地強烈要求。現在就呼求和平，即使會失去某些東西，即使將以某種方式面對俄羅斯鎮壓機器，也好過在餘生裡被當成納粹看待。這不僅是對俄羅斯的任何公眾人物、企業家，也包含平凡百姓。

納粹主義是一條死路，大屠殺沒有前途。俄羅斯每一個不要求終結這場可恥戰爭的人，每一個不要求俄軍從烏克蘭撤出的人，都沒有未來可言。

看來，俄羅斯的領導階層真的很害怕世人的憤怒，因為在布查目睹的慘況將於其他城市重演，而我們一定會把佔領者從那些城市趕走。我們有消息說，俄軍已經改變戰術，正試圖將死者從被佔領區的街道和地下室移走。被殺害的烏克蘭人啊，這只是隱藏證據的企圖而已。

但他們不會得逞的，因為他們殺戮無數，不可能迴避責任。

我們知道有數千人失蹤，我們已經知道有成千上萬的人可能被驅逐到俄羅斯或慘遭殺害，這些人的命運沒有其他選擇。

現在多虧有客觀的調查、目擊者，人造衛星對地球發生事件的監控，還有其他協助查明真相的工具，我們將會釐清大多數失蹤公民的情況，以及俄羅斯人在烏克蘭犯下的大部分戰爭罪行。

當世界開始爭論，能否將俄軍在烏克蘭領土的罪行稱為種族滅絕，俄羅斯就再也無法阻止對真相的追尋，用盡辦法都阻止不了，只能迅速放棄對烏克蘭的進一步侵略，以試圖減少對俄羅斯國家地位和關鍵決策者的損害。

若俄羅斯沒有任何改變，那就是自取滅亡，任何選擇繼續戰爭的人也都是如此。

今天，西方國家宣布針對俄羅斯的新一波制裁。禁止向俄羅斯投資，對俄羅斯的幾家系統重要性銀行施加限制，增加個人制裁以及其他限制。這些舉措看似驚人，但還不夠。

它仍不足以制裁世人在布查目擊的罪惡。罪惡仍在馬里烏波爾上演，在哈爾基夫的砲擊中，在俄羅斯企圖於頓巴斯發動的全球血腥攻勢中……

我們將繼續堅持國際金融業應該完全封鎖俄羅斯銀行系統。我們還將繼續堅持民主世界拒絕以任何形式購買俄羅斯石油。石油出口正是俄羅斯實行侵略的基礎，是讓俄羅斯領導階層不認真考慮終結戰火和解放烏克蘭領土談判的基礎。

還有一些政治人物仍無法決定，該如何限制美元和歐元經石油貿易流入俄羅斯，以避免危及他們本國的經濟。然而，一個人投身政治本來就是為了要解決此類艱鉅任務，快速依照該堅持的原則解決它們。如果你沒有這些能力，那麼你根本不該從政。

無論如何，一定要找到辦法，對俄羅斯石油實施禁運。唯一的問題是，還要給俄軍多久時間，殺死多少烏克蘭男女，好讓你們稍微從哪裡借來一點決心——我說的是你們這些政客，我們認得出你們。

> **還要給俄軍多久時間，殺死多少烏克蘭男女，好讓你們稍微從哪裡借來一點決心？**

美國財政部已暫時禁止俄羅斯使用美國銀行帳戶和相關資產償債，這很好，很明確，對此我感激不盡。但要制止戰爭，還需要做更多的事。

若沒有對俄羅斯實施能真正打擊它的一系列制裁措施，若不提供我們真正需要並多次要求供應的武器，俄羅斯將會當成許可，以為它能更進一步侵略、攻擊，在頓巴斯掀起新一輪血腥浪潮。

現在還來得及防止，仍有機會實施烏克蘭和我們人民堅持的制裁，依舊可為我們提供能真正阻止侵略的武器。西方做得到的。

去年，西方國家本可以實施預防性制裁來制止俄羅斯入侵。現在如果又重蹈覆轍，又再不採取預防措施，整個西方世界將鑄成歷史性錯誤。

今天，我向愛爾蘭國會和其人民發表演講。2月24日之後，愛爾蘭是最先向我國提供援助的國家之一，也是在歐洲議會上發揮原則性領導、要求向俄羅斯有效且果斷施壓的國家之一。

演說結束後，我們獲得好消息：愛爾蘭全力支持加速讓烏克蘭加入歐盟，並盡力施壓要求俄羅斯結束這場戰爭。

明天，我將對希臘和賽普勒斯共和國兩國議會發表演說。

今天下午，我在基輔與內閣部長開會，關鍵議題是國家預算的執行和我國經濟活動。我們必須盡可能恢復國內企業的工作和貿易活動，並在能夠安全工作的國土上重振中小企業。

經濟也是我們為自由、國家和人民而戰的前線。因此，我們始終需要設法適應形勢。現在，我們要盡量發揮創造力和勇氣來解決經濟問題，這不僅需要動員政府官員和整個中央政府，整體而言，還需要地方政府、政治和商業群體裡的所有領導人物全力以赴。

為了穩定國家經濟，我們必須共同想出辦法和解方。如果需要將企業從某些地區遷移，那就必須去做。若需要修法為企業提供更多發展空間，國會議員就得盡快照做。如果需要替返回國內的人民創造特殊條件，在特定地區形勢安全允許下，各級領導必須全力以赴，設法將人民送回安全區域。

今天，是俄羅斯入侵的第四十二天。這在軍事歷史上不算太久，但已足以深刻影響個人的生活。現在，我們許多在俄羅斯入侵後逃離城市和社區的人們可能很想知道：下一步該怎麼辦？下一步要往哪去？特別是逃到國外的烏克蘭人、基輔人民，以及移居西部地區的北部、中部其他城市居民。

我呼籲，所有在沒有與敵人直接對抗威脅的地區領導人，盡量讓人民返回家園，重拾工作，重啟經濟生產。在安全的情況下，盡可能回

到往常生活。

　地方政府的每一個層級，市長、市民代表和地區議會，都該這麼做。為每個地區尋找辦法吧！與政府一起，與我們一起，與總統辦公室一起，與國會的代表一起。經濟運作良好跟我們勇敢、強大的軍隊一樣重要。

　俄羅斯佔領者繼續集結兵力，企圖征服頓巴斯。

　他們正在準備重新主動進犯。

　而我們正在準備逐步削弱俄羅斯的軍事實力、人力和設備。我們會戰鬥下去，我們不會退縮。在俄羅斯真心尋求和平之前，我們將找出所有方法來保衛自己。

　這攸關我們的土地，我們的未來，我們永不放棄。

　我每天毫不疲倦地感謝著我們的每一位捍衛者，我們全體武裝部隊、情報機構、特種部隊、國家警察，以及所有給予我們希望和相信最終能勝利的人們。讓我們期望和平到來。

　由衷地感謝！真心地尊敬！

　在今晚的演講之前，我按照慣例簽署法令授予我們的英雄，一百六十八名武裝部隊軍人，以及三名情報總局（Main Directorate of Intelligence）人員。

　永恆的榮耀歸於保衛烏克蘭的每一人！

　永遠懷念為國捐軀的每一位勇士！

　榮耀歸於烏克蘭！（蔡語嫣 譯）

30 | 這不應該是新的溫泉關戰役

於希臘議會演說

Speech by President of Ukraine Volodymyr Zelenskyy in the Parliament of Greece.

7 April 2022

公元前480年，波斯帝國國王薛西斯一世率大軍征伐希臘，在溫泉關遭到斯巴達國王列奧尼達一世的阻擋。列奧尼達一世率斯巴達三百勇士及其他友軍以寡敵眾，雖然全數陣亡，但為雅典等其他希臘城邦爭取到最終擊退波斯軍隊，從此無力再犯的機會。

澤倫斯基在4月7日對希臘國會的演講裡，除了陳述兩國在歷史上的關係之外，也提到了在馬里烏波爾孤軍奮戰，以寡敵眾的烏克蘭軍隊，希望希臘幫助拯救他們的英雄。否則，他說將來回顧的時候，大家應該沒辦法只是心安理得地說一句：「這是場新的溫泉關戰役。」

親愛的議長先生！

親愛的總統先生！

親愛的總理先生！

親愛的希臘議會議員！

希臘人民！

早安！

一個多月以來，我每天早晨都從馬里烏波爾開始，了解正遭到俄軍摧毀的烏克蘭城市裡發生了什麼事。二戰終戰後的歐洲歷史上，從來沒有發生過一座城市如此被化為灰燼、徹底摧毀的情況；如此受到圍困，居民在飢餓與乾渴中死去的情況。

那是一座擁有約五十萬人口的城市！大約還有十萬人困在裡面，那裡幾乎沒有一棟建築完好無損，城市中絕大多數建築都被摧毀殆盡。

俄羅斯軍隊毀滅了一切。他們炸毀了醫院、婦產科醫院和公寓。他們甚至夷平市民為躲避炸彈而藏身的城市劇院，建築旁邊寫有每個人都看得見的大字——「兒童」。俄羅斯飛行員分明看見了，卻照樣實施空襲。

馬里烏波爾幾乎全毀。我相信各位都已經看見這座城市現在的模樣。在俄羅斯聯邦抵達之後，一切化為烏有。這就是俄羅斯在我們和平的馬里烏波爾所犯下的行徑。這也是各位和平的馬里烏波爾，該城市長期是一大群希臘人的家園，擁有世界上最大的希臘裔烏克蘭人社區之一。幾個世紀以來，我們的人民並肩生活，養育後代，建設未來。

烏克蘭和希臘之間擁有的聯繫，悠久到難以溯源。希臘人來我們黑海沿岸的建立城市，進行文化交流與貿易，社區共存，這有數千年歷史。希臘的克森尼索（Chersonesus）❶ 甚至出現在我們國家貨幣格里夫納上。

在我國以及整個地區，基督教的發展都與希臘息息相關。烏克蘭是最大的希臘正教 ❷ 國家之一，洗禮之光是由希臘人帶來的。若有人試圖從烏克蘭的歷史和文化中剝去希臘根源，我們將因此失去自己的一部分根基。

同樣，各位歷史的基礎，各位的民族自我認知，也都與烏克蘭土地息息相關。「不自由毋寧死！」❸ 這句話不僅代表烏克蘭抵擋俄羅斯侵略的奮鬥，也代表了各位，因為有一部分的希臘就來自我國奧德薩—— ❹ 另一座就像馬里烏波爾一樣，也是俄羅斯試圖摧毀的烏克蘭南部城市。

上周，貴國外交部長親抵奧德薩時，這座城市正遭受俄羅斯的砲

> **「不自由毋寧死!」這句話不僅代表烏克蘭抵擋俄羅斯侵略的奮鬥，也代表了各位。**

---

1. 始建於西元前6世紀，坐落在黑海之濱的古希臘殖民城市，現在位於俄占烏克蘭的克里米亞半島塞凡堡（Sevastopol）郊區，有「烏克蘭的龐貝城」之稱。
2. 即東正教，俄羅斯和烏克蘭人民大部份都信奉東正教。
3. 1821年至1832年間，希臘發起反抗鄂圖曼帝國的獨立戰爭，這句話出現於當時，至今已是希臘國家格言。
4. 西元前6世紀中期，希臘人曾經在奧德薩建立過殖民地。

火，另一波飛彈侵襲。今日奧德薩已無槍響，為什麼？只因正在阻止俄羅斯襲擊的烏克蘭武裝部隊，將野蠻的俄軍從俄國領導階層長期指揮攻擊奧德薩的方向上擊退。

　　幾世紀來烏克蘭和希臘人民享有和平與繁榮的家園，現在遭俄軍帶來死亡和破壞。此外，俄羅斯又開始驅逐烏克蘭南部民眾。至少有數萬名我國人民已經被驅逐至俄羅斯和俄羅斯暫時佔領的烏克蘭領土，這些人都是受俄軍襲擊的馬里烏波爾和其他城市、社區的居民。

　　希臘人和烏克蘭人都不是第一次遭到俄羅斯強制遷移，但俄羅斯國家也絕不會是最後一次這麼做。畢竟俄羅斯堅信其所作所為不會有任何報應。

　　我們必須阻止！我們必須將俄羅斯繩之以法，必須從等同馬里烏波爾遭受的破壞當中拯救奧德薩。我們必須尋回所有人，被俄羅斯驅逐的人民。我們必須至少拯救那些能從馬里烏波爾生還的人們！

　　各位女士、先生！

　　希臘人民！

　　成立於我國奧德薩的友誼社（Filiki Eteria），[5] 在貴國歷史上發揮了無可估量的作用。我現在公開呼籲各位，建立一個新的友誼聯盟，這將能拯救我國南部的烏克蘭人和希臘人，這將能夠幫助馬里

---

5. 成立於1814年的秘密組織，目的為推翻鄂圖曼帝國對希臘的統治，並建立一個獨立的希臘國家。該組織後在1821年春天發動希臘獨立戰爭。

烏波爾。

這座城市需要人道主義援助！這座城市需要拯救它的人民——倖存者和傷員。自3月初以來，俄羅斯持續對馬里烏波爾進行海陸封鎖，甚至不允許基本人道援助物資進入。我相信，希臘的力量能協助達成這項任務。時間已經不多。

現在，關於這座城市的命運，我請各位在聆聽我的演說之餘，也聽聽兩名馬里烏波爾的捍衛者的話。他們現在就在那裡，正與同袍一起阻止俄羅斯的進攻。請聽聽這兩名是烏克蘭人，同時也是希臘人的話。

其中一人必須戴面罩，不露面。因為他的家人和父母身處俄羅斯佔領的城鎮，期盼各位理解。

> **發起戰爭者必敗、試圖破壞他人獨立和國土完整者必敗、任何利用經濟或能源危機來威脅歐洲的人必敗。**

我要感謝希臘向烏克蘭提供的人道和國防援助，也感謝民主世界援以大規模制裁政策。但戰爭仍在繼續，馬里烏波爾的破壞仍在繼續。各位都知道，這些英雄正在俄軍不斷進逼的領土上將其剿除。

我呼籲各位，利用貴國的影響力和作為歐盟成員國的機會，組織拯救馬里烏波爾的行動。我敦促各位幫我們更多的忙，好讓俄羅斯尋求和平，甚至放棄征服烏克蘭的夢想。因為俄羅斯對我們發動的這場戰爭，實際上正在摧毀烏克蘭人和希臘人長期共同創造的一切。 在俄羅斯火砲和炸彈轟炸之後，還會剩下什麼？ 我告訴大家：它們將摧毀我們全部的共同歷史，我們的共同遺產。

將來，當我們提起馬里烏波爾的時候，看著這些英雄以自己的生命擋下龐大的敵軍，應該沒辦法心安理得地說一句：「這是場新的溫泉關（Thermopylae）[6] 戰役。」現在，我們還有機會拯救我們的英雄。

　　我們還可以將俄羅斯敵軍趕出烏克蘭國土。我們可以給俄羅斯和任何其他潛在侵略者一次刻骨銘心的教訓：發起戰爭者必敗、試圖破壞他人獨立和國土完整者必敗、任何利用經濟或能源危機來威脅歐洲的人必敗。

　　說實話，俄羅斯從一開始的行動就不僅針對烏克蘭，而是鎖定整個歐洲。俄羅斯正在竭盡全力讓歐洲人無能源可用，使歐洲成為能源匱乏的大陸。俄羅斯正在盡可能讓許多國家爆發通貨膨脹。去年，俄羅斯蓄意使歐洲天然氣不足。現在，它正戮力在全球糧食市場釀成短缺。

　　對俄羅斯聯邦的伎倆做出反擊攸關歐洲人的榮耀。只要俄軍封鎖和平城市並驅趕人民，任何俄羅斯銀行就不能從世界金融體系中賺錢。他們必須都被封鎖，全部，而不僅是部分而已。

　　只要這場毫無意義的野蠻戰爭還在繼續，就不能讓任何俄羅斯船隻駛進民主世界的港口。為什麼要幫助他們？好讓他們能賺更多製造飛彈和炸彈的錢，能夠摧毀馬里烏波爾、奧德薩和其他烏克蘭城市？

---

6. 希臘一處狹窄沿海通道中的渡河關口，曾發生多場戰役。其中最著名的是，西元前480年，波希戰爭期間，一支幾千人的希臘部隊（包括著名的三百斯巴達壯士）在此迎戰數量遠大於他們的波斯人。從那時起，溫泉關就被用來形容，以少數兵力英勇抵抗強大敵人。

首先，請不要支持俄羅斯的油輪，這些油輪為俄羅斯不斷提供殺戮的金流。

　　烏克蘭還需要武器來迫使俄軍離開我國，特別是防空系統、火箭系統和砲彈、裝甲車和其他西方每個人都很清楚的東西。烏克蘭越早收到援助，在烏克蘭能拯救的生命就越多。

　　還有一件事，在歷史上，我們兩個國家始終密切相連。我相信，我們將為烏克蘭國土帶來和平，把所有針對烏克蘭人、希臘人和俄軍底下受害者的戰爭罪行交付審判。

　　我們將能重建馬里烏波爾和所有其他烏克蘭社群，在那裡，烏克蘭和希臘的人民將像以前一樣和平、互相尊重地生活。

　　我也相信，很快地，烏克蘭和希臘就會在我們共同的歐洲家園──歐盟，獲得平等對待。我相信這一點！我知道一定會的！

　　我們終將勝利！只有團結能帶來勝利！

　　感謝各位的支持！

　　榮耀歸於烏克蘭！（蔡語嫣 譯）

烏日霍羅德當地居民齊聚一堂，同心協力為國家的守衛者製作迷彩網。

31 | 烏克蘭有勇氣保衛自己

於芬蘭議會演說

Speech by President of Ukraine Volodymyr Zelenskyy in Eduskunta, the Parliament of Finland.

8 April 2022

4月8日，澤倫斯基對芬蘭國會演說。他喚起七十年前芬蘭也曾經抵禦蘇聯入侵的記憶，提醒「俄羅斯對烏克蘭的戰爭不僅決定我國、我國人民的命運，還決定了所有與俄羅斯有共同邊界的人們的命運。」澤倫斯基還推崇了芬蘭在教育領域的領導地位，因而邀請芬蘭一起投入烏克蘭教育部門的重建和教育現代化。

親愛的議長！

親愛的總統！

親愛的總理！

政府官員！

親愛的芬蘭國會（Eduskunta）議員！

親愛的德國總統！

親愛的瑞士國會議長！

芬蘭人民！

我先從今天早上發生的事情說起。

俄軍攻擊了我國克拉馬托斯克火車站。就是一般車站。就是一般人，沒有軍隊。就是正在等待火車開往安全地區的普通百姓，他們卻用飛彈攻擊了這些人。現在有目擊者、有影像證明、有飛彈殘骸，但已幾無人影。目前至少三十人死亡，約三百人受傷。

再強調一次：這發生在一個普通的火車站，在我國東部的一座普通城市。這就是俄羅斯所謂「保衛」頓巴斯、所謂「保護」俄語裔民眾的方式。這就是我們在開戰第四十四天的經歷，繼我國東部發生八年戰爭之後。

請各位默哀片刻，以紀念所有遭到俄羅斯軍人、俄羅斯飛彈、俄羅斯炮彈殺害的烏克蘭男女……

感謝各位。

為了佔領烏克蘭，俄羅斯已經調動所有具戰鬥能力的部隊，包括遠

東地區。但即使如此還不夠。所以俄羅斯正在盡可能募集更多有能力作戰的兵力，尋求世界各地的傭兵，從各種實質恐怖組織和俄國官員創建的「私人軍隊」當中派出武裝份子，我們在被俘俄軍當中發現多名，以繼續侵略烏克蘭。

這些人裡有經驗豐富的殺手，也有還不滿二十歲的年輕男孩，但他們都講不清楚為什麼要對烏克蘭發動這場戰爭，以飛彈襲擊平民的目的是什麼，還有全世界在布查，以及其他烏克蘭軍隊解放的城市裡所看見的殘忍行為是為了什麼。

他們持續的戰鬥方式經常讓人懷疑：「這還算是是人類嗎？」

當然，在我國土地上的近二十萬俄羅斯佔領者中，也有人想盡辦法不想打仗。他們逃回俄羅斯，故意投降、受重傷住進醫院，只為了離開戰區。

但這些人仍是少數。俄羅斯大部分軍人仍無端地在我國領土上繼續進行戰爭。這完全沒有意義，並且極其殘忍。他們持續的戰鬥方式經常讓人懷疑：「這還算是人類嗎？」

昨天，俄軍用大砲向卡科夫卡（Kakhovka）水庫一艘載有平民的船隻開火。這些人只是想逃出被佔領區，卻被「冰雹」火箭擊中，三個孩子，十一個大人。在水庫中央的船上，離岸幾十公尺，就這麼遭火箭擊中……

在我國遭俄軍進犯的地區，道路上成千上萬輛汽車滿是彈痕。只是普通的車，屬於只想活下去的普通百姓的車。俄羅斯軍隊肯定知道那

是一般平民，他們知道平民毫無威脅可言，但還是開槍。

還有很多平民百姓坐在汽車裡被戰車輾壓過去。就是字面上的意思，被戰車輾得粉碎。

各位都知道俄軍在我國布查犯下了什麼罪行。但他們每天仍在到處複製布查慘劇——從克拉馬托斯克到馬里烏波爾，從哈爾基夫到赫爾松。

而我相信各位深知，如果俄軍奉命入侵貴國領土，他們也會採取同樣行動。我不希望這發生在各位身上。他們會在你們的城市，犯下如布查的行徑。任何城市被俄羅斯領導人盯上，宣稱是俄羅斯帝國的一部分，而不是別人國家的領土，他們就會做出這種事。

就算俄羅斯軍人不明白為什麼領導人需要這些土地，他們仍然會投入戰爭。因為現在，俄羅斯對外人的仇恨和蔑視，已經拉高到國家層次了。

各位女士、先生！

芬蘭的人民！

各位已經在自身的歷史中，體認過俄羅斯侵犯的殘忍和荒謬。老實說：威脅依然存在。必須竭盡全力防止這種情況再次發生。

現在，俄羅斯對烏克蘭的戰爭不僅決定我國、我國人民的命運，還決定了所有與俄羅斯有共同邊界的人們的命運。

就像八十三年前的貴國一樣，今天烏克蘭有勇氣保衛自己，抵禦規模遠大於自身的敵人。從數量來說，敵人為數眾多。他們擁有許多裝

備和飛彈，有很多人力能投入戰爭，也有從石油貿易中賺取的大量美元和歐元，可用於宣傳侵略。

但是，正如各位的勇氣將貴國從史達林（Joseph Stalin）❶的進犯中拯救，我們的勇氣也抵抗了這次入侵。已經四十四天了。但為取得勝利，還更多事情需要做。

當然，與二戰前不同的是，民主世界已經意識到，絕不能忽視獨裁政權擴張，必須支持為自由奮起反抗的人民。但不幸的是，當前許多有影響力的政治人物對此事的領悟還不及其人民，一些大國比小國更不懂得這個道理。

每一天，我們仍然必須設法說服一些世界強國，為什麼有必要對俄羅斯實施其無法規避的制裁，迫使其停止戰爭機器。我們仍然需要尋求必要的幫助和武器，但卻得知，我們還是無法立即獲得飛機、反飛彈系統、戰車、反艦武器。

我們被迫等待的同時，我國每天都有數百人因俄羅斯空襲喪生，數十座城市被摧毀，超過一千萬名烏克蘭人在國內流離失所，其中有超過三百萬人逃離國境……我們必須共同努力，好讓百姓回到家園。我們必須盡力制止俄羅斯，阻止戰爭！好讓烏克蘭恢復和平，好讓俄羅斯佔領者離開我國的主權領土。各位女士、先生！不能再耽擱了。

我們被要求繼續等待……但我有一個疑問：是否該讓屠殺我國人民

---

1. 二戰期間，1939年11月30日蘇聯入侵芬蘭，蘇聯與芬蘭爆發冬季戰爭。蘇聯雖在兵力、武器方面佔有壓倒性優勢，但最終僅慘勝芬蘭。

的人們，和要求我們等待的人們，共同對烏克蘭人的死負起責任？那些要求我們繼續等待最急迫物資的人，要求我們等待機會再保衛自身的生命的人，要求我們等待武器的人。

我要誠摯感謝，芬蘭在俄羅斯入侵之初就立刻給予協助，做出向烏克蘭提供國防支持的歷史性決定，並在制裁問題上堅持原則，成為我們抗戰聯盟的道德領袖之一。

但為了你我共同的自由，我呼籲貴國，在歐盟層面和與歐洲國家的雙邊關係中，表現出更強大的領導力，以支持烏克蘭爭取自由之戰。

隨著這場戰爭繼續下去，到獨裁者敗給烏克蘭的時候，那將是幾十年來對歐洲安全最大的貢獻。同時，也是對貴國安全的巨大貢獻。這就是為什麼我們需要貴國各位歐盟夥伴所擁有的武器。這就是為什麼我們需要對俄羅斯實施真正有效、有力的制裁，也是永久的制裁。這樣的「制裁雞尾酒」將被稱為「莫洛托夫雞尾酒」（Molotov cocktails），❷ 請堅持下去！

我要感謝那些已經停止經營俄羅斯市場的芬蘭公司。但各位必須切斷與這個國家的經濟聯繫。因此我呼籲，請對那些繼續在俄羅斯繳納稅金和消費稅的公司施加壓力，他們這是在繼續支持俄國的軍事機器。而所有俄羅斯銀行也都必須立即自全球金融體系逐出。

---

2. 莫洛托夫雞尾酒（Molotov Cocktail），得名自蘇聯外交部長莫洛托夫。二次大戰時蘇聯入侵芬蘭，以燃燒彈轟炸城市及平民，經各國強烈譴責，莫洛托夫辯稱乃為芬蘭人民投送麵包，芬蘭軍民便將蘇聯投下的燃燒彈謔稱為「莫洛托夫的麵包籃」。後來，芬蘭軍民以承裝汽油的酒瓶回擊，遂稱為「莫洛托夫雞尾酒」。

面對俄羅斯對歐洲和民主世界的威脅，我們不能自縛手腳，只做出局部回應。因為如果留下滋養獨裁的溫床，自由將無法存活。所以我們還需要一起思考，如何保護歐洲免受俄羅斯能源武器的傷害。

每個受過教育的人都知道，化石燃料的時代已經過去。人類不能再依賴煤炭、石油。我們需要為每個人尋找更清潔的能源。如果俄羅斯利用能源收益來侵略其他國家，在世界上傳播仇恨，這應該是大家多一個拋棄化石燃料的額外誘因。相關的決策過程應該因而加速。

和平具有普世價值，戰爭是普世邪惡。

歐洲忽視禁運俄羅斯石油的必要，還要多久？這是一個全方位的安全問題──從環境到軍事。

我呼籲各位，向歐盟的每一國大聲疾呼，以便促成必要的決定。世界知道該如何做到。儘管不可避免，但如果歐洲現在還不想實際切斷供應，如果還沒有準備好，那麼首先必須是實施一項計劃，限制石油資金流入俄羅斯，將這筆錢存進俄羅斯無法使用的特殊帳戶內。讓俄羅斯必須先恢復和平，負起戰爭罪行，才能從石油貿易中賺取美元和歐元。只有讓它銘記赫爾辛基精神，全面恢復《赫爾辛基協議》（Helsinki Accords），❸ 才有可能在必要時討論經濟問題。

---

3. 1970年代初期，歐洲安全暨合作會議一系列會談的最終法案，1975年在赫爾辛基簽訂，由包含蘇聯、美國與歐洲共三十五個國家簽署，內容引用十項具體原則，包括對人權的尊重，確認邊境不可侵犯、確認國土完整性等。

而當我們說必須停止戰爭的時候，這應該是不論任何文化與語言都共同明白的道理。當我用烏克蘭語說這句話的時候，我覺得沒有人會不懂我的意思。同樣的，用德語、阿拉伯語、中文或任何其他語言來說也是一樣。

　和平具有普世價值，戰爭是普世邪惡。

　各位女士、先生！

　芬蘭的人民！

　我相信常識仍然勝於一切。我相信，你我將能共同捍衛自由，也捍衛烏克蘭。因此，我們現在需要考慮如何在戰後重建國家。

　全世界都知道貴國和貴國人民在教育領域的領導地位。貴國真正建立了一個保護個人自由，教導尊重他人、環境和世界的教育體系。其他國家也應學習這一點！

　在俄羅斯入侵的一個半月裡，烏克蘭有九百二十八所教育機構遭到摧毀或損壞。有幼兒園，有學校，有大學。我邀請貴國，貴國的公司和專家，一起投入我國教育部門的重建和教育現代化。我們必須盡一己所能，確保即使歷經了這場殘酷戰爭之後，我國人民仍能維持心底的良善，對世界保持開放的心胸。我相信這一點。

　因為仇恨必敗，自由必勝。先從烏克蘭開始，然後遍及任何獨裁政權想要抬頭的地方。

　感謝芬蘭！

　願榮耀歸於烏克蘭！（蔡語媽 譯）

32 | 他們不知道我們真正的力量

在這場戰爭的五十天裡，
烏克蘭成為整個自由世界的英雄

During the 50 days of this war, Ukraine became a hero for the whole free world.

14 April 2022

成功防禦俄羅斯入侵的第五十天，澤倫斯基在4月14日發表對全國人民的演說，回顧俄羅斯在入侵之初曾以為五天就可以打垮烏克蘭，是太不了解他們了。也回顧2月24日那天世界上一些強國說的話，他們都深表同情，但沒有人認為烏克蘭能承受得住攻擊，許多人還建議澤倫斯基離國遠逃。

澤倫斯基說：「他們也不瞭解我們。」

這篇演講接近結束的時候，澤倫斯基用非常澎湃的表述來讚美了在各個崗位上保護國家的人。

最勇敢的國家，堅不可摧的人民！

我們已經承受俄羅斯的入侵五十天，雖然佔領者以為頂多五天就能讓我們屈服。這就是他們「對我們的了解」，這就是他們「與現實交朋友」的方式。

俄羅斯對烏克蘭發動的戰爭並不是始於2月24日。俄軍早在2014年就來到我國。他們佔領了克里米亞，把它變成一個大型軍事基地。他們使黑海和亞速海成為地球上最危險的海域之一。他們在頓巴斯發動了一場可怕、絕對諷刺的戰爭。他們已經殘殺我國人民整整八年，一萬四千人在這期間慘遭殺害！

世界各國對此有何反應？這已經是個耍嘴皮子的問題了。但這也就是為什麼俄羅斯認定他們可以發動一場全面戰爭也承受得起的原因。

到今天有些人還在爭論該對俄羅斯聯邦實施多嚴厲的制裁。但是，當俄軍已經在我國土地重現歐洲只有二戰才能見到的景象時，還有什麼可討論的呢？

在俄羅斯全面入侵的五十天裡，他們表明頓巴斯是俄羅斯的主要目標。俄國首要摧毀的是頓巴斯，正在摧毀的盧甘斯克和頓內次克地區好像只想留下一片焦土，不想留下任何活口。

他們強行徵召這些地區的居民進入軍隊，將人民送到最慘烈的戰鬥中，也就是我方防禦的前線。他們正在摧毀頓巴斯的城市和村莊，把過去八年來熬過戰爭的一切都燒毀。

八十年來，驕傲而井然有序的哈爾基夫從未受過俄羅斯帶來的如此

折磨。他們為什麼要摧毀它？將哈爾基夫付之一炬能達到什麼目的？

破壞沙爾提夫卡（Saltivka）或自由廣場（Freedom Square）究竟能給俄羅斯帶來什麼？

這些問題不再是耍嘴皮了。這是直指俄羅斯聯邦的入侵到底有多麼荒謬的問題。對於俄羅斯宣稱要「保護」的一切來說，這是多麼自我毀滅的行徑。對俄羅斯文化，對他們文化與國家的關係，甚至對俄羅斯語言來說，也都是如此。俄羅斯正在用它的武器在焚燒這一切。禍延至少數十年，連累好幾代人。

古老的車尼希夫有一千多年的歷史，見證過如此多的戰爭和入侵者，至少在21世紀，它應該得到和平與安寧。但是……俄羅斯人來了，使車尼希夫經歷自十世紀、自俄羅斯宣稱的羅斯相關時期以來最糟糕的情況。現在有關羅斯的迷思也不攻自破。羅斯不會自取滅亡，是外來者、蒙古人和其他入侵者導致它滅亡。今天進犯我國土地的人也是如此，他們也正以同樣的方式攻打我們，為了掠奪和凌虐的目的。

感謝上帝、烏克蘭武裝部隊和人民，我們保衛住國家的大部分領土。

我記得俄羅斯聯邦入侵的第一天。我記得2月24日那天聽到別人說了些什麼話。尤其是世界上一些強國說的話。說好聽一點，沒有人認為我們能承受得住。大家都深表同情。許多人建議我逃離這個國家，這形同建議我向獨裁政權投降。

但他們也不瞭解我們。他們不知道烏克蘭人有多麼勇敢，多麼珍

視自由和隨心所欲生活的機會。我們才不要像他們管治下生活的那些人——他們軍隊來到佔領我們的領土上，許多人才生平第一次看到廁所，甚至連普通家用電器都要偷搶。

佔領者將對他們在烏克蘭犯下的、還有對烏克蘭人所做的一切負責，包含布查、克拉馬托斯克、沃爾諾瓦哈（Volnovakha）、阿克提卡、霍斯托梅、博羅江卡、伊久姆，還有馬里烏波爾，以及所有被俄軍拉回80年前那個可怕時刻的烏克蘭城市社區。當時世界上每個人都說：「永不再來。」，但戰爭還是在此時、此刻再次爆發了。這次，我們將盡一切努力使它真的永不再來。

因為有關「如何保證烏克蘭和歐洲安全」的問題，不再會是耍嘴皮子的問題。我們將不允許這種事發生。

對每一個支持烏克蘭的人，我都充滿感激。那些立即詢問如何提供幫助的人，那些和我們背靠背站在一起的人，那些幫助我們獲得保家衛國必需物資的人。

五十天以來，這段時間讓我從世界各國領導人身上看到各種不同的面貌。我看到一些本身並不富裕的國家有多麼慷慨大方。我看到一些並沒有被全球領袖認真對待的國家有多麼非凡的決心。我看到民主世界裡確實還有人擁有足以保護自由免受獨裁衝擊的意志。我也看到有些政治人物表現得好像自己沒有實權一樣。我還看到一些不在政壇上的人在這五十天裡所做的事情，遠超過一些以領袖自居的政治人物。

但這些都只是額外的幫助，對我們所有保衛烏克蘭的人民來說。他們是阻攔俄羅斯綿延不斷的裝備縱隊，不讓敵人推進的人。他們是頂

住對頓巴斯一波波攻勢的人。他們是英勇保衛馬里烏波爾，挺住整個國家的人。他們是擋住南方攻勢的人。他們是讓我們喬爾諾巴伊夫卡（Chornobaivka）戰役揚名於世的人。他們是把敵人趕出北方的人。

他們是證明俄羅斯在空中毫無防禦能力的人，儘管俄羅斯已經在各種系統上花了幾百億美元來保護戰機。

他們是證明俄羅斯船艦能……直沉海底的人。

他們是幫助軍隊和社會獲得所需的人。

他們是從事拯救、治療、教育工作的人。他們是執行排雷任務的人。他們是為大家提供穩定網路的人。

他們是為整個國家重建供應鏈的人。

他們是保持財政穩定，拯救企業並繼續工作的人。

他們是幫助流離失所者的人。

他們是開始播種的人。他們是向烏克蘭提供正確資訊息、提供必要情緒撫慰的人。他們是我們所有的記者，所有合作完成全國電視馬拉松聯合新聞報導的人。

我們這五十天的防衛是一項成就。

數百萬烏克蘭人締造的成就。每個在 2 月 24 日做出人生重大決定，去戰鬥、好好做人、不輕言放棄、不背叛國家的人。

從遠古至今，人類不斷在尋找英雄。人們總是感謝英雄，總是支持勇敢的人，總相信人們會為良善而戰。在這場戰爭的五十天裡，烏克蘭成為整個自由世界的英雄。那些勇於直言不諱的人，那些對宣傳毒害免疫的人，各位都已經成為英雄。所有經受折磨而不放棄的烏克蘭

男女，你們將贏得最終勝利，將使烏克蘭恢復和平。我如此深信。

今天，我和我國將參加永不屈服運動會（Invictus Games）❶國際體育比賽的隊伍有一場交流。他們之中有退伍軍人，也有正在保家衛國的現役軍人。他們為自己必須出國參加比賽這件事而非常擔心。我向他們保證，我們將等待他們的歸來，一如往常般真誠地支持他們比賽。我相信，我國代表隊今年也會讓我們感到無比自豪。

按照慣例，每天晚上，我都會簽署法令，授予在保衛國家方面表現卓越的人們。烏克蘭武裝部隊的兩百二十一名軍人，其中三十四人受到追授。還有烏克蘭國家特別通信局（State Special Communications Service of Ukraine）的兩名成員。

我授予了烏克蘭武裝部隊第二九九戰術航空旅情報長瓦西里奧維奇（Kukurba Oleksandr Vasyliovych）少校「烏克蘭英雄」頭銜。多虧他的英勇作戰，我們剿滅了數十個敵方設備單位和數百名佔領者。

我還頒獎給一些無法透露姓名的人，他們肯定是因為做了對大家有益的事而得到獎勵。

永恆榮耀歸於保家衛國的所有人！

永恆懷念為國捐軀的每一位勇士！

榮耀歸於烏克蘭！（蔡語嫣 譯）

---

1. 永不屈服運動會由英國哈利王子（Prince Harry）於2014年創立，是專門為身障軍人及退伍軍人所舉辦的運動會。

33 | 請不要讓憤怒
從內部將我們摧毀

復活節祝賀
Easter congratulations.

24 April 2022

4月24日是烏克蘭的復活節。這一天澤倫斯基在基輔的聖索菲亞大教堂發表了演說。

他請每一個人都向主祈求，「對天堂傾吐相同的、偉大而團結的禱告詞。」

也在這一場演講的結尾，澤倫斯基說出「光明將戰勝黑暗，善良將戰勝邪惡，生命將戰勝死亡，也因此，烏克蘭必將勝利！」

偉大的烏克蘭人民！

今天是偉大的節日。我來到一個很偉大的地方，偉大的聖索菲亞大教堂。這座一千年歷史的大教堂，曾是基輔羅斯－烏克蘭（Kyivan Rus'-Ukraine）軍隊擊敗佩切涅格人（Pechenegs）的神聖戰場，也曾遭到蒙古游牧民族入侵和納粹的佔領，但它承受住一切摧殘，沒有倒下！

今天，我們都相信烏克蘭會取得新的勝利。我們都堅信，我們不會被任何野蠻或邪惡摧毀。

我們正在黑暗無光的時期裡堅忍抵抗。在這象徵光明的節日裡，我們大多數人都無法穿上光鮮亮麗的衣服。但我們正在為光明而戰，站在光明的這一邊。而真理、群眾、主和神聖的恩光都與我們同行。人類的守護聖者（patron saint）奧蘭塔（Oranta）❶的力量，正在庇護著我，眷顧我們所有人。

這是基督教會無可撼動的支柱，教會重鎮基輔堅不可摧的城牆，國家牢不可破的牆垣。只要有奧蘭塔，就有索菲亞，基輔便與祂站在一起，整個烏克蘭都與祂站在一起！

正如奧蘭塔像上的詩篇（Psalms）❷所言：「神在其中；城必不倒。到天一亮，神必護之。」在這偉大的日子裡，我們都相信，黎明

---

1. 在基督教當中，奧蘭塔是上帝之母的主要形象之一。奧蘭塔被描繪為向上舉手崇拜的祈禱姿態。源自11世紀的聖母奧蘭塔馬賽克聖像保存在基輔聖索菲亞大教堂內。
2. 該句源自《聖經》詩篇46:5。

即將到來。

奧蘭塔在拉丁語中的意思是「祈禱者」。過去兩個月，我們始終在祈禱。基督復活象徵著生命戰勝死亡的偉大勝利，讓我們每一個人都向主祈求，對天堂傾吐相同的、偉大而團結的禱告詞。

偉大、唯一的神啊！請拯救我們的烏克蘭！

請庇蔭那些保護我們的人！上天，請庇佑那些保衛祖國的人，請讓那些保護我們免遭囚俘的人更堅忍不拔。請拯救那些拯救了烏克蘭的人，他們是我們的軍隊、國民警衛隊、邊防部隊，我們的領土防禦、情報人員。請保護他們以及我們其他所有的光明戰士。

請幫助那些幫助他人的人，他們是來自烏克蘭與世界各地的志願者，和所有關心我們的人。請把力量賜給所有全力以赴的人，祈願每一雙尋求援助的手都能被接住，祈願每一個路上的人都能克服障礙。祈願所有竭盡全力拯救烏克蘭的人都永遠不會絕望，相信萬事皆有可能。

請拯救那些設法搶救他人性命的人，他們是我們的醫護人員、消防員、救援人員、工兵。祈願生命的勝利不僅是屬於這個節日的象徵，祈願生命每天都能戰勝死亡。

請照顧我們的母親，請給那些正在等待兒女從戰場歸來的母親賜予毅力。請讓那些不幸在前線失去孩子的母親堅強起來，請幫助在遭俄羅斯屠殺的和平城市與村莊裡痛失子女的母親克服椎心之痛。

請保佑我們所有的母親和祖母身體健康，好讓她們能見到親愛之人，見證和平、勝利與正義，安享入侵者偷不走的幸福晚年。今天，

她們不得不停下為孫子們編織圍巾和毛衣的手，改成編織迷彩偽裝網，所以請給予她們多年的平靜生活。

還有我們的父親，還有我們的祖父。他們曾向孫子講述戰爭的故事，今天卻不得不送孫兒去打仗。我們的父親和祖父親手建立起這個國家，今日卻目睹它被摧毀。請讓他們見到我國土地獲得解放與重建，請賜予我們力量完成它。

他們奔跑，卻是為了遠離槍聲。他們旅行，卻是因為失去家園，逃離戰亂。

請照顧我們所有的孩子。請讓每一個男孩和女孩都能獲得快樂青春、長大苗壯直到老年，這至少可以讓他們擺脫童年戰爭期間的可怕記憶。他們被迫玩的恐怖遊戲都不是孩子該玩的。他們玩捉迷藏，卻是在地下室，躲避炸彈。他們奔跑，卻是為了遠離槍聲。他們旅行，卻是因為失去家園，逃離戰亂。

請拯救所有烏克蘭人民！我們沒有攻擊任何人，所以請保護我們。我們從未摧毀過其他國家，所以請別讓任何人摧毀我們。我們從未奪取過他人的土地，所以請別讓任何人奪取我們的國土。

請拯救烏克蘭！請拯救河岸的兩側，在我們的左右雙頰正遭到毒打的時刻。凜冬雖然結束，春天卻未到來。來的是侵入我們家園的酷寒。破曉之前，我們卻身處黯淡無光的黑暗中。

上帝，我們相信在祢的決斷之日不會忘記那些人，那些忘卻祢所有誡律的人。

祢不會忘記布查、伊爾平、博羅江卡、霍斯托梅和所有經受殘暴罪行的倖存者，請給他們和我們土地賜予人世的幸福。

祢不會忘記車尼希夫、尼古拉耶夫、赫爾松、蘇密、哈爾基夫、伊久姆、克拉馬托斯克和沃爾諾瓦哈、波帕斯納亞（Popasna）。請讓所有聽聞可怕爆炸聲響的城鎮和村莊，能聽見勝利的煙火綻放。

祢不會遺忘馬里烏波爾及其英勇的捍衛者。敵人能摧毀我國的城牆，但無法動搖信念的根基。我們戰士的信念，整個國家的信念。

我們看到了可怕的戰爭場面，請讓我們也能見到幸福與和平。

光明將戰勝黑暗，善良將戰勝邪惡，生命將戰勝死亡。

我們正在經歷非常嚴峻的苦難。請讓我們在這條路上走到正義的終點、烏克蘭幸福生活和繁榮的起點！

我們的心中充滿強烈憤怒，我們的靈魂對侵略者和他們所做的一切充滿強烈仇恨。請不要讓憤怒從內部將我們摧毀，請讓我們化悲憤為外在成就，請讓我們化悲憤為一種善良的力量來擊敗邪惡勢力。

請拯救我們脫離紛爭和分裂。請不要讓我們失去團結。

請增強我們的意志和精神，請不要讓我們迷失自我，請不要讓我們失去對自由的渴望。所以，請別讓我們失去為正義奮鬥的熱忱。請別讓我們失去對勝利、自尊以及自由的希望。所以，請別讓我們失去烏克蘭，別讓我們失去信仰。

親愛的烏克蘭人民！

去年，我們在家裡慶祝復活節，是由於新冠疫情。今年我們也不能像往常那樣慶祝基督復活，因為另一種病毒，一種名為戰爭的瘟疫。

可是去年和當前的威脅至少有一個共同點，沒有任何事物能打敗烏克蘭。

今天這個重大節日給予我們巨大的希望和堅定的信念，光明將戰勝黑暗，善良將戰勝邪惡，生命將戰勝死亡，也因此，烏克蘭必將勝利！

今天，在復活節，我們祈求上帝賜予我們偉大的恩典，好讓我們偉大的夢想成真。當烏克蘭迎來偉大的和平時，這將是另一個偉大的日子。同時，我們也將獲得永恆的和諧與繁榮。

帶著無比信心，我在復活節祝福所有各位。

請保重自己。請保重你的親人。請保重烏克蘭！

基督復活！

祂的確已經復活！（蔡語嫣 譯）

34 | 邪惡終究會結束

二戰死難者悼念和解日演說

Address by the President of Ukraine on the Day of Remembrance and Reconciliation.

8 May 2022

每年5月8日，是歐洲慶祝德國無條件投降的日子，也是「二戰死難者悼念和解日」。

當二戰結束之時，大家都彼此保證讓戰爭「永不再來」，而澤倫斯基在今年這一天發表的演講裡，主題就圍繞在為什麼大家當年講得那麼肯定的「永不再來」今天卻變調了。

他提醒烏克蘭人民不要忘記歷史的教訓，也以歷史的歸納提醒大家：「任何邪惡總是以同樣的方式結束——它終究會結束。」

春天會是黑白的嗎？2月會永遠無止無盡嗎？堅定的承諾會貶值嗎？很不幸地，烏克蘭都知道這些問題的答案。很不幸地，這些答案都是「會」。

每年的5月8日，我們和整個文明世界一起，向二戰期間保衛地球免受納粹主義（Nazism）侵害的每一個人致敬。數百萬人逝去的生命、殘缺的命運、飽受折磨的靈魂，都有著數百萬個理由要向邪惡說：永不再來！

我們深知先人為這些智慧付出何種代價。我們深知保存它並將其傳承給後代是多麼地重要。但我們不知道，我們這一代人竟然會目睹人們對諾言的褻瀆，也發現，原來這些諾言並非對每個人來說都是真理。

今年我們說「永不再來」的語氣有些不同。我們聽「永不再來」的語氣有些不同。聽起來很痛苦、很殘酷。這次我們用的不是驚嘆號，而是問號。你會說：「永不再來？」請快告訴烏克蘭這個問句的答案。

2月24日那天，「永不」這個詞彙被抹去。槍聲和砲擊響起。數百枚飛彈在清晨4點將整個烏克蘭叫醒，我們聽見可怕的爆炸聲，我們聽見：「再來！」

博羅江卡（Borodyanka）這座城市是戰爭罪行受害者最多的地方之一！在我身後的便是眾多見證者之一，它不是軍事設施，也不是秘密基地，而是一棟普通的九層樓建築。這棟建築能對俄羅斯這個占全球陸地面積八分之一、擁有世界第二強大軍隊及核武的國家，構成任何

安全威脅嗎？還有什麼比這個問題更荒謬的嗎？的確有的。

這個超級強權用兩百五十公斤重的高爆炸彈轟炸了這座城鎮，使其變得麻木不仁，讓它再也無法說出：「永不再來！」這座城鎮現在什麼也說不出，而這裡的一切，無需言語也都變得一目了然。

看看這棟房子。這裡曾經有些牆，牆上貼著許多照片，照片裡有一些曾經走過戰爭煉獄的人。那時有五十個男人被送往德國從事強迫勞動。照片裡還有些人，是在納粹在這裡燒毀一百多棟房屋時，被活活燒死的。

二戰時，博羅江卡有兩百五十人從軍，在前線陣亡，還有大約一千名居民奮起對抗並擊退納粹。他們都是為了確保一件事：邪惡永不再來。他們奮鬥爭取的，是孩子們的未來，以及他們在這裡一直居住到2月24日的生活。

想像一下，那天晚上這些公寓裡的人就寢的情景。他們彼此互道晚安，熄燈，擁抱所愛的人，閉上雙眼，進入夢鄉。四周一片寂靜，他們全都睡著了，但不知道不是每個人都會醒來。他們睡得很香，做著愉悅的夢。但在幾個小時後，他們將會被飛彈的爆炸聲驚醒，而有人將永遠不再醒來，永不再醒。

「永不」這個詞就這樣從那句口號中消失。被俄羅斯所謂的「特殊行動」（special operation）❶切除了。他們往我們的心口捅了一刀，再看著我們的眼睛說：「不是我們做的！」他們拿「並不是一切事情

---

1. 俄羅斯不承認入侵烏克蘭是「戰爭」，聲稱是「特殊軍事行動」。

都說得明白的」這句話來凌虐我們。他們殺死了「永不再來」，並且說：「我們可以反覆地來」。

事情就這樣發生了，惡魔開始反覆出現。我們的城市再次出現了佔領者，在這座經歷過八十年來都難以忘懷的暴行但卻倖存下來的城市裡。他們經歷了歷史上第二個佔領日。在馬里烏波爾等城市，甚至是經歷第三個。納粹在佔領當地的兩年之間，殺死了一萬名平民。俄羅斯軍隊在佔領的兩個月期間，竟殺死了兩萬人。

邪惡回來了。這次它穿著不同的制服、喊著不同的口號，但心懷相同目的。

二戰結束後的幾十年，黑暗再次回到烏克蘭，一切再次變成黑白。再一次地！邪惡回來了。這次它穿著不同的制服、喊著不同的口號，但心懷相同目的。一場血腥的納粹主義重建行動在烏克蘭上演。一種對納粹體制的狂熱，對它思想、行動、文字和符號的狂熱再次復生。

當時的暴行，以及企圖給罪惡賦予神聖目的的「不在場證明」，都瘋狂又詳細地再現了。這些重新上演的罪行甚至企圖出於藍而勝於藍，搶下人類史上罪大惡極之最的皇冠。也為仇外情結、仇恨、種族主義及其受害人數，寫下新的世界紀錄。

永不再來！這本來是一位智者的唱頌！文明世界的讚歌！但是有人卻唱走調了，用懷疑的音符扭曲了「永不再來」的旋律。然後在眾人沉默中，他開始自己致命的邪惡詠嘆調。所有親眼目睹過納粹恐怖暴行的國家，都很清楚這一點。而今天，他們正在經歷可怕的情境重

現，再目睹一遍！

　　所有曾經被貼上「三流」標籤的國家，無權擁有自己國家或根本沒有生存權的奴隸，都聽過輕易就把某一國捧上天，把其他國抹滅的言論。他們主張你根本就不是真實的存在，說你是假造出來的，因此你不配擁有任何權利。今天，每個人都聽見那邪惡的說法。再一次聽見！

　　合起來，這兩件事也指出一個痛苦的事實：我們的抵抗，甚至還不滿一個世紀。我們的「永不再來」剛滿77年。是我們輕忽了邪惡，所以它又重生了。再一次，並且就在今天！

　　今天所有支持烏克蘭的國家和民族都明白這一點。儘管野獸戴上新面具，但他們還是認得出牠的真面目。因為他們與某些人不同，記得我們的先人是為了什麼而奮鬥和抵抗。他們沒有把兩者搞混，他們沒有改變立場，他們沒有忘記。

　　波蘭人沒有忘記。納粹是在他們的土地上行軍，打響了第二次世界大戰的第一槍。他們沒有忘記開始的時候邪惡是如何指控你、激怒你、稱你為侵略者，然後在凌晨四點四十五分攻擊你還聲稱是自我防衛。今天他們看見這些如何再一次發生在我們的土地上。他們記得被納粹摧毀的華沙（Warsaw），他們看見馬里烏波爾所遭受的一切。

　　英國人沒有忘記納粹是如何毀滅慘遭轟炸四十一次的考文垂（Coventry）。他們記得德國空軍（Luftwaffe）怎麼對這個城市連

他們主張你根本就不是真實的存在，說你是假造出來的，因此你不配擁有任何權利。

續轟炸十一個小時，還用「月光奏鳴曲」（Moonlight Sonata）❷伴奏。他們記得它的歷史中心、工廠、聖米迦勒教堂（St. Michael's Cathedral）是如何被摧毀。而今天他們又看見飛彈擊中哈爾基夫，看見它的歷史中心、工廠、聖母升天主教座堂（Assumption Cathedral）是如何被破壞。他們記得倫敦連續五十七個夜晚遭到轟炸、記得V-2火箭如何襲擊貝爾法斯特（Belfast）、樸次茅斯（Portsmouth）、利物浦（Liverpool）。今天他們也看見巡航飛彈如何擊中尼古拉耶夫（Mykolaiv）、克拉馬托斯克及車尼希夫。他們記得伯明罕（Birmingham）如何被轟炸，而它的姊妹市札波羅結又是如何被毀滅。

荷蘭人沒忘記。記得當納粹投下九十七噸重的炸彈之後，鹿特丹（Rotterdam）如何成為第一座遭到完全摧毀的城市。

法國人沒有忘記。記得納粹親衛隊（SS）在奧拉杜爾（Oradour-sur-Glane）活活燒死五百名女性和兒童。記得在蒂勒（Tulle）的大型絞刑台、阿斯克（Ascq）村莊的大屠殺，以及數千人在被占領的里耳（Lille）所發起的反抗集會。今天他們又看見布查、伊爾平、博羅江卡、沃爾諾瓦哈及特羅斯佳涅茨所發生的一切。他們看見人們不願放棄赫爾松、梅利托波爾、別爾江斯克（Berdyansk）等被占領的城市，成千上萬的人民參與和平集會，佔領者無力制止，就向平

---

2. 德國空軍1940年11月的轟炸行動代號。

民開槍。

捷克人也沒有忘記。記得納粹如何在不到一天的時間內摧毀利迪策（Lidice），徒留滿村灰燼。他們也看見波帕斯納亞（Popasna）被摧毀到連灰燼都不剩。

希臘人在大屠殺、處決、封鎖以及大饑荒中倖存過來，也從未忘記。

在兩道戰線上與邪惡戰鬥的美國人也沒有忘記，他們與同盟國一起通過了珍珠港（Pearl Harbor）和敦克爾克的考驗。今天，我們又正在共同經歷許多全新但同樣艱難的戰鬥。

所有納粹大屠殺的倖存者都不會忘記，一個民族可以如何憎恨另一個。

立陶宛人、拉脫維亞人、愛沙尼亞人、丹麥人、喬治亞人、亞美尼亞人、比利時人、挪威人等都沒有忘記。他們都是在自家土地上嚐過納粹主義之苦的人，也都是在反希特勒聯盟中擊敗納粹主義的人。

不幸的是，也有些人，雖然熬過了這些罪行，付出了犧牲數百萬人命為勝利而戰，並且最終也獲得勝利，如今卻褻瀆了死者的記憶和壯舉。

像那個允許從他的土地上向烏克蘭城市發射砲擊的人。這些城市可是他的祖先和我們祖先一起解放的。

像那個曾經對「不朽軍團」（Immortal Regiment）❸吐口水的人，

---

3. 俄羅斯民間組建，旨在紀念二戰蘇聯官兵。

如今卻把布查的凌虐者和他們擺在一起。

這些都在挑戰全人類。但他們卻忘了一件重要的事：任何邪惡總是以同樣的方式結束——它終究會結束。

烏克蘭同胞們！

今天，在「二戰死難者悼念和解日」的這天，我們向所有保衛祖國和世界免受納粹主義侵擾的人們致敬。同時，我們也看見烏克蘭人民的壯舉，以及其對「反希特勒聯盟」的貢獻。

> **但他們卻忘了一件重要的事：任何邪惡總是以同樣的方式結束——它終究會結束。**

爆炸、槍擊、壕溝、傷口、饑荒、轟炸、封鎖、大規模處決、懲罰性行動、佔領、集中營、毒氣室、黃星（yellow stars）、❹貧民窟、娘子谷、哈廷（Khatyn）、❺囚禁、強迫勞動。

他們犧牲自己，以便讓我們每個人不必自己親身體驗，也可以從書上知道這些詞彙的意思。這對他們真是不公平。不過，真理終將勝利，我們必能克服一切！

「狼人指揮部」（Werewolf）可以證明。它是希特勒設在文尼察（Vinnytsia）附近的地堡和總部，如今只剩石頭幾塊，以及一片廢

---

4. 又稱「猶太星」（Judenstern），是猶太人在不同歷史時期被要求佩戴的徽章。

5. 哈廷（Khatyn），白俄羅斯的村莊。1943年德軍為報復蘇聯游擊隊襲擊，幾乎殺光村民。不同於1940年蘇聯屠殺波蘭人的卡廷（Katyn）。

墟。一個自認偉大無敵人物的廢墟。

這是我們祖先努力奮鬥而來，賜給我們所有人和後代子孫的指引。這也證明了沒有任何惡行可以免責、可以被埋入地堡。那裡不會留下任何石塊。因此我們必能克服一切。而且我們確信自己可以做到，因為我們的軍隊和人民，都是那些曾經戰勝納粹的先烈的子孫。所以他們必能再次勝利。

然後和平將會再次到來。終將再臨！

我們終將戰勝這場從2月24日一路持續至5月8日的冬天，烏克蘭的艷陽必能將其融化！屆時，我們將和全國一起迎接我們的黎明，家人、愛人、朋友與至親將能再次團聚！團聚終將再來！在那些被暫時占領的城市和村莊上空，我們的旗幟將會再次飄揚。飄揚終將再次！我們會齊聚一堂、共享和平！和平終將再來！我們不再有黑白的惡夢，只有充滿藍色和黃色的美夢。美夢終將再來！我們的祖先就是為此而戰。

永遠尊敬對抗納粹主義的人們！

永遠緬懷在二戰中死難的人們！（陳艾伶 譯）

在博羅江卡被俄羅斯軍隊摧毀的建築物。

35 | 援助烏克蘭戰後重建的理由

於G7領袖視訊會議演說

Speech by the President of Ukraine at the video conference of the G7 leaders.

8 May 2022

5月8日，澤倫斯基也對G7領袖發表演說。

他明確地提出烏克蘭需要的三件事：一是武器，二是對俄羅斯的制裁，三是金援烏克蘭並協助戰後重建。

此外，澤倫斯基也建議由糧食出口國家創立一個有效的組織來保障世界糧食的安全，並說烏克蘭已經準備好一個計劃。

我想先感謝這次的邀請，謝謝你，總理先生。❶

我感謝所有敬重的領袖們給我這個機會，也感謝它發生在今天，沒錯就是今天。這對我們的國家是非常有力的支持。

親愛的朋友們！

我們今天以這樣的形式見面，是為了確認需要做什麼事，來阻止俄羅斯對烏克蘭發動的戰爭。

今天，5月8日，是紀念二戰所有受難者、脆弱的和平以及拒絕任何反人道主義政權的重要日子。但對於其他人來說，今天是什麼紀念日呢？很不幸的是，對我們的人民來說，這些只是新聞，每天都有的新聞。就在昨天，在盧甘斯克地區的比洛霍里夫卡（Bilohorivka）村莊裡，俄羅斯的炸彈殺死了六十位平民。當時他們在一所普通的學校內避難，但校內建築卻慘遭俄軍空襲。

這顯然是在模仿納粹對歐洲施加邪惡的行為。俄軍以飛彈轟炸奧德薩和其他城市，即是模仿納粹企圖透過狂轟濫炸來摧毀歐洲各地城市。

俄軍將超過五十萬名烏克蘭人驅逐至俄羅斯，並在遭佔領的烏克蘭領土上設置所謂的「過濾營」（filtration camps），都是在模仿納粹驅逐歐洲人民並設置集中營的行為。

每一天，我們的人民都會看見而且死於早該被拋棄的東西，那個絕不應該在七十七年之後回到歐洲的東西。

---

1. 指德國總理蕭爾茨（Olaf Scholz）。

但是，很不幸地，我得說：它回來了。這就是整個自由世界重新團結的原因，也是「租借法案」（Lend-Lease）、「馬歇爾計畫」（Marshall Plan）等歷史概念回歸的原因。我很感謝美國和我們的歐洲夥伴採取了這些措施。這也是為什麼我們以抗戰聯盟的形式重新團結，試圖拯救歐洲的民主與自由，並保障其和平與安全。我很感謝你們的團結一心。

　　但我們現在需要以什麼來取得勝利呢？來捍衛烏克蘭和全世界的自由呢？

　　第一，我們需要武器。

　　我很感謝你們已經為我們提供了防禦性援助。因為就如同二戰時期，自由的命運是在戰場上決定。所以，烏克蘭必須得到全部有助於擊敗暴政的武器和防禦設備。尤其是烏克蘭已提出要求的M142高機動性多管火箭系統（HIMARS）彈藥與M27多管火箭系統（MLRS）。如果我們能擁有，我們就能拯救許多人——那些身處在被佔領區的人們，例如我先前提到的比洛霍里夫卡或馬里烏波爾。

　　第二，我們需要制裁。

　　烏克蘭將永遠感謝各位為了和平而採取前所未有的制裁措施。但戰爭仍然持續，因此由麥克福爾（Michael McFaul）[2] 和葉爾馬克（Andriy Yermak）[3] 為首的特殊國家專家組織制定了行動計畫

---

2. 曾於2012年至2014年擔任美國駐俄羅斯大使。
3. 烏克蘭總統澤倫斯基的幕僚長。

（Action Plan），以加強對俄羅斯的制裁。

這是很必要的。我懇求各位實施這些制裁措施，或者至少提供各位的意見。

請千萬不要和俄羅斯進行進出口貿易！只要俄羅斯還在把賺來的錢用於破壞烏克蘭及歐洲的自由，就千萬不要。民主世界在防衛自我的時候，必須有所不為。

我們也要想辦法影響那些協助俄羅斯規避制裁的政治人物和公司。例如，我們一向通過管線向匈牙利運送石油，而現在該國政治人物不僅拒絕提供我們能源，還試圖放緩對俄羅斯的制裁行動，包含石油禁運。自由世界絕不該允許自己受到如此操縱。

此外，所有俄羅斯官員、執法人員以及為暴政效力的法官，都必須被列入制裁名單。目前，他們還都不在其中。每位俄羅斯戰犯也都必須透過國際合作，將其繩之以法並定罪。

我們也必須限制俄羅斯公民的簽證，以避免他們進到自由世界享受娛樂和購物。每一個人都必須反抗暴政，而非委曲求全。

第三，金援烏克蘭並協助戰後重建。

馬歇爾計畫在二戰後重建歐洲和創造新的發展環境上，扮演了歷史性的角色。現在，我們也需要一個類似的計畫，好讓世界看見自由不僅能在戰場上獲勝，也能在生活中獲勝。

只要戰爭還持續，我們每個月便需要五十億到七十億美元的援助。戰爭結束後，我們將會需要總計超過六千億美元的資金，來重建被俄羅斯摧毀的一切。

這個數目對我們國家來說很多、幾乎不可能實現。但對你們來說，這可能只是幾筆支出而已。

向烏克蘭提供財務援助和戰後重建，是為了防止自由世界在未來蒙受更大的損失。俄羅斯想要進軍歐洲，而世上所有也想毀滅鄰國的潛在侵略者都在看，看俄羅斯是否能成功，他們是否能如法炮製。

我們必須規劃戰後重建烏克蘭的工作，以便藉由最好的效率，運用民主國家的最佳經驗。特別的是，我們邀請了烏克蘭的朋友們加入重建工程，資助飽受戰爭摧殘的地區、城市和工業。譬如，英國就已經受邀資助被解放的基輔地區，以協助重建工程。

今天，有鑒於德國是G7的輪值主席國，我提議採用兩德統一的有效合作形式。它明確地規定誰將參與每個地區、城市、社區的重建計畫，而這種方式也確保了執行效率。

這種合作形式將加強歐洲的經濟和技術連結，不僅有利於我們的國家，也有利於各位的國家、各位的區域和各位的企業。

我也感謝歐盟和英國決定取消對我們的貿易關稅和配額限制。這是支持我們國家和自由的一劑強心針，也是我們樂見其他國家跟進的決定。

我呼籲G7所有的參與者，現在是消除雙邊貿易壁壘的時候了。事實上，我現在所說的一切，都只是一個問題的部分。這個問題就是，這場戰爭還要持續多久、還有多少破壞、烏克蘭還會有多少位受害者。

我們必須竭盡所能，盡快讓自由獲勝並終結戰爭。戰爭時間越長，暴政就獲益越多，而自由的損失也就越大。這不僅限於烏克蘭，而是整個歐洲大陸。

在烏克蘭，超過一千萬名境內流離失所者（IDPs）的生活已遭毀滅。而世界也正處在因俄羅斯暴行造成的糧食危機邊緣。德國總理今天也談到了這一點。所以，非洲和亞洲等數十個國家究竟會因為糧食短缺及糧價上漲引發的政治混亂，失去多少萬人的生命呢？

我們需要一個有效的工具來保障世界糧食的安全。我們建議來創建它。如果我們能有一個由糧食出口國家組成的組織，並且他們尊重國際法、重視民主價值、致力保護人權，包含生命權和福祉，那我們就能夠穩定糧食供應，並獲得終結饑荒的歷史性勝利。

烏克蘭已經準備好在適當的國際合作層級上，向各位介紹計畫的細節。

朋友們！

我讚揚您們每一位的努力，我感謝您們提供的武器、制裁和支持。但我相信各位也意識到，我們需要更多武器、制裁和支持來保障自由，並透過與烏克蘭達成相對有效且保證明確的協議，以解決數十年來的安全問題。

我建議各位——世上最大的幾個民主國家——成為烏克蘭安全的保衛者，因為這也保障了整個中歐和東歐的安全，也保障了您們人民對自由終將獲勝的信心。

再次感謝在場的所有國家和領袖。

感謝您的聆聽！

榮耀歸於烏克蘭！（陳艾伶 譯）

36 | 雖然被擋在歐洲門外

致法國高等學府學子演說

Speech by President of Ukraine Volodymyr
Zelenskyy to students of leading French universities.

11 May 2022

澤倫斯基在5月11日對法國高等學府學生發表了演說。

他從學生對歐洲局勢變化的貢獻談起,尤其1968年5月發生在巴黎學生運動中的名言「禁止禁止」。

然後他對學生提出五個問題,來請大家共同思考問題的根源,以及可能的解答。

澤倫斯基告訴法國學生烏克蘭還不是北約的成員,但他也質問:「為什麼在我們共同的歐洲家園裡,還要區分那些已經入盟的國家與烏克蘭呢?烏克蘭被擋在門外,但同時在進行戰鬥並捍衛歐洲的價值、歐盟的價值:自由,還有其他一些基本價值。」

我很高興從我們的首都基輔向各位致意。

今天是俄羅斯對烏克蘭發動全面戰爭的第七十七天，而這場戰爭發生在歐洲史上最大戰爭結束後的七十七年。

當那場戰爭結束時，各個政治領袖和國家都試圖建立一個安全架構，以確保歐洲不會再發生戰爭。當我現在說「安全」一詞時，我是指其廣義上的意思。它不僅是軍事，也包含經濟、政治、教育、文化和紀念各個層面。

歐洲人做了許多努力，以確保歐洲大陸始終能透過對話解決任何問題。經由溝通，一位政治人物、一個人或一群政治家不太可能再次挑起大規模戰爭，奪走數千甚至數百萬人的生命。

順帶一提，學生們對歐洲局勢變化的貢獻是非常重要的，其中包含法國學生的貢獻。自1968年5月以來，沒有一個政治人物不會害怕有人對他說：「禁止禁止。」（It is forbidden to forbid.）❶ 但儘管有了這一切和這些歷史，我們此時此刻在歐洲除了捍衛我們國家的烏克蘭男女們的勇氣與智慧，難道沒有任何工具可以阻止俄羅斯的侵略嗎？

二戰後在歐洲創建的整體安全架構，為何起不了作用呢？它不僅無效，而且在很大的程度上甚至從未派上用場。

---

1. 原為法國格言 "Il est interdit d'interdire !"，後被英譯為 "It is forbidden to forbid."。在1968年5月法國發生持續約七週的學生運動中，該格言成為運動的口號。

爆發至今屆滿七十七天的殘忍俄烏戰爭，真的可稱為毀滅烏克蘭人民的全面戰爭。相信各位知道，烏克蘭許多城市和村莊被摧毀。頓巴斯地區的沃爾諾瓦哈如今一無所有。在此之前，大約有兩萬人住在那裡。現在灰飛煙滅。擁有五十萬人口的馬里烏波爾，現在只剩一片廢墟。那裡還剩多少人呢？幾萬人吧。至少有二十萬名馬里烏波爾居民在俄羅斯的襲擊中喪命。更不幸的是，烏克蘭還有很多相似的例子。

　　今天，一千兩百萬人被迫逃離戰爭，在國內流離失所。

　　俄軍至今有超過一萬起的罪行被記錄在案，而且這還只是至今天為止依法記錄下來的數據。

　　這一切是如何發生的呢？為什麼現在沒有任何全球或歐洲機構足以遏止這場戰爭呢？

　　各位知道，我不希望這些問題只是在耍嘴皮。這些問題確實需要被回答，因為這實際上關乎你和我、關乎歐洲、關乎我們所有人的生活方式。從大西洋地區到我們的城市，我們在哈爾基夫和頓巴斯的社區，現在，此時此刻，當我們和你們在一起時，正遭俄羅斯軍隊用火砲、戰機向它們開火。

　　我接到今天演講的一些規則，知道可以讓五位同學提出問題。我認為這仍然是一個不對等的規定。因為五個問題不足以了解一個人和今天的情況。並且當成千上萬的人聽這場演講的時候，這五個人也顯得成了特權。但我也明白我們的時間都很有限。

　　同時，我也有興趣向你們提問，聽聽你們的想法。這樣才是真正的溝通。舉例來說，我想聽聽各位怎麼看北約、世界安全、關於世界安

全的架構、以及《北大西洋公約》〈第五條〉。多年以來，歐洲一直對烏克蘭加入北約心存恐懼，照他們說，這是擔心因而與俄羅斯爆發戰爭，每個人都必須打仗。但我寧願說：這是為烏克蘭而打的仗。

但這不就是北約的重點嗎？這不就是「人人為我」（all for one）的概念嗎？如果俄羅斯再進一步，譬如對波羅的海國家立陶宛、拉脫維亞、愛沙尼亞等任何國家發動攻擊，北約會為了拉脫維亞與俄羅斯開戰嗎？有鑒於各位絕大多數從未去過拉脫維亞，甚至與該國沒有任何連結，屆時《公約》〈第五條〉會發揮作用嗎？

為什麼現在沒有任何全球或歐洲機構足以遏止這場戰爭呢?

這還有另一個層面的問題。今天俄羅斯已經向烏克蘭開戰了，但我們還不是北約的成員。說起來，我們現在為什麼連歐盟（EU）的成員也還不是呢？而俄羅斯已經開戰，各位也已經看到他們這場仗是什麼打法。

現在各位還有什麼要害怕的？為什麼在我們共同的歐洲家園裡，還要區分那些已經入盟的國家與烏克蘭呢？烏克蘭被擋在門外，但同時在進行戰鬥並捍衛歐洲的價值、歐盟的價值：自由，還有其他一些基本價值。

我還要問各位第二個問題：為什麼普丁這個人要決定發動戰爭？這是一個錯誤和災難性的決定，但他為什麼就是這麼做了？如今在歐洲，甚至在法國或任何其他國家，是否有任何一位先生或女士也可以對鄰國發動這樣的戰爭？

當然，我不希望任何人遇到這種事。但我們是否受到保護這種事不會發生呢？各位受到保護嗎？

我再多問各位一個問題：為什麼俄羅斯軍隊在佔領烏克蘭領土時，是如此愉快地、大規模地凌虐民眾？為什麼他們不像戰爭中常見的那樣開槍、俘虜或殺人就好？為什麼他們要性侵人？為什麼要折磨人？為什麼要砍下人們的頭顱和手指？為什麼要打斷腿？為什麼俄羅斯士兵要在父母面前性侵他們的孩子？

已經是成年人的各位，會怎麼解釋這個現象？在各位看來，他們是受到命令才如此，還是他們就是這樣的人？

光是為了好玩就在路上性侵兒童或射擊難民車輛，要判什麼樣的刑才算足夠呢？

拿一個九歲的女孩，或者一個十一歲的男孩來說好了。當他們在父母面前、在媽媽面前被俄軍性侵時，那個俄羅斯軍人的腦袋裡到底裝了什麼？類似的罪行到今天已經有數百起被記錄下來。有一名俄軍甚至性侵嬰兒，還錄下影片展示給大家看。在俄軍佔領的領土上，還多少這樣的案件是我們還不知道的？

二戰期間，納粹對歐洲所有國家犯下了可怕的罪行，尤其是針對烏克蘭人和俄羅斯人。過去七十七年以來，人們為了記住這些可怕的罪行，做了許多努力來確保它們永遠不會再發生。但是，為什麼當俄羅斯軍隊來到烏克蘭後，又開始做出納粹做過的事情呢？這究竟是怎麼發生的呢？

我給你們的下一個問題是：正義什麼時候才能回歸？

為什麼世界上還沒有任何能快速將所有戰犯繩之以法的工具？非常

快速的那種？

當然，我們的國家會竭盡所能把每一個戰犯繩之以法。我很感謝所有協助我們的人，特別是法國。但是這有一個時間層面的問題。過程會持續多久？兇手和施暴者什麼時候才會被判刑？

再者，如果他們躲在俄羅斯而且那裡沒有發生任何變化，要如何讓他們接受審判？

在你們之中，未來會出現很多不同的人，有著不同的職業，甚至還會有律師。讓他們來找答案吧。

那麼我們可以做些什麼來加快國際司法的進程呢？這些罪犯應該受到什麼樣的懲罰呢？具體來說，會是哪種懲罰呢？光是為了好玩就在路上性侵兒童或射擊難民車輛，要判什麼樣的刑才算足夠呢？烏克蘭有著成百上千類似的案例。

我給各位的第五個問題不難，屬於個人問題。是什麼影響政治，又是什麼影響一個人是否參與政治的決定？各位準備好參與政治了嗎？你希望你父親當上總統嗎？當一個在戰爭中保衛自己國家，而且不僅為國家的獨立而戰，更為人民的生命權而戰的總統？還是當法國總統，一個承平國家的總統？

我想跟各位解釋我的感受。當你肩負雙重責任的感受——既有對國家，因為你是總統的責任，也有對你家人的責任。這會讓你處於一種非常特殊的情境。

當我決定競選總統時，我的女兒（她現在十八歲）全然反對，因為她知道我們的生活將會發生多大的變化。這裡有成為公眾人物的問

題、安全的問題、身為總統子女的責任問題。

各位怎麼看待這件事呢？如果你是總統的兒子或女兒，你會有什麼感覺呢？

所以，據我所知，我們所剩時間不多。我希望各位能回答我的問題，而我也可以回答各位的。對我們這次的見面來說，真正的交流很重要。我想聽到各位的意見。

最後，如果我可以從各位那裡得到所有的訊息，我希望自己可以問最後一個問題。

感謝各位的聆聽！（陳艾伶 譯）

烏克蘭士兵在盧基楊尼夫卡摧毀了俄羅斯的坦克。

© Photo by Oles_Navrotskyi, depositphotos.com

37 | 勇敢是我們的民族特性

於大西洋理事會傑出領導者頒獎典禮演說

Speech by the President of Ukraine at The Atlantic Council's Distinguished Leadership Awards.

12 May 2022

5月12日，大西洋理事會頒發傑出領導者獎給澤倫斯基，他在典禮上發表演說。

澤倫斯基沒有談自己，而都是在為大家介紹烏克蘭各個堅守自己崗位的無名英雄以及犧牲者。最後他代表大家說：「他們需要的不僅是獎項，而是更多實質的協助與支持。」

各位女士、先生！

謹代表所有烏克蘭人民，感謝各位頒給我這個獎項。以這個獎項來榮耀全體烏克蘭人民，是公平又正確的表達，因為，勇敢本就是我們的民族特性。今天，全世界都見證並欽佩烏克蘭人的英雄事蹟。

在這同時，我也希望它不要變成對每個人來說都很平常的事物。為此，我們必須說出並謹記，在烏克蘭人民勇敢和智慧的背後，有成千上萬個故事、名字和英勇壯舉。

世界應該了解這些，並對烏克蘭人有清楚的認知和理解。

首先，我們是頂尖捍衛者的國家。我們有地面部隊、空軍與海軍、空降突擊部隊、特種作戰部隊、國民警衛隊、情報部門、邊防部隊，以及國土防衛戰士。

這是斯卡昆（Vitalii Skakun），他炸毀了一座橋梁，來阻止一列俄羅斯戰車前進，他犧牲了自己。

這是二十一歲的薩皮洛（Vitalii Sapilo）中尉，他癱瘓了敵軍30個單位的裝備，最終死於空襲。

這是潘特留克（Sergei Pantelyuk），他在擊退敵軍時受傷，最後在醫院過世。當他過世的時候，他的第一個女兒才剛出生。

這幾位是守衛蛇島的邊防部隊，他們無懼俄羅斯的「莫斯科號」（Moskva）巡洋艦，朝俄國軍艦發出一道名揚世界的訊息。

這些是馬里烏波爾和亞速鋼鐵廠（Azovstal）不屈不撓的捍衛者，他們在前線堅守了好幾個月。

這些都是我們為了保衛烏克蘭而犧牲的戰士，但也因此保衛了歐洲。我想請各位用片刻的靜默來紀念他們。謝謝各位。

烏克蘭人會竭盡全力為他人著想。

這是戰傷救護員庫庫魯齊亞克（Diana Kukurudziak），她一天之內將十六名受傷戰士從戰場上搶救下來。

馬里烏波爾醫護人員喬諾布里夫齊（Serhiy Chornobryvets），自戰爭爆發以來已經值班長達二十二天。

烏克蘭人是一群英勇孩子的民族。

這是十一歲的馬克西姆（Maksym），他什麼都沒和母親說，逕自離家出走，要加入國土防禦部隊。

這是今年7歲、來自克羅皮夫尼茨基（Kropyvnytskyi）的瓦里亞（Varya），他把存來要買智慧型手機的錢，拿去買防彈背心，並透過賣花和畫圖賺錢。

這是來自盧甘斯克州的十五歲女孩，她用她還不夠長的雙腿駕駛汽車，運送4位傷者。

這是一位15歲的男孩，他抱著受傷的母親走了三公里，走到疏散地點。

在我們的人民之中，也有許多經歷過太多磨難的長者。

這是羅曼琴科（Borys Romanchenko），他熬過納粹「布亨瓦德（Buchenwald）集中營」的煉獄，但是在俄羅斯砲擊哈爾基夫期間在家中逝世，享年九十六歲。

這是奧別德柯娃（Vanda Obiedkova），她幼年時因為躲在地下

室，於大屠殺、納粹佔領馬里烏波爾期間倖存，並見證了該城在2014年和今年，二度、三度遭到佔領。高齡九十歲的她，今年再次被迫躲進地下室，而戰爭爆發第四十天時，她在地下室過世了。

這是來自尼古拉耶夫（Mykolaiv），今年八十七歲的科圖比（Halyna Kotubey），他是村莊倖存的最後一位居民，但他拒絕離開。

烏克蘭人是一個有數十萬人戰鬥、數百萬人支援的民族。

不要害怕，來烏克蘭看看吧。來聽聽成千上萬個我們的故事。

這是轉型為國家需求服務的企業。服裝設計師縫製軍服、餐廳老闆提供免費午餐、麵包店師傅為國內流離失所者和獨居者烘焙麵包。

這是一位大學教授，他在壕溝裡繼續為學生講課。這是一位小提琴手，他在空襲警報期間，為防空洞內的人們演奏。這些是烏克蘭各城鎮的平民，他們化身為佔領者眼前的人牆，阻擋軍事機器的運作並讓戰車轉向離去。

這些是傑米季夫卡（Demydivka）的居民，他們淹沒了自己的村莊，為了不讓佔領者進入首都基輔。

這些是不顧恐嚇、槍擊、閃光彈，堅決參與和平示威的人們，提醒佔領者這些都是烏克蘭的土地：赫爾松、梅利托波爾、別爾江斯克、安赫德（Enerhodar）、馬里烏波爾以及烏克蘭其他城市；提醒他們佔領不了太久。

這些是數百萬名正在捍衛自己國土和全世界的烏克蘭人。所以不要害怕，來烏克蘭看看吧。來聽聽成千上萬個我們烏克蘭人的故事。

看著他們勇敢的雙眼，握住他們有力的雙手，你會發現他們所做的一切不是為了榮耀。他們需要的不僅是獎項，而是更多實質的協助與支持。

武器、裝備、財政援助、對俄制裁，還有最重要的是，讓他們感受到：在這場艱難的戰鬥中，他們並不孤單，他們得到各位及全世界的支持——來自全球自由國家的支持。

感謝！

感謝各位的聆聽！

感謝各位的支持！

感謝各位的授獎，歡迎來烏克蘭！（陳艾伶 譯）

在利沃夫城中的利查基夫公墓為烏克蘭軍人舉行的葬禮。

 的右側標示：© Photo by Bumble-Dee, depositphotos.com

38 | 每一天都要縮短戰爭的日子

我們當前的首要任務——盡其所能息兵罷戰

To work every day to make the war shorter - this is our priority.

13 May 2022

5月18日，澤倫斯基對全國人民發表演說。他說明烏克蘭英勇作戰取得的戰果，但是也強調「現在沒人能預測這場戰爭會持續多久，但我們正竭盡所能地加速解放我們的領土。每一天都要縮短戰爭的日子——這是我們當前的首要任務。」

澤倫斯基也說明這件事情不只是對烏克蘭重要：「戰爭只要延長一天，就會增加對全球的威脅，並為俄羅斯在其他地方挑起紛亂提供機會，其影響範圍將不只限於歐洲。」

我們美麗國家堅不可摧的人民！

我們的捍衛者們！

今天我們可以報導第兩百架俄羅斯軍機被擊落的消息。過去幾十年來，俄羅斯從未在任何一場戰爭中損失這麼多架飛機。同一時間，俄羅斯也損失了近兩萬七千名士兵，其中多數是受徵召的年輕人。俄羅斯還損失了三千多輛戰車、裝甲戰鬥車、大量常規軍用車輛、直升機、無人機，以及身為一個國家的所有前景。

而這一切是為了什麼呢？為了讓列寧（Lenin）紀念碑在暫時被佔領的赫尼切斯克（Henichesk）屹立更久一些嗎？這對俄羅斯來說沒有任何好處，未來也不會有。事實上，現在沒人能預測這場戰爭會持續多久，但我們正竭盡所能地加速解放我們的領土。每一天都要縮短戰爭的日子──這是我們當前的首要任務。

然而，不幸的是，這不僅取決於我們的人民，他們已經盡了最大的努力，也取決於我們的夥伴──歐洲以及整個自由世界的國家。

我感謝所有致力於升高對俄制裁、增加對烏克蘭國防和財務支持的人們。這是面對俄羅斯侵略時捍衛自由的唯一方法。對西方國家來說，這不僅是支出，也無關乎金錢多寡，而是關於未來。

全世界都知道俄羅斯封鎖了我們的港口，以及這場戰爭正引發一場大規模的糧食危機。俄羅斯官員甚至公開威脅表示，全球數十個國家即將面臨饑荒。而饑荒會帶來什麼後果？政治不穩定和移民潮會引發些什麼？你又需要花多少錢來解決這些後果呢？

這些問題應該交由那些遲遲不願制裁俄羅斯，或試圖延緩援助烏克蘭的人來回答。

戰爭只要延長一天，就會增加對全球的威脅，並為俄羅斯在其他地方挑起紛亂提供機會，其影響範圍將不只限於歐洲。

而這裡是烏克蘭最近犧牲的人，烏克蘭為了讓每個人都能自由生活而付出自己生命的男男女女。我在此強調：是為了每一個人，包括為那些至今仍有時間爭論而非盡可能投入援助的國家與人民。

> **戰爭只要延長一天，就會增加對全球的威脅，並為俄羅斯在其他地方挑起紛亂亂提供機會。**

因此，對俄羅斯施加更多壓力是必要的，而我每天也都和相關人士坦率地商討此事。

我們將繼續重建已經被解放的烏克蘭領土。截至今天為止，烏克蘭已經有一千零一十五個地方獲得解放，包含在過去二十四小時內新增的六處。我們恢復了那裡的電力、供水、通訊、交通和社會服務。這些都很重要。

當然，我們也記得每一個仍然遭受佔領的城市和社區，包括赫爾松、美利托波爾、別爾江斯克、安赫德、馬里烏波爾，以及頓巴斯地區的所有城鎮。哈爾基夫地區的逐步解放也證明了：我們不會把任何人民留在敵人手中。

我們不會停止營救馬里烏波爾和亞速鋼鐵廠的人民。

現在，關於下一階段撤離任務的艱難談判正在進行，目的是營救為數眾多的重傷者及醫護人員。當然，我們也正在竭盡所能地疏散其他

人——我們每一位守衛者。世界上最具影響力的協調者都已經加入相關談判。

到今天為止，已經有三十七個外國使節團回到他們在基輔的崗位。我非常感謝他們，因為這是三十七項證據，證明了烏克蘭屹立不搖，而且比俄羅斯更有前景。我相信其他外國使節團很快也能重返烏克蘭首都。

對所有尚未恢復正常營運的烏克蘭企業來說，重新復工是一件非常值得的事，儘管目前只能先在安全的地區。不過，提供就業機會、依據現有情況調整經濟活動，也都能為守衛我們的國防和未來做出重大貢獻。

根據慣例，我今天簽署了一項法令以獎勵我們的英雄。有兩百一十二位烏克蘭武裝部隊軍人獲頒相關國家勳章。

榮耀永歸於所有捍衛我們國家的人！

永遠銘記為烏克蘭奉獻生命的人！

榮耀歸於烏克蘭！（陳艾伶 譯）

39 | 烏克蘭和全球糧食安全

支持烏克蘭，意味著避免全球性饑荒

Support for Ukraine means working to prevent a global famine.

14 May 2022

去年烏克蘭把5月14日這一天定為「第二次世界大戰烏克蘭人救助猶太人紀念日」。

今年同一天，澤倫斯基發表演講，敘述這個日子的意義，同時也指出俄羅斯入侵烏克蘭之後，因為對糧食耕作的破壞加上封鎖黑海，「讓許多國家面臨糧食市場的價格危機，甚至面臨饑荒。」

我們最有勇氣的國家的睿智人民！

我們的守衛者！

　　去年5月14日，我們國家第一次慶祝「第二次世界大戰烏克蘭人救助猶太人紀念日」（Day of Remembrance of Ukrainians Who Saved Jews during World War II），❶ 兩千六百五十九名烏克蘭男女獲頒「國際義人」（Righteous Among the Nations）頭銜。烏克蘭的國際義人數量是全球第四，他們賭上自己的性命和摯愛親友的性命，去營救那些受到納粹威脅而命在旦夕的人；他們拯救兒童、成年人、一個又一個家庭。

　　每一則救援故事都令人感佩，它們昭顯勇氣，因為當時全然的邪惡充斥四周，而人們心中依然留存善念；它們昭顯信念，相信即使當時納粹的佔領與權柄環伺，人性也終將獲勝。

　　我們國家的每個地區都有國際義人──從札波羅結到克里米亞，從奧德薩到哈爾基夫都有，而且我們並不知道所有的救援故事，因為許多人沒有足夠時間去向救命恩人表達謝意，而義人們救下的年幼孩子還沒有辦法理解到底發生什麼。

　　我們必須時刻記得，我們的人民之中有著這樣的義人，也必須記得

---

1. 2020年1月1日，兩千六百五十九名烏克蘭人獲以色列頒授國際義人，但在二戰時期，還有更多烏克蘭人冒險拯救猶太人的事蹟未被記錄下來。2021年2月，烏克蘭國會決議將5月14日訂為紀念日，緬懷二戰時期烏克蘭人的義舉。

即使在最黑暗的時刻裡，仍有人提著燈。我們今天也看見同樣的事，烏克蘭的男男女女同樣努力行義，從佔領者、同樣的納粹手中搭救其他人。

我感謝每一位新聞記者和所有付出關懷的人，他們記錄了現代的救援故事，並為我們所有世代的同胞記錄了烏克蘭人的經歷，以及人們如何展現最好的品德救助他人——認識的人、陌生人、親戚，小孩和成年人。

今天我和美國聯邦參議院共和黨領袖麥康奈爾（Mitchell McConnell）率領的代表團 ❷ 進行會談。我相信這次拜訪再次彰顯了美國不分黨派對烏克蘭的支持，還有烏克蘭與美國之間的緊密連結。

我們討論了對我國支援的多個層面，其中包括防禦和財政，以及逐漸緊縮的對俄羅斯制裁。我對於美國重啟《租借法案》（Lend-Lease Act）❸ 這個歷史性的決定表達感謝，並呼籲官方認定俄羅斯是個恐怖主義國家。

其中一個我每天都要處理的議題是糧食安全。全世界越來越多國家了解到，俄羅斯透過封鎖黑海以及延續戰爭，讓許多國家面臨糧食市

---

2. 由美國共和黨參議員組成的代表團於5月14日秘密到訪基輔。代表團成員包括麥康奈爾、懷俄明州參議員巴拉索（John Barrasso）、緬因州參議員柯林斯（Susan Collins）和德州參議員柯寧（John Cornyn）。

3. 原版《租借法案》於二戰初期1941年3月11日頒布，向盟國提供戰爭物資對抗軸心國，被視為擊敗納粹德國的關鍵措施。2022年5月9日，美國總統拜登簽署《2022烏克蘭民主防衛租借法案》（Ukraine Democracy Defense Lend-Lease Act of 2022），美方簡化出口國防設備程序，加速軍援烏克蘭。

場的價格危機，甚至面臨饑荒。

現在，支持烏克蘭，尤其是提供武器，意味著避免全球性饑荒。只要我們越早讓我們的土地重歸自由、並確保烏克蘭的安全，全球糧食市場就能越快回復正常狀態。

頓巴斯的狀態還是非常嚴峻，俄羅斯軍隊仍在試圖證明自己能取得一些勝利。今天是全面入侵的第八十天，他們的行為看起來尤其瘋狂，但他們並沒有停止行動。

俄羅斯透過封鎖黑海以及延續戰爭，讓許多國家面臨糧食市場的價格危機。

我感謝所有堅守頓巴斯、普里亞佐維亞（Pryazovia）和赫爾松陣線的人，哈爾基夫地區的狀況也相同，我們一步一步迫使佔領者退出我們的土地，最後也會讓他們離開烏克蘭的領海。

順帶一提，許多烏克蘭城市與社區正在討論替街道和廣場改名。我建議將以烏克蘭義人的故事替它們命名，讓這些事蹟永存於世，因為這關乎烏克蘭人的勇氣與人性，他們已經證明了侵入我們土地的邪惡必將失敗。

永恆的榮耀歸於我們的守衛者！

永恆的榮耀歸於為烏克蘭獻出生命的所有人！

榮耀歸於烏克蘭！（劉俞妗 譯）

40 | 讓全世界對烏克蘭保持最大程度的關注

隨著戰爭延續而變得更加重要的任務

We are doing everything to maintain the world's maximum attention to Ukraine and our needs.

15 May 2022

5月15日澤倫斯基對烏克蘭人民發表的演說，點出了他們一個重要戰略：「盡一切方法，讓全世界對烏克蘭保持最大程度的關注。所有國家的新聞都應該刊載我們的需求，持續報導，每天報導。」

烏克蘭人民！

我們的守衛者！

防衛作戰的第八十一天即將結束。而在新的一週，保衛烏克蘭和爭取勝利的全天候作戰正要開始。這個星期一如既往，我會參加許多國際活動，關鍵是爭取對烏克蘭的武器和財政支援。爭取財政支持不只是為了穩定現狀，也要開始對俄羅斯造成的破壞進行重建工作。

我們也在努力強化針對俄羅斯的制裁。每一個星期我們的友邦都須做出決策來限制俄羅斯與世界的連結。佔領者必須感受到戰爭的代價逐漸增加，他們必須一直有這種感覺。

當務之急是石油禁運。無論莫斯科如何嘗試擾亂這個決定，歐洲對俄羅斯能源的依賴都將結束，這是不會改變的。

另一項任務隨著戰爭延續而變得更加重要，就是盡一切方法，讓全世界對烏克蘭保持最大程度的關注。所有國家的新聞都應該刊載我們的需求，持續報導，每天報導。

為了達成這個目標，讓烏克蘭的資訊廣為流傳、獲得政治支持，星期一我將和美洲的一流大學進行交流。參與者是六十三所美國大學和兩所加拿大大學的上萬名學生，以及為數龐大的專家學者與研究者社群。他們的聲音肯定會提供幫助。5月底，我計畫單獨向史丹福大學（Stanford University）學生發表演說。

我還準備與我國一流大學的烏克蘭學生進行談話，我將在演講中回答一些重要但困難的問題，這些問題存在我們社會已久，而且已經浮

上檯面。我也期待學生們提出有見地的問題。

我一定會繼續向烏克蘭的歐洲夥伴國會發表演說。我們的目標是成為歐盟成員候選國，然後依據特別程序快速通過審議，正式加入歐盟。每個歐盟國家都很重要，每張選票都很重要。在強化對俄制裁方面，盡量爭取歐盟國家的同意也一樣重要。這就是為什麼我最近將會向盧森堡國會發表演說。順帶一提，我們也在努力爭取機會，向非洲與亞洲國家的國會進行演說。

世界經濟論壇（World Economic Forum）年會預定5月23日在瑞士達沃斯（Davos）舉行，我將會在論壇演說。今年的年會對我國來說尤其重要，會上將討論戰後重建議題。我們正在盡全力爭取全世界支持，參加達沃斯論壇就是其中一個最好的機會。

他們所謂的「特殊行動」已經失敗；烏克蘭一定會讓入侵者認清事實。

我們持續進行複雜且微妙的談判，以拯救我們在馬里烏波爾和亞速鋼鐵廠的同胞。我們每天都在處理這個議題，這也是談判協議中的第一要項。

我們期待美國會採用有助我國的重要決議，也就是更新歷史上的《租借法案》，實行一系列重要的支持措施。

俄羅斯準備在頓巴斯地區發動新一波攻擊，強化烏克蘭南部的行動，我們正嚴陣以待。佔領者仍不願承認他們的行動已經走到死路，而且他們所謂的「特殊行動」已經失敗。烏克蘭一定會讓入侵者認清

事實，這個時刻必將到來。

　　無論他們在赫爾松和美利托波爾如何展現「創意」，無論他們如何在頓巴斯和普里亞佐維亞（Pryazovia）佔領區描繪所謂的「權力」，這些只是暫時的。無論如何，烏克蘭國旗、烏克蘭法律、烏克蘭靈魂仍然會在那裡。

　　今天俄羅斯飛彈轟炸利沃夫州，砲擊胡里艾伯勒（Hulyaipole）、北頓內次克、利斯坎斯科以及頓內次克州的城市郊區。烏克蘭每天都在承受這些佔領者的暴行，而存活的俄羅斯官兵一定會把這些邪惡行徑全數帶回俄羅斯。他們會把邪惡帶回去是因為他們將會撤退，我們每天目睹的俄軍狂熱行動將會如此終結。我感謝所有讓結局提早到來的烏克蘭人。

　　永恆的榮耀歸於所有守衛國家的人！

　　永遠銘記所有為烏克蘭獻出生命的人！

　　榮耀歸於烏克蘭！（劉俞妗 譯）

41 | 成為自己生命的主體

以視訊方式向美國大學社群發表演說

Address by President of Ukraine Volodymyr Zelenskyy to American students during online communication with the US university community.

16 May 2022

5月16日，澤倫斯基對美國大學社群發表視訊演說。

他從每個年輕人在這個求學時期都該問自己的兩個問題談起：你是誰？你是個什麼樣的人？

澤倫斯基以自己曾經讀法律，當過律師，然後成為藝術家、製作人、企業家，再後來當上總統的經歷為鏡，說明人生成長的秘密。

在這次演講裡，他也回憶自己在2001年911事件前沒多久去參觀紐約雙子星世貿大廈，以那次經驗總結一個人為什麼需要成為自己生命的主體。

各位女士、先生！

親愛的朋友！

我很感謝有這個機會，今天能向各位同學演說並回答你們的問題，我感到非常榮幸。

然而，看來這裡並不是每個人都是學生。有人已經是校長，教育機構的領導人了。但就我的理解，學生社群可以聽見我們、看見我們，這很重要。這真的非常重要。我的演講是為他們準備的，我也準備好進行對話。準確來說，是與學生對話，因為這次演講主題是「選擇」，而各位的年紀，正是必須做選擇的時候。

每個人在各自的生命中，都有必須以某種形式面對的重要選擇。由我來說的話，要做，就請在這段求學時期，黃金歲月來做。或者，更早一些。這個時期，每個人都必須為這個問題選擇答案：你是誰？你是個什麼樣的人？

我會談談我的例子。這樣各位就會明白我在說什麼，還有我想告訴各位什麼。

我是誰？我是烏克蘭總統。

我讀法律，當過律師，然後成為藝術家、製作人、企業家。再後來我成為總統，我們美麗的國家的總統。

說起來，這些不同的階段理應導向一個個截然不同的人生。但實際上，這卻只是一個人的生命歷程。這就是「你是誰」這個問題的答案。你是主體，還是只是旁觀者？

你有試著改變什麼事情嗎？你是自己擔憂之後就此打住？還是你感到擔憂，然後試著幫忙、解決問題、做些什麼？

這都是決定生命的選擇，決定你會成為怎樣的人，決定你的國家會變得如何。

各位同學，你們所有人，即使沒有察覺到，仍然在做這些決定。每一天都在做。然後這些決定就變成你的性格，再變成你的命運。

舉例來說，各位每個人都可能曾經在生活中發現，仇恨離你非常非常近。有時候，是有人用言語、行為侮辱另一個人。有時候，是另一個人遭到羞辱。有時候，是有人想要搶奪別人的東西。碰上這樣的情況，有多少人會幫忙？

有些人會只是旁觀。有些人會用智慧型手機拍影片，現在很流行，然後上傳到Instagram或YouTube。有些人可能只是大笑。但有些人會提供幫助──幫忙停止羞辱，停止仇恨，幫助一個人重新感覺有尊嚴。

在很多情況下，說一句話也可以對一個人意味著救贖。他可能覺得自己的生命脫軌了，或者犯了個錯，看來可怕又要命的錯，犯了之後根本不想活下去的錯。電影裡很多這種情節，有人可能想一死了之。也有人可能在現實生活裡就遇過，這時就面臨抉擇：要幫忙嗎？還是直接走開？要不要把眼前所見拍起來，發到社群網站讓人按讚或分享？有人不置身事外而插手幫助，總是好事。

我記得一個日子，對貴國和對整個民主世界都同樣可怕的日子：9月11日。當時我和朋友從電視看到「雙塔」（twins）遭到客機撞擊。

有人無法相信發生了什麼。有人甚至說這種事只可能發生在美國。但馬上有其他人告訴他，說這種事可能發生在任何國家，發生在任何人身上，因為恐怖行動不認國界。

我記得就在9月11日之前沒多久，我人在紐約。我就在那裡，「雙塔」裡面。我覺得那次攻擊也可能就發生在那時候，我自己就成為成千上萬傷亡者的其中之一，可能在大樓裡，或者在附近。那我也要面臨同樣的選擇：要怎麼脫逃？要怎麼救援其他人？要幫助誰？我有辦法幫我自己嗎？

一旦有一天你決定了要成為自己生命的主人，那你就會從此保有那個力量。

一旦有一天你決定了要成為自己生命的主人，那你就會從此保有那個力量，並觀察還能做些什麼。在俄羅斯全面入侵之後，我收到許多建議，那些建議全都斷言我們必須接受烏克蘭已經成為受害者的事實。他們說烏克蘭是俄羅斯侵佔的受害方，幾乎沒有機會抵抗，而且聲稱俄軍會在三到五天內迅速瓦解我們的反抗。有人建議我最好離開烏克蘭，因為沒有人能夠阻止俄羅斯。

有人為我提供交通方面的幫助，但無人提議由軍備層面提供幫助！

那些建議都和我們無關。那些提議徹頭徹尾錯誤，沒有考慮我們是誰、我是誰，我們如何看待在烏克蘭這裡的生活。我們國家永遠不要再成為受害者。我們不會只是個生命的旁觀者，包括自己的生命。我們可以、我們希望、我們也必將成為生命的主體。我們做出這個選擇，這是我的選擇，也是絕大多數烏克蘭公民的選擇。

這就是我們力量的根源，我們渴望自由且為此奮鬥。我很感謝做出同樣選擇的人，他們也決定成為生命的主體，為了和我們同樣的原則拚搏，為了自由拚搏。

你們的國家有判例法。如果一個個案在適當的層級，由適當的法院作出判決，其後類似的個案不管過了多久，都會根據先例裁量。這個先例永遠會被納入考量。

事實上，在國際政治中也是如此。

現在俄羅斯在做什麼？

它正在試著開創先例。如果它設法破壞了鄰國的國家地位，其他國家也會仿效。

戰爭會給他們——侵略者——本身製造最頭痛的問題。

那麼，現在烏克蘭和友邦又在做什麼？

我們正試著開創另一個先例。我們要讓世界上所有的侵略者徹底明白，戰爭會給他們——侵略者——本身製造最頭痛的問題。當自由世界拒絕與散布仇恨的人打交道時，侵略者會知道，他們向你我這樣的普通人散布的仇恨，將最先也最嚴重地打擊他們自己。

這場較量的過程非常透明。每個人都自有角色。有些國家想離得遠遠的，保持似乎中立的立場，也不會為了奮鬥共同價值而提供援助。就像在日常生活中一樣，需要幫忙的時候，會有一群人旁觀，而不提供實質幫助。

也有一些國家盡己所能做出貢獻，以維護自由，停止侵略，確保國際法的效力。

這是美國選擇的角色，我非常感謝貴國人民，感謝你們的領導者做出這個選擇。

畢竟，這也是你想在生活裡成為什麼樣的人的答案。對於不想只是變成受害者或冷漠旁觀者的人是這樣，對於有能力且採取行動捍衛民主的人也是這樣，因為那是他們保護自己的方式，他們藉此保護自己的自由、生活方式以及人民。他們的世界觀不應容忍個人暴行或野蠻戰爭。

所以，你們每個人，現在在這個年紀、身處這個位置，都要為自己選擇：如何回應挑戰？如何應對不公不義？

我真心希望各位替自己選擇一條路，可以清楚認知自己是誰的路、自己為未來做主之路。因為如果這是你們的選擇，那也就永遠是你們國家的選擇。

一如我們國家的選擇。

非常感謝各位！

榮耀歸於烏克蘭！（劉俞妗 譯）

42 | 烏克蘭需要烏克蘭的英雄活著

棄守馬里烏波爾當晚的演說

Ukraine needs Ukrainian heroes alive - this is our principle.

17 May 2022

馬里烏波爾的烏克蘭守軍在孤軍無援的狀態下堅守，牽動全烏克蘭甚至全世界的關注。

澤倫斯基在防衛作戰第八十二天的5月17日，對全國人民發表演說，說「烏克蘭需要烏克蘭的英雄活著。」

烏克蘭人民！

我們的守衛者！

防衛作戰的第八十二天即將結束，這是艱難的一天。但今天就像其他日子一樣，行動的目標都是解救我們的國家和我們的人民。

以下是馬里烏波爾的情況。

感謝烏克蘭武裝部隊、情報與談判團隊、紅十字國際委員會（International Committee of the Red Cross）和聯合國的行動，我們希望能夠拯救我們同胞的性命，他們其中有人身受重傷正在接受救治。

我想強調：烏克蘭需要烏克蘭的英雄活著。這是我們的原則。我想每個人都明白這句話的意思。

營救馬里烏波爾守衛者的行動由我們的軍隊和情報人員發起。為了把弟兄們帶回家，營救工作持續。這項工作需要關注一切細節，也需要時間。

為了幫助烏克蘭，我們維持最大量的外交活動。

我今天與國際貨幣基金組織（IMF）總裁格奧爾基耶娃（Kristalina Georgieva）談話。有鑒於戰爭期間國家財政赤字約為每月50億美元，我們討論如何加速對烏克蘭提供財政援助，還談到進一步合作的主要方向。在G7財長會議前夕，與國際貨幣基金組織總裁的會談內容，是為了烏克蘭的重要決定做準備。

我們已經和到訪基輔的波蘭高層代表團協商，討論歐盟層級的合作

內容。此次協商更涉及我們與歐盟的整合，以及烏克蘭成為候選國地位的決議。

我們也在努力確保歐盟通過第六輪對俄制裁。其中必須包含石油禁運，這項措施不僅會使我國受惠，也對全歐洲有益處。我感謝那些意識到這一點的領袖，他們也幫助推動相關決議。

我向美國頂尖大學的的學生社群發表了演說，還與這些學校的校長談話，關鍵議題是讓美國大學加入我國教育體系的戰後重建。

此外，我們還討論了政治話題，包括保衛民主、反抗俄羅斯政治宣傳和抵制錯假訊息。

俄羅斯繼續嘗試推進戰線，烏克蘭武裝部隊正在這些地區抵禦俄軍攻勢。北頓內次克和頓巴斯的其他城市仍然是佔領者的主要目標。我們會盡一切努力保護我們的土地和人民。

我簽署了命令表揚我們的英雄。烏克蘭武裝部隊的兩百零一名士兵獲頒國家勳章。我授予機械化步兵獨立第九十二旅排長亞沙‧歐古（Ahasyiev Kyrylo Yashar oglu）上尉烏克蘭英雄頭銜，也追授戰術航空第四○旅航空中隊指揮官佛羅迪米若維奇（Yerk Vyacheslav Volodymyrovych）中校烏克蘭英雄頭銜。

永恆的榮耀歸於所有為我們國家挺身而出的人！
永遠銘記為烏克蘭獻出生命的所有人！
榮耀歸於烏克蘭！（劉俞妗 譯）

© Photo by Fotoreserg, depositphotos.com

在哈爾基夫看守關口的烏克蘭士兵。

43 | 我們需要新的卓別林

於第七十五屆坎城國際影展演說

Today there is a war for freedom again, and again it is necessary for cinematography not to be dumb - address by the President of Ukraine to the filmmaking community at the opening of the 75th Cannes International Film Festival.

17 May 2022

5月17日，第七十五屆坎城影展邀請澤倫斯基演講，他從卓別林的《大獨裁者》講起。

結尾的時候，澤倫斯基說：「我們應該要像1940年一樣，聽見自由世界銀幕的聲音。我們需要新的卓別林，他將再一次證明電影並非沉默無聲。」

向你們演說是無比榮幸。

各位女士、先生！

各位朋友！

我要說一個故事。很多故事的確都會以「我要說一個故事」開頭，但這個故事的結尾遠比開頭重要，而且不會有開放式結局，更能為持續百年以上的爭鬥劃上句號。

火車到站代表戰鬥開始，主角和大反派互相對抗，而那也變成了現實。❶一開始，電影出現在我們的生活裡，然後變成我們的生活，而未來會是什麼樣子，也取決於電影。

今天我準備的故事就是關於這場戰鬥，也關於未來。

眾所皆知，20世紀最糟糕的獨裁者熱愛電影，而在他們的時代之後，最重要的影像是新聞影片（newsreel）令人毛骨悚然的紀錄，再來就是挑戰、質疑獨裁者們的電影。

第一屆坎城影展原本預訂1939年9月1日開幕，❷可是第二次世界大戰爆發了。整整六年，電影都和人類一同處於戰爭最前線；整整六年，電影都在為自由奮鬥，但也不幸地被獨裁政權利用。

---

1. 卓別林（Charlie Chaplin）在1940年喜劇經典《大獨裁者》（The Great Dictator）一人分飾兩角，火車到站這一幕，描寫猶太理髮師假扮的獨裁者率領親信在火車站迎接鄰國獨裁者拿破里尼（Benzino Napolini），兩名獨裁者為了侵略鄰國而明爭暗鬥。
2. 1939年9月1日納粹德國入侵波蘭，當日坎城影展即宣布取消，兩天後法國、英國對德宣戰。

回頭談那部電影。我們可以看到自由如何走向勝利且阻止獨裁者掌握人民的心。整部電影呈現許多重要的觀點，而最傑出的部分是它發行於1940年。❸ 與片中反派相比，主角其貌不揚，看起來根本不像英雄，但整個世界都看到主角表現得像個英雄。

卓別林的《大獨裁者》當時並沒有摧毀真正的獨裁者，但多虧了它，電影不再沉默——各種意義上的無聲。電影說話了，那是來自未來、自由獲勝的聲音。❹

1940年，電影院播出這麼一段話：「人類的仇恨終將消逝，獨裁者會死亡，他們從人民手中奪走的權利，也終將歸還人民。人都有一死，而自由永不消亡……」❺

就從卓別林飾演的主角說出這些話的時刻開始，人類製作了許多美麗的電影。似乎所有人都已經明白，可以用美好來征服他人，使他們聚集在銀幕前，而不是用醜惡將他們驅趕至防空洞。似乎所有人都已經相信，隨著籠罩整片大陸的全面戰爭結束，這種形式的恐怖不會再持續下去了。

然而如同當初，一名獨裁者再度出現；如同當初，一場爭取自由的戰爭再度爆發；如同當初，電影發聲再度變得必要。

3.《大獨裁者》於1939年開始拍攝，於1940年發行上映，當時納粹德國席捲歐洲，波蘭、捷克、荷蘭、比利時、盧森堡、法國等國家接連淪陷。

4. 卓別林許多著名作品均為默片，《大獨裁者》是卓別林第一部有聲電影。

5.《大獨裁者》片末理髮師主角對士兵演講。

2022年2月24日，俄羅斯對烏克蘭發動全面戰爭，更著眼整個歐洲。這到底是一場什麼樣的戰爭？我想盡可能清楚地回答這個問題。

你們都聽過這些電影對白，令人毛骨悚然，但不幸的是，這已經成為現實。還記得嗎？記得在戲院裡聽起來是怎麼樣嗎？

「你聞到了嗎？是汽油彈，兒子。世界上沒有其他東西聞起來像那樣。我喜歡清晨空氣瀰漫的汽油彈味道⋯⋯」❻

沒錯，烏克蘭戰爭也是早上開始的。

四點鐘，我們聽到第一枚飛彈爆炸，空襲開始。死亡越過邊境前往烏克蘭，設備和武器出現「Z」字標誌，那與納粹的卐字意義相似。

「他們都想成為比希特勒更好的納粹⋯⋯」❼

現在每一個星期，俄軍所經之處或曾佔領的區域都會發現集體墳塚，裡面埋著被殘殺的人們，還有229名兒童在俄羅斯入侵期間喪生。

「除了殺、殺、殺，我們無處可去！我們在歐洲種滿屍體⋯⋯」❽

你們看見了俄軍在布查小鎮的所作所為，你們也看到馬里烏波爾，看到亞速鋼鐵廠，看到劇院被俄羅斯轟炸。順帶一提，劇院就像你們身處的場所，平民在那裡躲避轟炸，而且劇院外頭早就用柏油寫上

---

6. 經典越戰電影《現代啟示錄》（Apocalypse Now），深陷戰鬥的吉爾戈（Bill Kilgore）台詞。

7. 以納粹德國侵略波蘭為背景的電影《戰地琴人》（The Pianist），主角史匹曼（Wladyslaw Szpilman）的台詞。

8. 描寫羅馬受納粹德國統治的電影《羅馬，不設防的城市》（Roma città aperta）角色哈特曼少校（Captain Hartmann）的台詞。

「小孩」字樣。我們永遠不會忘記，因為那甚至連地獄還稱不上。

「戰爭不是地獄。戰爭是戰爭，地獄是地獄，而在這兩者之中，戰爭要糟糕得多⋯⋯」❾

到今天已經有兩千枚以上的俄羅斯飛彈轟炸烏克蘭，數十座城市和許多村莊被徹底摧毀，變成燒焦的遺骸。超過五十萬烏克蘭人被強行驅逐至俄羅斯，還有數以萬計的人被關進俄羅斯模仿納粹集中營建造的營區。沒人知道多少囚犯有辦法存活，但所有人都知道那是誰的罪責。

「你以為肥皂泡能把你洗乾淨嗎？」❿

很難。

二次世界大戰以來最嚴重的戰爭，已經在歐洲爆發。首先，僅僅因為一個在莫斯科的人，其他人必須每天不斷死去，而且沒有人會跳出來喊：「停，卡！」他們也不會死而復生。

但是我們現在聽見了什麼？電影會繼續沉默，還是它會發聲？如果出現了獨裁者，如果又爆發了一場為自由而戰的戰爭，還有，如果又如同當初，一切取決於我們的團結，那麼這次電影會置身於團結之外嗎？

我們的城市不會被虛擬影像摧毀，許多烏克蘭人變成基多（Guido），⓫並試著向孩子解釋為什麼他們必須躲在地下室。許多

---

9. 美國連續電視喜劇《外科醫生》（M*A*S*H）第五季第二十集台詞。

10. 引用來源不明。

11. 義大利電影《美麗人生》（La vita è bella）主角，他和年幼的兒子一起被送進納粹集中營。

烏克蘭人則變得像瑞恩（Aldo Raine），[12] 而我們的國家已經布滿了上千道戰壕。

當然，我們會繼續戰鬥。我們別無選擇，只能繼續為了自由而奮鬥，而且我很肯定，獨裁者終會失敗。但我們應該要像1940年一樣，聽見自由世界銀幕的聲音。我們需要新的卓別林，他將再一次證明電影並非沉默無聲。

請記得這些話：「貪婪毒害了人類的靈魂，用仇恨隔離世界，我們踢著正步走入痛苦和血腥。我們提升速度，卻禁錮了自己；機器帶來財富，也讓我們無法停止欲求。我們的知識讓我們憤世嫉俗，我們的才智讓我們冷酷無情，我們算計得太多，感受得太少。相比機器，我們更需要人性；相比才智，我們更需要良善與溫柔……給聽得見我的聲音的人，我要說，不要絕望……仇恨會消逝，獨裁者會死去。」[13]

我們必須打贏這場戰鬥，我們需要能提供這樣結局的電影，讓每一道聲音都能站在自由這一邊。長久以來都是如此，電影的聲音會首先傳達。

感謝你們大家！

榮耀歸於烏克蘭！（劉俞妙 譯）

---

12. 電影《惡棍特工》（Inglourious Basterds）主角，美軍特種部隊中尉，召募猶太美國人獵殺納粹。
13. 1944年5月，蘇聯秘密警察首腦貝利亞（Lavrentiy Beria）以通敵罪為由，以最高領導人史達林名義下令驅逐至少十九萬克里米亞韃靼人。2019年加拿大眾議院認定1944年蘇聯驅逐克里米亞韃靼人為種族滅絕事件，並將5月18日訂為紀念日。

44 | 俄羅斯虛構的「神奇武器」

**俄羅斯試圖尋找「神奇武器」，
清楚表明他們的入侵徹底失敗，
也不敢承認自己犯了災難性的錯誤。**

Russia is trying to find its "wonder weapon", which indicates the complete failure of the invasion and the fear of admitting catastrophic mistakes.

18 May 2022

1944年，蘇聯對世代居住於克里米亞的韃靼人驅離，後來5月18日被定為「克里米亞韃靼人遭驅逐紀念日」。

今年這一天，澤倫斯基對國人發表演說，「我們的國家不會丟下任何人，也會名正言順取回屬於烏克蘭的事物。我們記得克里米亞，而且永遠不會忘記1944年蘇聯當局對克里米亞韃靼人施行種族滅絕，也不會忘記2014年第二波破壞克里米亞半島自由的行為。」

他也以二戰德國追求「神奇武器」的歷史為借鏡，指出俄羅斯人今天的妄想。

烏克蘭人民！

我們的守衛者！

今天一名俄羅斯國會議員聲稱，佔領軍開始在烏克蘭使用一系列雷射武器，據說是為了節省飛彈。

首先要注意，他們需要節省飛彈，這多少說明了一些事情。也就是說，俄羅斯軍隊向烏克蘭發射的兩千多枚飛彈就是他們主要的庫存，剩下的只是零頭。

第二，所有人都見過俄羅斯在戰場上的樣子：徵召而來、毫無經驗的新兵，他們就像砲灰一樣投入戰鬥；另一種是在外國才首次見到日常電器用品的強盜。俄羅斯士兵身穿蘇聯時期的老舊裝備，使用國際禁止的磷彈燒毀學校和民房。俄軍發射的大部分飛彈都用來摧毀無關軍事用途的基礎設施，沒有任何戰略成果。今天俄軍的飛彈落在尼古拉耶夫和聶伯城。

納粹德國的政治宣傳中有這麼一個詞彙：「神奇武器」（Wunderwaffe）。當納粹逐漸展露敗象，便出現越來越多關於「神奇武器」的宣傳，聲稱它具有扭轉戰局的威力。

而現在，全面戰爭的第三個月，俄羅斯正試圖尋找他們的「神奇武器」，據說那是雷射武器。這清楚表明俄羅斯的入侵徹底失敗，也顯示他們不敢承認最高行政與軍事領袖犯了災難性的錯誤。因此，隨著烏克蘭武裝部隊和我們的守衛者一步步奪回我們的土地，他們將會虛構更多「神奇武器」。

這會持續多久呢？唯有戰場的真實狀況可以給出答案。當然，我們正嘗試儘早結束。我們必須趕走所有侵略者，並確保烏克蘭真正安全。

這就是為什麼我簽署命令，延長全國戒嚴和動員令。我希望國會能迅速通過這個決定，我們的軍隊和所有守衛者需要合法依據才能穩步行動。

赫爾松、美利托波爾、別爾季切夫、安赫德、馬里烏波爾和所有遭到佔領——暫時佔領——的城市要知道：烏克蘭將要回歸。

今天我在克里米亞韃靼人遭驅逐紀念日（Day of Remembrance of the Victims of the Deportation of the Crimean Tatar People）的演說中重申，我們的國家不會丟下任何人，也會名正言順取回屬於烏克蘭的事物。我們記得克里米亞，而且永遠不會忘記 ❶ 1944年蘇聯當局對克里米亞韃靼人施行種族滅絕，也不會忘記2014年第二波破壞克里米亞半島自由的行為。

就在這一天，我簽署法令保護那些被佔領軍奪走自由的人，也保護他們的家人。我們談論的是克里姆林宮口中的戰俘，這些人現在位於克里米亞和頓巴斯被佔領區，新法令賦予他們更多國家的保護與幫助。

我們也在累積全世界一切可能的資源來支持烏克蘭。我感謝傳奇足球選手舍甫琴科（Andriy Shevchenko）出任新的國家品牌「United24」首任大使。

國家現在需要這個募款平台來支持烏克蘭，世界上的任何一個人都

可以用滑鼠捐款，為我們的勝利盡一份心力，捐款者也可以選擇他們心目中最重要的項目捐款，例如防衛和掃雷工作、醫療服務或重建工作。6月上旬，倫敦將舉辦「United24」首次特別活動，屆時，舍甫琴科也會出席。

我感謝歐盟執委會主席馮德萊恩今天宣布九十億歐元的系列援助計畫，也支持烏克蘭的重建計畫。歐盟執委會的決策證明了歐盟真正的領導能力，也將幫助我們爭取自由。

我和阿拉伯聯合大公國的新總統談話，恭喜他當選，並邀請他參與烏克蘭的戰後重建工作。我們討論了俄羅斯入侵引發的全球糧食安全危機。

維持晚間的一向慣例，我簽署命令表揚我們的英雄。烏克蘭武裝部隊的一百九十七位官兵獲頒國家勳章，其中五人已為國捐軀。

同樣在今天，我很榮幸將金星獎章（The Order of the Golden Star）頒給此前獲得「烏克蘭英雄」（Hero of Ukraine）頭銜的軍人。其中巴拉諾夫斯基（Serhiy Baranovsky）上校在頓巴斯英勇戰鬥且戰果輝煌，在哈爾基夫地區作戰的木辛科（Serhiy Musienko）上校展現勇氣，斬獲諸多戰果。

永恆的榮耀歸於所有烏克蘭的守衛者！
永遠銘記為我們的獨立與自由獻出生命的所有人！
榮耀歸於烏克蘭！（劉俞妗 譯）

45

我給各位的一些問題

致烏克蘭高等教育機構學生演說

Address by President Volodymyr Zelenskyy to students and rectors of higher educational institutions of Ukraine.

19 May 2022

5月19日,澤倫斯基對烏克蘭高等教育機構學生發表演說。

他告訴大家:「現在的機會無與倫比,現在是決定未來你想生活在什麼樣的烏克蘭裡的時刻。」

因此澤倫斯基也向烏克蘭的年輕世代提出一連串問題,要他們一起思考烏克蘭在現在戰爭時期,在未來重建時期的各個面向的問題。

最後,他也從一個民主國家領導人的立場,向學生提出一個意味深遠的問題。

非常高興今天有機會和你們對談，我希望這會是合宜的溝通，而不是演講或研討會，我確定那兩種你們參與得夠多了。

我想和你們建立對話，所以在演說中我會提問題，任何人的回答我都感興趣。當你們提出問題時，也請從我的問題中選擇一個或幾個來回答。讓我們開始吧。

現在對我們國家來說是非常特殊的時期。數以百萬計的同胞正為了生命權與自由奮戰，也開啟了充滿可能性的空間：目前的狀況是，我們可以依自己的決定去選擇國家的未來。也就是說，並不是採用其他世代、甚至其他國家替烏克蘭創造的未來。不是為了別的國家，也不是為了戰前的我國。現在我們可以根據自己的意志重新塑造我們的生活。這件事現在是可能的。

現在的機會無與倫比，現在是決定未來你想生活在什麼樣的烏克蘭裡的時刻。

所以我給你們的第一個問題是：我們國家應該是怎麼樣的一個國家？從這個問題也衍生出一些相關的問題。

你想住在烏克蘭嗎？你期待烏克蘭發生改變，好住在這裡嗎？或者恰好相反，你認為我們國家已經具備了讓你留在這裡的一切條件？

讓我們繼續下去。世界上有許多國家在討論改革，連高度開發的國家也經常討論這個議題。「系統出了狀況，需要改進」，很多政治人物常這麼說。但是沒有幾個國家，像現在的我們，人民不只有機會「改進」現有系統，更有機會制定一個新系統——借鏡於不只此時此刻在烏克蘭最優秀的經驗，也包括最先進國家的經驗。

當然，這場戰爭給烏克蘭戰前生活的許多事物都畫下了句號。但也不是對所有人來說都是如此。舉例來說，在目前戰爭激烈的氛圍中，我們之中還是有人出國，而據他們所說，我們生活裡某些層面遠比其他國家進步許多。

數位化，我們是在公共領域裡開始的。網路和通訊，要經營企業很容易取得。服務業，我們的工作速度和意願，經常比許多歐洲國家都高出許多。事實如此。

我們也不能忘記，即使在全面戰爭期間，我們的許多系統都沒有崩潰。銀行持續運作，預算系統和公共行政部門都撐了下來，而且，儘管從某些層面來看敵人擁有更多武器裝備，我們仍確保了防禦和後勤能力。

但是我們如何看待自己也很重要，這關乎人民如何待我們的國家。

換句話說，我們的社會具有一定的基礎，不去運用是不明智的。但我們必須了解，俄羅斯永遠會在那裡，而且大概永遠都會是威脅。2月24日以來，我們已經達成許多成就。而現在，你們可以看到世界如何用截然不同的方式來評價我們的潛力。

各位可能讀過兩篇《富比世》（Forbes）雜誌專文，內容差異很有趣。其中一篇刊載於2月12日，標題為《俄羅斯是否會入侵烏克蘭》；另一篇則刊載於5月16日，標題是《烏克蘭軍隊是否會入侵俄羅斯》。這兩篇文章的差異，代表世界開始由不同的角度檢視我們的地區形勢和權力平衡。

但是我們如何看待自己也很重要，這關於人民如何看待我們的國

家。所以，我給你們的下一個問題是：烏克蘭應該要是什麼樣子，才能讓你們相信我們可以抵抗所有威脅、保護自己？

這個問題也延續到其他問題，例如：要選擇專業軍人還是擴大徵兵制度？需要多大規模的軍隊？我們該花多少預算在國防領域？越多越好還是相反？即使將來恢復和平也是如此嗎？

該准許私人軍事服務公司嗎？烏克蘭應該要像以色列一樣實施不分性別的義務役，讓我們的人民可以保護自己嗎？我們是否要仿效其他國家，讓所有公民或團體每年參加軍事訓練？且在訓練期間留職給薪？

你們自己準備好要拿起武器保衛烏克蘭了嗎？或者你認為由其他人上戰場才合理？

我這些問題不是嘴上說說的，我們真的需要答案。這不完全關於運作、治理或政治，而是讓我們的同胞可以理解彼此，以及如何留在烏克蘭，因為這是我們的家園，你們的家園。

我們應該學習不互相埋怨並發展共同利益，舉例來說，大多時候待在後方的人，要求前線戰士把俄軍趕回庫班（Kuban）。❶ 也有人和軍事的關聯不過就是穿了迷彩裝拍拍照，但經常表現得像個指揮官，似乎比所有人都懂領導部隊。

政界，或媒體界，或其他任何領域有這種人，你們會如何看待他

---

1. 俄羅斯南部地區，鄰近烏克蘭。

們？你們又認為他們的個人情感和野心應當如何連結現實，連結真正的戰爭？

非戰鬥人員有權利對戰士做出特定要求，指定要求滿足某些要求或期待嗎？這合理嗎？

你們大概認為這場戰爭落幕時，烏克蘭能擁有某種安全保障。關於這點，我提出幾個問題：你們認為哪個國家最有可能負責保障烏克蘭的安全？我們應該選擇我們信任的國家，或者關注所有具備足夠能力的國家？

保障烏克蘭安全是非常好的機會，可以藉此創造未來數十年的和平生活，但它不會使我們輕忽安全，我們仍然會一直思考防禦。我們必須明白，公民保衛自己國家的意願就是最好的防禦，因為他們首先必須保護自己，家庭、房舍、土地和生活方式，以上這些全部加起來，就是國家。

所以，如果你們當中有人還沒準備好起身保衛國家，好，那請告訴我原因。也許，你是認為自己對一般國防事務可以有其他非常特別的貢獻？可能是資安？或是想以某種志工的形式加入？還是未來以企業家或科學家的身分參與？你們可以看到自己有第三、第四、第五個選擇。

我接下來要向各位提出的問題是：國家應該規定誰要加入防禦、如何防禦嗎？還是到戰時才讓人民選擇？

當然，對這些問題我有自己的答案，但烏克蘭與俄羅斯或其他獨裁體制的不同之處，在於國家事務並不由一個人決定，而是人民可以自

己選擇生活規範。

下一個問題。

有鑒於俄羅斯會一直是我們的鄰居，我們需要考慮烏克蘭境內的維安措施，也就是關於持有武器的問題。烏克蘭需要和美國一樣，立法讓普通人擁有槍械嗎？或者採行瑞士模式，公民結束義務役後可以保留服役武器，而槍械擁有者可以迅速投入防衛行動。

該採用哪種槍械管理模式？

是否允許公開持武，或限制人民只能在家中存放槍械？持武規則應該全國統一，還是在較可能遭遇入侵的地區放寬規定？

你們知道怎麼用槍嗎？

你們如何看待與俄羅斯共存這件事，戰爭結束後又會如何看待俄羅斯人？

這場戰爭結束後，我們與俄羅斯的邊界應該如何管理？是要完全關閉，還是維持開放？換句話說，你們如何看待與俄羅斯共存這件事，戰爭結束後又會如何看待俄羅斯人？我們和他們之間可以有俄羅斯所謂的「關係」嗎？還是無論有沒有都應該予以限制呢？

讓我們繼續。

我當學生是很久以前的事了，這很合理。現在我更常考慮我的孩子會讀哪一所大學——哪一所烏克蘭大學。這非常重要。我將滿18歲的女兒，或許會和你們坐在同一間演講廳。

但是學生時期的事我還記得很清楚，我記得許多同一世代的人都感受到時間流失。花費好幾年坐在演講廳、坐在教室，當時很多人認為

五年、六年的大學教育實在太長了。

我敢肯定現在也有人這麼想。考慮到科系差異，醫學系更要讀到七年，終其一生都需要不斷學習。但其他科系一定要花上五年嗎？考量到現代經濟的運作方式，以及科技進化的速度，某些科系可能二年、三年、四年就足夠了。

你們怎麼看這件事？想要具備怎樣的經濟能力？你有想過自己可能會換職業嗎？可能幾次？在你們看來，什麼樣的職業會一直存在，不會被人工智慧或機器人取代？

或許可以增加教育體系中的私人機構比例？你們怎麼看私立大學、私立中學，還有私立教育機構？貴校的課程是否能夠媲美目前學院外開設的課程？

如同爭取獨立且獲勝的其他國家，那些國家不再是乞丐，而成為主體，自己的生命與未來的真正主宰。

你們是否感覺自己正在浪費時間呢？因為現在全世界都比以前更加重視速度。確實有這樣的趨勢，重視學習能力的速度，一切的速度。職場，生活要求每個人不斷進化，現代生活，一切都要求速度。

我真的是講了很久了。那麼這是最後一個問題。在長達八年的頓巴斯戰爭之後，俄羅斯對烏克蘭發起的全面戰爭已經持續三個月。現在這場戰爭對我們來說，無疑是獨立之戰。可以說這是一場延宕已久的戰爭，拖了三十年，畢竟我們1991年才正式獨立。若再算上我們偉大國家以前的歷史，則推遲了數百年。

我們將獲得獨立，對此我毫不懷疑。獨立會載入我們的歷史，如同

爭取獨立且獲勝的其他國家，那些國家不再是乞丐，而成為主體，自己的生命與未來的真正主宰。

但我們必須一直記著，獨立的代價是數以萬計的生命，被敵人殺害的所有人的生命。

數以萬計的生命，為了獨立，也為了讓你們所有人選擇如何生活，選擇要住在什麼樣的烏克蘭。

所以，這是我留給你們的問題：這一切值得嗎？

我很想聽聽你們如何回答這道問題。（劉俞妗 譯）

46

不要讓殺人犯稱你兄弟姊妹

於美國第九十屆市長會議演說

Don't help Russia justify itself and don't let the murderers call you their brothers and sisters.

4 June 2022

6月4日，在美國第九十屆市長會議上，澤倫斯基發表演說。

他向大家描述烏克蘭各個城市遭受俄羅斯入侵和破壞，成為一片廢墟的情況，也邀請美國各個城市及其企業與人才來參與重建。

但他也提醒美國有許多城市仍然和發動這場戰爭的俄羅斯的許多城市結為姐妹城市、兄弟城市。

因此，澤倫斯基說：「請不要讓殺人犯稱你兄弟姊妹。」

各位女士、先生！

各位親愛的美國市長！

我很感激今天有這個機會能在此向各位發表演說。

美國已成為國際聲援烏克蘭行動的真正領導者。這些聲援包含國防、財政和政治上的支持，且立基於所有同樣重視自由的國家之間的真誠連結。事實上，我們——烏克蘭人和美國人——都理解暴政的危險。

在不同時空、不同旗幟之下，世界已見證過各式各樣的暴政，它們都是透過蔑視百姓的權利和自由才得以聯結。暴政並不承認地方政府的權利和自由，所以結束暴政的人往往都是自由世界裡的自由人民。

所以，為了終結暴政，我們絕不能允許暴君享有和自由世界的聯繫，任何聯繫都不行。各位要知道，現在還有幾十個美國城市與俄羅斯城市保持著所謂的「兄弟情誼」。像是，芝加哥與莫斯科、傑克遜維爾（Jacksonville）與莫曼斯克（Murmansk）、聖地牙哥與海參崴、奧巴尼（Albany）與圖拉州（Tula）。這些連結為各位帶來了什麼？恐怕什麼都沒有。但它們卻讓俄羅斯有機會聲稱它並不孤立，儘管戰爭已經爆發之後。

想必各位都看見俄軍是如何發動戰爭，以及它對和平的烏克蘭城市所做的一切。其凶殘程度與早前時期的暴政並無二致。

馬里烏波爾是一座港都、一座擁有五十萬人口的工業中心。俄軍將它徹底炸毀，如今除了廢墟什麼也沒有。就如同沃爾諾瓦哈等數十個被俄軍日復一日轟炸的城市，慘遭炸彈、飛彈、火砲無情燒毀。

想像一下，自2月24日以來，俄羅斯已經向烏克蘭發射了近兩千五百枚各型飛彈。絕大多數的飛彈都是瞄準城市，尤其是城市的基礎建設。部分最致命的飛彈是在葉卡捷琳堡（Yekaterinburg）設計和製造，順帶一提，該城至今仍是聖荷西（San Jose）的姊妹市。

　　我相信你們多數人都已經看見和聽聞俄軍在布查的所作所為，大規模屠殺和凌遲。當地居民的屍體橫臥街頭時，俄軍仍然在城內徘徊。

　　在那些對布查居民痛下毒手的俄軍之中，有一支軍隊來自俄羅斯的哈巴羅夫斯克邊疆區（Khabarovsk Krai）。而這個地區的首府哈巴羅夫斯克市（Khabarovsk），至今仍是波特蘭（Portland）的姊妹市。這一切為的是什麼呢？我把這個問題留給各位。

　　現在，為了讓布查及其社區的生活恢復正常，有近兩千棟建築需要重建。當有兩千棟房子遭到飛彈和敵對行動摧毀及破壞時，各位應該比任何人都更了解這意味著什麼。這些都只是普通的房屋、普通的學校、運動設施以及醫療機構。

　　自2月24日以來，烏克蘭共計有三千六百二十個地點遭俄軍佔領，包含大城市和小城鎮。那些地方現在都面目全非，絕大多數甚至不再適合發展文明生活。這就是俄羅斯帶來的現實。當城市與外界斷聯時，那裡沒有電也沒有水；當炸彈和飛彈足以摧毀任何建築物，幼兒園和大學也難以倖免；整座城市都可能被燒毀。

　　但我相信烏克蘭一定能捍衛自由，暴政注定會失敗。人們將能再次於烏克蘭城市和平且安全地生活。為了能更快地實現這一目標，我們準備了一個充滿雄心壯志的計畫，以藉重建戰後的烏克蘭。

我在此邀請您，以及您的城市、您的公司、您的企業和專業人才，一起加入這個計畫。您可以成為選擇捍衛自由、終結暴政的人。

多虧美國的領導和我們所有夥伴的支持，烏克蘭的勇氣獲得了捍衛自由的必要武器。但同時，自由世界也必須好好利用自家的經濟優勢。

這也是為什麼我們已經邀請許多夥伴加入烏克蘭的重建計畫。來資助那些被俄羅斯摧毀的城市、地區和工業吧！用最新的技術將其重建吧！這可能是我們這個時代最大規模的經濟計畫，它將會強化烏克蘭、每一個國家和每一個參與戰後重建的公司。各位可以參與這個偉大的計畫。這肯定能推動烏克蘭和美國城市的經濟成長與創新，提供新的社會機會。

各位先生、女士！

今年的美國市長會議年會，恰逢俄羅斯向烏克蘭發起全面戰爭的第一百天。儘管各位的議程上有著許多關乎你們國家、城市、社區內部的議題，但請記住，俄羅斯造成的歐洲全面戰爭和全球市場動盪，將直接影響每個國家的生活和自由世界中的每一座城市。

因此，我呼籲對俄羅斯施加更大的壓力，不要幫助它為自己辯護，不要與它保持聯繫，也請不要讓那些殺人犯稱你為兄弟姊妹。

請幫助烏克蘭，請再多幫助一些。請加入我們重建的計畫，重建自佔領者手中解放的城市和社區。

非常感謝各位的聆聽。

榮耀歸於烏克蘭！（陳艾伶 譯）

47 | 為未來而戰和
為過去而戰

致英國高等學府學生演說

Ukraine is fighting for its future, Russia is fighting for someone else's past, which is why we will win - President Volodymyr Zelenskyy's address to the student community of leading British universities.

10 June 2022

6月7日，澤倫斯基對英國高等學府學生演說。

他從牛津、劍橋兩所大學著名的划船比賽說起，把烏克蘭的現狀比作一場艱難的划船比賽，他們如何面對逆流、巨浪和風暴，正在「掌舵」駛向自由，對抗俄羅斯的軍艦。

澤倫斯基拿八十年前納粹對曼徹斯特發動的耶誕節閃電戰中，和今年春天俄羅斯對烏克蘭發動的復活節閃電戰兩者類比；也把二戰時納粹如何把考文垂夷為平地，和今年俄羅斯在烏克蘭如何把幾十個城市毀成廢墟兩者類比。

最後澤倫斯基下了個結論：「但是它會失敗的，因為我們在為自己的未來而戰，而他們在為別人的過去而戰。」

各位女士、先生！

親愛的學生、講師、教授、學者們！

十六分十九秒，❶ 這是牛津（Oxford）和劍橋（Cambridge）兩所大學在泰晤士河（Thames）上進行的傳奇划船比賽（The Boat Race）最佳紀錄。

歷史上第一次划船比賽，❷ 在距今約兩百年前的6月10日這一天舉行。

是的，這只是一個美麗、象徵性的史實，老實說，它不是這次演講的重點。我可以將烏克蘭的現狀比作一場艱難的划船比賽：面對逆流、巨浪和風暴，我國正在「掌舵」駛向自由，對抗俄羅斯的軍艦。重要的是，我們感覺不是在孤軍奮戰，我們感受到自由世界的所有國家都在同一條船上，而烏克蘭不必在戰爭的第一百零七 天向所有人發出求救信號！我可以說更多，但老實說：我不希望這次演講持續十六分十九秒。

然而，我再說一遍，事實上我完全有機會說這麼久。在為這次見面做準備時，我閱讀了很多有關各位教育機構歷史和傳統的資料。為了與你們有共同的語言，為了向你們每一個人，非常清晰易懂地講述烏

---

1. 英國牛津大學與劍橋大學賽艇社之間有悠久的業餘對抗賽傳統。劍橋大學保持的最佳紀錄為1998年創下的十六分十九秒。
2. 牛津劍橋賽艇對抗賽，第一次比賽於1829年6月10日舉行。

克蘭的現狀。

烏克蘭和我國人民英勇反抗俄羅斯的侵略，持續了一百零七天。對於許多人來說，我們的堅定不移已成為一個謎，幾乎是奇蹟。就像牛津電鈴（Oxford Electric Bell）❸ 及其設計一樣，它的工作原理仍然未知。烏克蘭也是如此，它已經連續一百零七天不斷產生能量來抵擋世界第二強大的軍隊，保衛自己和歐洲。如果烏克蘭的電池耗盡，這將會是地球真正的能源危機。

我們連續一百零七天通過生存考驗。每天，我們就像是在通過劍橋的學位榮譽考試（Tripos），❹ 坐在只有三隻腳的椅子上，聽著防空警報的轟鳴聲。

連續一百零七天，烏克蘭一直在抵抗野蠻人、原始人、催狂魔（dementors）。❺ 從一些政客的反應來看，我們抵抗的還是「佛地魔」（he-who-must-not-be-named）的軍隊，甚至比佛地魔更可怕，以至於他們不敢拒絕向他購買石油、天然氣等。

一百零七天以來，我們對抗的這個敵人，他沒有讀過倫敦政治經濟學院（London School of Economics）共同創辦人蕭伯納（Bernard Shaw）的著作。他沒有我們現在的世界觀，可以像鳥一樣在空中飛行，像魚一樣在水下游泳，但就是缺乏一件事——學會像人類一樣生活

---

3. 牛津電鈴是一個實驗電鈴，設立於1840年，並在此後幾乎不間斷運行。儘管因放在兩層玻璃裡面而無法聽到鈴聲，但實際上它仍在響。
4. 劍橋大學的文學士畢業等級榮譽考試。
5. 《哈利波特中》的角色。

在地球上！

這個敵人不承認的真相，正是伯明翰大學（University of Birmingham）校長、諾貝爾和平獎得主、國際聯盟（League of Nations）擘劃者塞西爾（Robert Cecil）爭論過的，即人類迫切需要解決衝突，但不是在戰壕中，而是在餐桌上，唇槍舌戰優於飛彈。

連續一百零七天，我們一直在抵抗一個罹患新型色盲的國家，它顛倒黑白，它宣稱主張和平，卻在和平的城市和村莊裡殺害婦孺，稱這是自衛。

八十年前，曼徹斯特（Manchester）在耶誕節閃電戰 ❻ 中倖存。今年春天，整個烏克蘭從復活節閃電戰存活下來。八十年前，納粹將考文垂 （Coventry）❼ 夷為平地。今年，俄國人在烏克蘭釀成了數十個新的考文垂，即布查、伊爾平、博羅江卡、哈爾基夫、馬里烏波爾。

連續一百零七天，我們一直在反抗一個核武大國，它因蔑視與違反國際法而應該獲頒木勺 ❽ 和達爾文獎（Darwin Award）。 ❾

正如各位所見，我說我認真準備了我們的對話，是真的。在這種情況下，諷刺和幽默對我來說合適嗎？不可能合適，絕對不可能的。

我可以舉出更多的類比，援引你們大學的數百位優秀畢業生，但是

---

6. 從1940年9月到1941年5月，納粹德國以頻繁而猛烈的空襲轟炸英國倫敦，德國人用「閃電戰」來指代這一階段的戰爭。

7. 英國的考文垂是二戰期間被轟炸最慘烈的城市。

8. 劍橋大學18世紀末流傳至1909年停辦的傳統，頒給數學學位考最後一名的人。

9. 一個實際存在的半開玩笑性質獎項，用以紀念那些「讓自己愚蠢的基因無法再傳播出去」的人。

說實話，我寧願問：你們對我們瞭解多少？

最近，愛丁堡大學（University of Edinburgh）的學生揭露了一名教授在講授烏克蘭戰爭時散布俄羅斯的宣傳和謊言。請原諒我多言贅述。這樣的消息，就像我們從你們那裡看到和聽到的其他數百個信號一樣，至少證明了三件事。你們對烏克蘭的戰爭並非無動於衷；關於這場戰爭的謊言引人注目而且令人作嘔；需要大家知道有關戰爭的事實是必要又重要的。

同時，事實上你們也知道烏克蘭和戰爭的真相。你們因為這場戰爭而知道烏克蘭。你們讀過哈爾基夫、札波羅結、奧德薩、馬里烏波爾的炮擊新聞。但是你們知道這些城市是里茲（Leeds）、伯明罕、利物浦的姊妹市嗎？你聽說過基輔之信（Kyivan Letter）嗎？那是保存在劍橋圖書館的烏克蘭－羅斯時代（Ukraine-Rus）文獻，已有一千多年歷史。瑪格麗特女王（Queen Margaret），蘇格蘭第一位聖人，是基輔大公智者雅羅斯拉夫的孫女。你們聽說過頓內次克的開創者——威爾士工程師約翰‧休斯（John Hughes）嗎？或者關於盧甘斯克的開創者——在烏克蘭建造了第一座煤礦的蘇格蘭人加斯科因（Charles Gascoigne）？

關鍵並不是我們有共同的歷史篇章。我的本意不是讓任何人因為這些例子而感到驚訝。重點在於，這也許是對俄羅斯為什麼對我國發動這場戰爭的最佳說明。它的目標是抹去我國的歷史，抹去我們的國家地位、我們的身分，否認我們的存在。它說我們從未存在過，說我們是人工創造的國家，就好像它覺得我們不是人類，而是某種植物或

者動物。它貶低我們的文化，羞辱我們的語言，抹殺我們的藝術。我們的音樂家、作家、哲學家、科學家、設計師、發明家、基輔羅斯所有偉大的統治者和所有偉大的戰士，札波羅結塞契（Zaporizhzhian Sich）── [10] 他們存在於過去、存在於現在並將存在於未來。但俄羅斯想貶低他們、抹殺他們。俄羅斯的目標是抹去除戰爭之外所有關於烏克蘭的聯想。烏克蘭沒有過去，沒有現在的光明時刻，也因此沒有了未來的權利。

各位可能會問，為什麼俄羅斯要這樣做？因為它這個國家有一種全球恐懼症。這是對自由的恐懼。對他們來說，自由是一種陌生、未知、因而非常可怕的力量。即使自由不在其國境之內，而是在鄰國。但自由就在它身邊。對俄羅斯來說，這是危險在逼近，它想摧毀自由。

但是它會失敗的，因為我們在為自己的未來而戰，而他們在為別人的過去而戰。

但是這種國家和統治者的時代已經過去。我們的時代就是我們的時代，這才是未來。這是一個積極的聲音，真實的聲音，真理、榮譽、智慧和自由的聲音。

現在就讓我用這個聲音和你們對話！我不希望這次演講持續十六分十九秒。所以我們終於可以開始交流了！老實說，我會非常坦率。

榮耀歸於烏克蘭！（蔡語嫣 譯）

---

10. 16世紀至18世紀的哥薩克自治實體。位於現在的卡科夫卡水庫，橫跨烏克蘭第聶伯河下游。

48 | 我們與你同在，
願你與我們同在！

於捷克議會演說

Address by the President of Ukraine to both houses of the
Parliament of the Czech Republic.

15 June 2022

1968年，蘇聯及華沙條約成員國入侵捷克斯洛伐克的時候，當地一名
電台主播傳誦出一句名言：「我們與你同在，願你與我們同在！」
6月15日，澤倫斯基對捷克議會演說，就以這句話開場。

他感謝捷克護佑烏克蘭流離失所的人民，相信兩個一定會實踐「我們
與你同在，願你與我們同在！」的真諦，最後並以曾經是諾貝爾文
學學得主，也當過捷克總統的哈維爾（Václav Havel）所說的名言結
束：「真理與愛必須戰勝謊言和仇恨。」

親愛的參議院議長先生！

親愛的眾議院議長女士！

親愛的總理，政府部長！

親愛的議員、與會者、記者！

親愛的捷克人民！

首先，我要感謝各位，讓我有機會今天以這樣的形式向捷克共和國國會兩院，以及所有捷克人民發表演說。

今天，我要感謝各位對我國人民、我個人和我的國家給予溫暖的鼓勵、大力支持，以及為流離失所的烏克蘭人提供溫暖。我們非常感激，這確實具有歷史意義。我個人代表每位烏克蘭人，衷心感謝。

我先前還在考慮開頭該說什麼。我要從各位和所有尊重我們大陸歷史與自由的歐洲人肯定知道的一句話開始：我們與你同在，願你與我們同在！❶ 這句名言具有非凡重要性。1968年，當它透過捷克電台播送，為激勵抵抗起到重要作用。回顧起來，這句話在今天也是同樣極為重要的，因為我們談論的是為各位的自由而戰的人們。

但事實上，這句話還有一層涵義。正當烏克蘭人民為自由而戰，抵擋來自俄羅斯的殘暴入侵時，我們可以說，這句話正是我們烏克蘭人要向歐洲、民主世界所有人民傳達的訊息。

---

1. 1968年8月，蘇聯及華沙條約成員國入侵捷克斯洛伐克時，捷克斯洛伐克電台一名主播所說的名言：「我們與你同在，願你與我們同在。（We are with you, be with us.）」當時占領者試圖切斷播音，主播呼籲聽眾繼續收聽。

我們與你同在，願你與我們同在！

我們所反對的獨裁政權，其野心不論過去還是現在都不僅止於烏克蘭，它鎖定整個歐洲大陸上的自由人民。俄羅斯不只是想征服我們的馬里烏波爾、北頓內次克、哈爾基夫、奧德薩和基輔等城市。不。它的野心包括從華沙到索菲亞（Sofia），由布拉格橫跨塔林（Tallinn）的廣闊大地。

歷史昭然若揭，俄羅斯入侵烏克蘭只是其領導層征服其他國家的第一步。不只俄國宣傳機器公然表明，俄國官員也這麼說過。例如，他們已經到了恐嚇正式撤回承認波羅的海國家獨立主權的地步。那下一步會是什麼？誰會是下一個目標？

各位女士、先生！

烏克蘭呼求歐洲國家提供支持，我們始終秉持這句你們視為歷史根本的信念：我們與你同在，願你與我們同在。

俄羅斯的戰車正在猛攻烏克蘭頓巴斯地區的城市，試圖攻擊哈爾基夫、尼古拉耶夫、札波羅結，必須將其阻止、燒毀或驅逐出烏克蘭的獨立國土，這樣他們才不會再來到布拉格、奧斯特拉瓦（Ostrava）、布爾諾（Brno）、皮爾森（Pilsen）、卡羅維瓦利（Karlovy Vary）或歐洲大陸上的任何其他城市。攸關歐洲未來的戰鬥正在烏克蘭展開。

我非常感謝貴國，感謝貴國人民在這場戰爭中慷慨相助。捷克共和國同時在武器和政治方面協助我們，在我們需要時給予非常實質且即刻的幫助。對此，我要感激貴國的領導人，你們可以確信，你們這

麼做的同時就是在支持你們自己，和你們的自由與生活。為了贏得勝利，絕對要繼續支持下去。這場對抗必以勝利畫下句點。

即使還有一些國家的政治人物害怕自由陣營會獲勝，獨裁政權會失敗，但所幸貴國的領導人並不與這些政客為伍。捷克人民很清楚，宣稱只會攻占一部分渴望的領土，假裝侵略會停止，這種以犧牲他人為代價的妥協終致何種後果，對獨裁政權的讓步會導致什麼結局。想要奪取一切的那個人永遠不會停止，不會只奪走那麼一部份。我敦促各位繼續與我們站在一起，一刻也不停，說服在這場已經持續一百一十二天的衝突中，還沒明白這簡單事實的人們。

烏克蘭必須獲得一切致勝所需的工具，充足的現代強大武器，貴國總理今天也談到這一點，以取得對付俄軍的優勢。還有給予我們財政支持，以獲得對抗俄羅斯的資源。俄羅斯的儲備和收入仍然非常可觀，2月24日戰爭爆發後一百天內，光是透過能源出口就已經賺取九百三十億歐元。烏克蘭亦必須獲得價值觀上的根本支持，使俄羅斯的主要意識形態武器無所遁形。也就是說，必須打倒有關歐洲無法實現真正的團結，以及歐洲不需要烏克蘭的妄言。

在不久的將來，我們必須得到歐盟和所有成員國針對烏克蘭候選國資格問題的答覆。現在就賦予烏克蘭候選資格，才能證明歐洲是真的團結，歐洲的價值觀還實際存在，而不僅只是某些文件上的花言巧語。

俄軍很清楚他們正在對抗歐洲的價值觀，拒絕承認「擁護共同歐洲價值觀的歐洲自由人民都是歐盟一員」的事實。這深植於俄羅斯佔領者的意識形態中。所以讓歐洲聯盟更加強大，對烏克蘭說「好」，

也能在戰爭中起到防禦作用。這將又一次在歷史上證明「我們與你同在，願你與我們同在」蘊含的意義。

這就是為什麼，這些日子、幾個星期以來，我要呼籲各位盡可能積極支持，以便所有歐洲領導人一致達成共識，保衛並增強歐洲是我們的共同事業，好讓任何人都不能違背此一信念。

對於那些心裡仍想藉由背叛歐洲價值觀、削弱歐洲來姑息侵略者的人們，其實那些決定捷克命運、以數字「8」結尾的年分——1938年、1948年、1968年——已經給予清楚回答。

各位女士、先生！

親愛的捷克人民！

捷克將在幾週後擔任歐盟輪值主席國。屆時，我們和整個歐洲面臨的挑戰不會比現在少。局勢一直不斷轉變。

我非常感謝捷克輪值主席國在優先事項中關注烏克蘭，我們必須一致達成在這次侵略戰爭中，對俄羅斯的第七輪制裁。我們還必須在烏克蘭解放的領土上落實重建工作。

費亞拉（Petr Fiala）總理先生，您3月份來訪我國首都的時候，是第一批勇敢表明歐洲始終與烏克蘭同在的歐洲領導人。我相信，捷克

---

2. 1938年，「慕尼黑協定」，法國和英國在捷克斯洛伐克當事國並不在場的情況下，同意把蘇台德區割讓給德國。1948年，發生「二月事件」，捷克斯洛伐克共產黨人把總統貝奈斯（Edvard Beneš）趕下台，從此捷克斯洛伐克政權落入共產黨掌控。1968年，1月捷克斯洛伐克發生追求民主化的「布拉格之春」。到8月20日深夜，因蘇聯率二十萬華約成員國大軍入侵鎮壓而失敗。

共和國也將加入共同領導這個時代最大規模經濟和基礎設施計畫，重建烏克蘭的行列。這是完整展示歐洲力量的特別機會，包含科技、制度與創意等層面。

我們必須確保烏克蘭國家重建計劃（Ukrainian National Reconstruction Plan）和歐洲重建平台（European Reconstruction Platform）❷完全同步，以便高效和快速執行。我還要邀請您加入烏克蘭國家層面的重建工作，資助烏克蘭遭受俄羅斯侵略的地區或城市、社區、城鎮。復興將是最佳的證明，無論俄羅斯進行多麼殘酷的侵略，它都不能得逞，也無法摧毀任何歐洲國家，更不用說整個歐洲。

我感激各位真誠且傾力支持我國人民和流離失所者。貴國土地庇護了逃離戰火的我國民眾，讓成千上萬的烏克蘭人住進家中，獲得家戶的幫助。我們必須盡一切努力讓他們每個人都能回家，回到烏克蘭。

我們可以，也一定會實踐「我們與你同在，願你與我們同在！」的真諦，最終也會有其他重要的名言能代表這一成果。這即是哈維爾所說的：「真理與愛必須戰勝謊言和仇恨。」儘管很不幸，歐洲歷史經常敗在這點，但是現在，2022年在烏克蘭，最重要的是，我們共同努力，可以強而有力地確保，我們國家的後代子子孫孫都能嘗到我們勝利的果實。

萬分感激！捷克萬歲！

榮耀歸於烏克蘭！（蔡語嫣 譯）

---

2. 歐盟執行委員會（European Commission ）和烏克蘭政府共同主持的綜合性戰略管理機構，負責批准烏克蘭制定和實施的恢復計劃。

我們比任何俄羅斯飛彈都更強大

俄羅斯侵略烏克蘭第一百五十八天的演說

Ukraine and our people, our capabilities are more powerful than any Russian missiles.

31 July 2022

7月31日，俄羅斯在入侵烏克蘭第158天，以飛彈和火箭對烏克蘭尼古拉耶夫（Mykolaiv）地區發動猛攻，摧毀了許多設施，也炸死了一名烏克蘭農業鉅子。

澤倫斯基在這一天對國人發表演說，指出「戰略上來說，俄羅斯沒有機會打贏這場戰爭。我們必須堅持下去，讓恐怖主義國在戰術層面也感到沒有勝算。」

他要烏克蘭人民在南部、東部和每一個地方堅持下去；在國防、外交和政治上也堅持下去。「我們要保持團結，不只是在勝利之前，之後也要如此，在品質上恢復佔領者摧毀的一切。我相信我們全部都能做到。」

烏克蘭人民！

今天，尼古拉耶夫（Mykolaiv）地區遭遇最全面戰爭爆發以來最嚴重的砲擊之一，數十枚飛彈和火箭……佔領者擊中住宅大樓、學校、其他社會基礎設施、工業設施。

俄羅斯的攻擊奪走瓦達圖爾斯基（Oleksiy Vadaturskyi）和他夫人瑞莎（Raisa）的性命，他是烏克蘭農業鉅子「尼布倫」（Nibulon）的創辦人，是烏克蘭的英雄。我向瓦達圖爾斯基夫婦的親友致上誠摯哀悼。

正是這樣的人、這樣的公司，讓我們烏克蘭南部得以保障世界的糧食安全。一向如此，之後仍會如此。俄羅斯恐怖份子不應該指望他們有能力摧毀烏克蘭社會和工業實力，以為自己所到之處終皆成廢墟。

烏克蘭和我們的人民、我們的能力絕對比任何俄羅斯飛彈和砲彈更強大。

現在俄羅斯軍隊正試圖在我們南部的佔領區強化部署，升高相關地區的活動。部分俄羅斯軍隊從東部移到南部，到赫爾松地區和札波羅結地區。但轉移到當地對他們不會有幫助。

我們的軍隊和情報官員對俄羅斯的空襲均一一回應。烏克蘭軍隊準備好對占領者的任何新行動做出回擊。

今天，我想感謝尼古拉耶夫居民不屈不撓地保衛這座城市和區域。我也要感謝尼科波爾（Nikopol）、哈爾基夫、克里維里格（Kryvyi Rih）和整個聶伯州（Dnipropetrovsk Oblast）、札波羅結州的堅強

人民、赫爾松州的所有烏克蘭人，以及守衛奧德薩外圍與奧德薩州的每個人……謝謝你們的勇氣！

戰略上來說，俄羅斯沒有機會打贏這場戰爭。我們必須堅持下去，讓恐怖主義國在戰術層面也感到沒有勝算。我們必須在南部、東部和每一個地方堅持下去。我們必須在國防、外交和政治上堅持下去。我們要保持團結，不只是在勝利之前，之後也要如此，在品質上恢復佔領者摧毀的一切。我相信我們全部都能做到。

我今天簽署了幾項重要法案，特別是保護敵方地區媒體從業人士的法規。這會強化對我們新聞工作者的保護。新法規也確保國內流離失所者（IDPs）的權利和自由，排除限制協助他們的官僚阻礙。

不論發生何事，也不論佔領者有何計畫，我們必須做我們的事：保衛我們的國家，互相照應彼此。

還有在緊急狀態和敵對情況中保護平民的法規、為建築熱能全面現代化創造條件，以及簡化手續，方便遭受佔領者破壞的住宅區進行復原。

除了批准這些重要的法案，也有其他行動。

我們正為未來的一週做準備。一如往常，進行許多國際活動。明天已安排與歐洲夥伴進行重要談判。這幾天我會持續向國際社會發表演說，與不同的聽眾溝通，這很重要，特別是對學生聽眾。

不論發生何事，也不論佔領者有何計畫，我們必須做我們的事：保

衛我們的國家，互相照應彼此。

我們在這方面越有效能，我們全體、所有烏克蘭公民就越快達到勝利。

感謝為烏克蘭而戰的每一個人！

榮耀歸於烏克蘭！（簡恒宇 譯）

50 | 聯手建立一個新的 全球安全架構

自由的脆弱性只能透過聯合行動來保護， 因此必須建立一個有效的全球安全架構

The fragility of freedom can be protected only by joint actions, there must be an effective architecture of global security.

3 August 2022

澤倫斯基在許多演講中都有提到全球安全架構失靈，如果讓俄羅斯對烏克蘭的攻擊、封鎖得逞，其他有些國家也可能有樣學樣。

但是在8月3日發表的這一篇演講裡，特別提到了台灣的名字：「這些日子以來，在我們的資訊空間和社會網絡中，出現許多與其他地區衝突及威脅有關的報導。先是巴爾幹半島，再來是臺灣，現在很可能輪到高加索地區（Caucasus）。儘管這些情況看似不同，但它們都是源自於同一個因素，亦即『全球安全架構失靈』。」

最後，澤倫斯基說：「我們必須建立一個有效的全球安全架構，以確保任何國家都無法再對另一國採取恐怖行動。

「就一個全球性組織的系統層次來說，這就是烏克蘭和我們友邦目前正在努力的目標。」

願各位安康，烏克蘭的同胞們！

這些日子以來，在我們的資訊空間和社會網絡中，出現許多與其他地區衝突及威脅有關的報導。先是巴爾幹半島，再來是臺灣，現在很可能輪到高加索地區（Caucasus）。儘管這些情況看似不同，但它們都是源自於同一個因素，亦即「全球安全架構失靈」。如果此一架構能順利運作，這些衝突就不會發生。

事實上，這是烏克蘭自全面戰爭爆發一百六十一天以來，乃至於多年來都在關注的議題，因為俄羅斯已經徹底無視國際法和人類利益。

2014年是一個轉折點。當時，克里米亞半島、頓巴斯地區和被擊落的馬來西亞航空波音客機等顯而易見的慘劇發生後，俄羅斯躲避了所有直接並切實的責任歸屬，成功地和全球各國保持了商業和政治上的聯繫。如今，全世界有許多人相信，他們也有辦法仿效俄羅斯。

這就是為什麼烏克蘭人正在為全球人民做一件非常重要的事。我們的人民把自由世界團結在一起，不僅是為了他們的自由而戰，更是因為明白我們的自由是多麼的脆弱。而這關乎歐洲及其他地區每一個國家的自由。

這種脆弱性只能透過聯合行動來保護，而為了發揮長期作用，我們必須建立一個有效的全球安全架構，以確保任何國家都無法再對另一國採取恐怖行動。就一個全球性組織的系統層次來說，這就是

烏克蘭和我們友邦目前正在努力的目標。

今天，我和澳洲的學生們對話，他們來自20多所大學，而且會是澳洲媒體和政壇未來的人才。

我呼籲我們所有的澳洲朋友在資訊戰中給予協助，並盡可能地傳播有關烏克蘭奮力抗敵和俄羅斯恐怖暴行的真相。

我們現在必須解決一項極為重要的國家任務：讓那些仍然受俄羅斯強力政治宣傳影響的地區，聽得見也看得見烏克蘭的觀點。這適用於太平洋地區、南亞和東亞國家、阿拉伯世界，以及非洲和拉丁美洲。這也是為什麼我們所有的人民和海外朋友，都需要資訊上的支持，因為這樣他們的聲音才能被聽見。

> **我們的人民把自由世界團結在一起，不僅是為了他們的自由而戰，更是因為明白我們的自由是多麼的脆弱。**

今天，我和來訪烏克蘭的愛沙尼亞外交部長見面，我謝謝他把重建烏克蘭作為此行的目的。在日托米爾地區及我們的「快速重建計畫」（Fast Recovery Plan）框架內，我們將著手建立十五個重建項目中的第一所幼兒園，上述項目我們都已向愛沙尼亞政府提出援助的請求。現在這些非常重要，尤其是流離失所的人們準備重返家園的時候。

愛沙尼亞是在2月24日前就向烏克蘭伸出援手的國家之一，它的支持對我們無比重要。烏克蘭將謹記這份恩情。

瑞士今天加入歐盟的第七輪制裁，我對此銘感至深。當瑞士放棄

中立以捍衛價值和人類道德時，這對全世界來說是一個非常重要的信號。

現在俄羅斯似乎已經意識到自己被認定為「恐怖國家」（terrorist state）的必然性。畢竟，由俄軍和據稱是俄羅斯私人軍事公司所做的一切，世上恐怕沒有其他恐怖組織可以超越。俄羅斯絕對是恐怖組織中的頭號人物，它必須承擔相應的法律後果，而這得由美國和其他國家來決定。

當瑞士放棄中立以捍衛價值和人類道德時，這對全世界來說是一個非常重要的信號。

正因如此，一場新的政治宣傳活動已經在莫斯科展開，他們突然決定將「亞速營」（Azov）❶ 定義為恐怖份子，儘管由一個恐怖主義的國家做這種定義之荒謬，有多麼顯而易見。同時他們也在派遣各方說客，宣稱這個恐怖國家想要談判。如果俄羅斯真的想要結束戰爭，它現在不會在烏克蘭南部累積儲備資源，也不會在烏克蘭土地上挖出那麼多集體墳塚來掩埋無辜死者。

好吧，總的來說，看到那麼多秉持歐洲價值的大國前任領袖，正在為抗拒這些價值的俄羅斯效力，這一切實在令人作嘔。

---

1. 由烏克蘭國民警衛隊組成的準軍事單位，駐紮在亞速海沿岸的馬里烏波爾，也是俄羅斯總統普丁（Vladimir Putin）口中所稱的「新納粹」。

因此，我們必須戰鬥，我們必須擊敗我們土地上的恐怖份子，我們必須對外傳播攸關烏克蘭利益的消息，並且為烏克蘭取得成功和勝利。每個人都有自己的崗位──烏克蘭人與合作夥伴們都是。唯有團結且勇敢堅定的力量才能遏止恐怖。

　　我簽署了一項表揚我們戰士的新法令，共計一百九十四名戰鬥人員獲得國家表揚，但其中二十八人已經不幸殉國。

永遠銘記那些被恐怖份子奪取生命的人們！

榮耀歸於所有為烏克蘭奮鬥的人！

榮耀歸於烏克蘭！（陳艾伶 譯）

澤倫斯基所有的演講，都結束在對他人民，以及對烏克蘭的榮耀上。
那應該是支持他最大的信念。

（2022年3月26日，一場在利沃夫的歌劇芭蕾舞劇院前的音樂會。）

編輯說明與致謝
Editorial Notes and Acknowledgement

　　我是在8月4日早上得知澤倫斯基終於同意這本書的構想。接下來我們就和烏克蘭的Yakaboo 一起全力合作，決定在9月1日就出版。

　　因此這本書之得以出版，有太多人需要感謝。

　　首先當然是澤倫斯基，他同意這個來自臺灣的出版計劃。感謝他願意讓同樣處於戰爭威脅中的我們，有機會比較完整地了解他要傳達的訊息，參考烏克蘭付出重大代價的經驗，並共同思考未來。

　　再來要感謝Yakaboo的布姐科。

　　Yakaboo是烏克蘭最大的國有圖書平台。烏克蘭原有五百家出版社，戰爭爆發以後，至少有10%已經消失，許多印刷廠和物流倉庫也燒毀。因此目前Yakaboo最重要的任務就是協助出版業運作，並繼續推動閱讀。

　　布姐科原本在倫敦大學學院（University College London）攻讀政治，俄羅斯入侵前兩個星期，感覺到情勢不對，放下學業回國。戰爭爆發後，她說如果自己受過軍事訓練就會上戰場，但因為沒有，所以就決定投入受戰火嚴重影響的出版業，進國際交流部門工作。

今年布妲科才十九歲，但她來臺北國際書展扮演文化大使的角色，大方又有氣勢，令許多人印象深刻。如果不是布妲科熱情支持，回國後積極和上司討論並協助與烏克蘭總統府的聯絡，我的構想不會這麼快得到回應。

和我共同擔任策劃的拉萩諾娃（Yuliia Laktionova）是Yakaboo 的子公司Yakaboo Book的負責人。拉萩諾娃是位作家和藝術評論家，並參與烏克蘭文化部的推廣閱讀活動，相信人民如果在戰時仍不忘閱讀的國家才是最強的國家。我非常感謝她對我們出版品質的信任，並全權委任布妲科參與我們的編輯團隊。

臺北國際書展有一個功能是「國際交流」。國際交流絕不只是版權交易而已，這次我們和烏克蘭經由臺北國際書展的媒介而促成國際合作，是個代性的例子。所以感謝文化部這次遠從烏克蘭邀請布妲科來參加，以及書展基金會安排的活動。

我敢在8月4日訂下9月1日出版的目標，主要是我心裡一直有個可以幫忙組成翻譯團隊的人選，那就是閻紀宇。閻紀宇長期從事跨領域翻譯與國際新聞報導、評論，是翻譯這五十篇演講的不二人選。

而我非常感謝當他聽說了邀約之後，很快就願意拔刀相助，並找到一起共同翻譯的七個人。他們是：李忠謙、王穎芝、廖綉玉、簡恒宇、蔡娪嫣、陳艾伶、劉俞妗。沒有這八位快速又精湛的譯筆，這本書無論如何都沒法在這麼短的時間裡出版。每篇演講文末都有註明負責該篇的譯者姓名。

這次的翻譯，根據的是澤倫斯基總統網站提供的英文版講稿。在編輯過程中，有些地方我們也有請Yakaboo方面協助查核烏克蘭文。各篇譯稿的前言簡介，則由我統一整理。

除了讓讀者完整地閱讀澤倫斯基的講稿之外，我希望讀者能對澤倫斯個人成長過程，及烏克蘭與俄羅斯的歷史關聯也有了解，因此寫了〈澤倫斯基的蛻變和他要傳達的訊息〉，並且和編輯團隊一起整理了〈烏克蘭相關大事紀〉。烏克蘭方面不只提供許多歷史資料，還有專家諮詢，在此也一併致謝。

澤倫斯基讓我們清楚地看到雄辯的力量。所以我想到邀請對國際政治、地緣政治有獨到研究的尹麗喬博士寫一篇文章。尹博士在我倉促邀請下，寫出〈澤倫斯基的演講外交與地緣政治〉，不論就外

交、修辭、地緣政治的角度，都深入分析了澤倫斯基的思路與其象徵的意義。感謝他精彩的文章。

　　當然，我敢相信可以在這麼短的時間裡出版這本書，還因為我有個堅實的工作團隊。

　　從美術設計，到執行編輯、收集資料，到印製和業務的緊迫時間內的準備，我感謝在他們的支持下，有一趟非常忙碌但愉快的工作之旅。

　　最後，感謝各位讀者的閱讀。（郝明義）

國家圖書館出版品預行編目(CIP)資料

澤倫斯基：我們如此相信：烏克蘭為全世界捍衛的信念、勇氣和價值
= In these, we believe / 澤倫斯基(Volodymyr Zelenskyy)作；閻紀宇,
李忠謙, 王穎芝, 廖綉玉, 簡恒宇, 蔡娪嫣, 陳艾伶, 劉俞妗譯. -- 初版. --
臺北市：大塊文化出版股份有限公司, 2022.09
368面；15×21公分. -- (from；143)
譯自：50 speeches by President of Ukraine Volodymyr Zelensky.
ISBN 978-626-7206-01-0(平裝)

1.CST: 澤倫斯基(Zelenskyy, Volodymyr) 2.CST: 戰爭 3.CST: 國際關係
4.CST: 文集

542.207   111013826

LOCUS

LOCUS